中华人民共和国北京市版权局作品登记证号：01—2010—A—00800

价值经济管理学新体系系列专著之五

企业财务全面实时价值管理

Comprehensive and Real-Time Value Management of Business Finance

周天华⊙著

打开商品“价值”之谜
建设“健康态”社会经济

知识产权出版社
全国百佳图书出版单位

内容提要

本书主要内容包括：商品的全面实时价值、融资、投资、分配、现金管理、财务分析等，并附有“全球经济一网通系统——企业每日总价值管理系统”计算机软件简介、VM价值管理实验室简介等。

企业财务全面实时价值管理，是对企业财务活动的融资、投资、分配、资本运营、现金等所进行的“少投入、多产出”的剩余价值进行的管理。是体现一切商品的“全部共同抽象的本质”的计算机自动化操作下的财务管理，体现商品全面实时价值的价值规律的财务管理，因而，传统的财务管理理论成为该理论下的一个“特例”。

本书成为工商管理专业“企业价值管理方向”的核心课程教材之一。而在教学使用过程中需要配合“VM价值管理实验室”实验来进行。

责任编辑：张筱茶

图书在版编目（CIP）数据

企业财务全面实时价值管理/周天华著.
—北京：知识产权出版社，2013.12
ISBN 978-7-5130-2281-1
Ⅰ.①企… Ⅱ.①周… Ⅲ.①企业管理—财务管理—研究 Ⅳ.①F275

中国版本图书馆CIP数据核字（2013）第218965号

企业财务全面实时价值管理

QIYE CAIWU QUANMIAN SHISHI JIAZHI GUANLI

周天华 著

出版发行：知识产权出版社

社　　址：北京市海淀区马甸南村1号　　邮　　编：100088

网　　址：http：//www.ipph.cn　　邮　　箱：bjb@cnipr.com

发行电话：010-82000860转8104/8102　　传　　真：010-82005070/82000893

责编电话：010-82000860转8180　　责编邮箱：baina319@163.com

印　　刷：北京中献拓方科技发展有限公司　　经　　销：新华书店及相关销售网点

开　　本：787mm×1092mm　1/16　　印　　张：16

版　　次：2014年1月第1版　　印　　次：2014年1月第1次印刷

字　　数：300千字　　定　　价：58.00元

ISBN 978-7-5130-2281-1

前　言

企业的本质是通过运营市场来运营商品，通过运营商品来运营货币，归根结底，一切为挣钱。

然而，由于纸币或电子货币年代通货膨胀或通货紧缩现象的存在，货币无法确切表明企业经营财务成果，即同样数量的商品，在通货膨胀时，使用较高的价格来表示，而在通货紧缩时，使用较低的价格来表示，这样，只通过货币计量成果无法真正了解企业财富是多少。这就需要使用实物货币来作为财务计量成果，将纸币或电子货币去掉通货膨胀率或加上通货紧缩率的“价值”结果作为度量单位。因为商品的价值是一切商品全部共同抽象的本质所在，所以只有纳入价值分析判断上的财务管理理论，才是对企业全部商品共同抽象的本质的分析判断及管理，才能带来管理的实效性及科学性。

不但如此，作为商品的价值还具有全面性、实时变动性以及变化规律，企业财务价值管理也就更需要建立在商品全面实时价值及价值规律基础上进行分析判断，才能全面而客观，而没有将商品的价值为核心，或把商品的“某一部分”价值当成“全部”价值，作为理论核心形成的财务管理理论也自然是片面的，同样脱离实际，带来误导企业管理的严重后果。

由于受传统经济学理论中商品价值论的片面性、零散性及不统一性影响，目前世界各国财务管理理论的片面化成为误导企业经济判断的重要因素。如股票、债券的价值评估模型只把投资商品一部分收益的“内部复利收益净现值 NPV”或“内部复利收益率 IRR”当成整个投资商品总价值以及总效率，与实际有南辕北辙的差别，以此判断为指导的企业管理势必走向风险，甚至全军覆没。

为此，本书通过完善商品的价值理论，即通过世界一切商品全面统一实时价值的评估计算与度量，以及配合计算机价值管理技术，形成整套的符合商品全面实时价值的价值规律的财务管理理论及计算机自动化价值管理系统，带来革命性更新换代。

具体来说，对比目前传统的财务管理理论，本书实现了以下新的发展与突破，并且经过这样的理论核心来完善整个理论体系，使传统财务管理理论成为该体系下的一个“特例”。

一、是按一切商品全面统一实时价值分析评估计算及度量下的企业融资、投资、资本运营、分配、财务价值分析及预决算下的理论。

该理论是对一切商品投入加产出的总价值以及产出减投入的剩余价值的全面实时分析计算下的财务管理。这个全面统一实时的总价值就是“生产要素投入”加上“收益总现值 TPV”的结果。

二、全面统一了投资商品的剩余价值计算

1. 首次指出，只有“收益总现值 TPV”才是所有投资类商品全面统一的剩余价值的体现，而“内部复利收益净现值 NPV”只是投资者资本金期初回报的整个投资项目的部分的剩余价值，因为没有考虑到投资者期初的外部剩余价值，以及税收部分价值。更不是整个投资商品的总价值。

作为“内部复利收益净现值 NPV”，只是投资商品各年内部直接现金收益的税后净现金流量 NCF 分年（或分期）折现到期初时加总的结果，显然丢掉了外部收益价值。很多项目，如铁路工程项目，主要是通过外部收益体现的，而且在传统的收益净现值 NPV 计算中，只取银行存款利率、证券投资收益率、行业基准收益率作为折现率复利折现到期初加总的结果，而这些折现率只有在能够实现这些投资时才能使用，充其量只是个别投资下的经济效益分析，并不是资本金本身的时间价值下的期初剩余价值体现。而且这些折现率，并不都是复利，也有单利情况，如定期存款等，这样就要找到能够体现资本金本身的时间价值的折现率来进行折现，这个折现率就是通货膨胀率或通货紧缩率，而通货膨胀率或通货紧缩率本身也有单利、复利甚至混合利率的情况，要具体区分使用。

这样，作为当代世界上普遍使用的“内部复利收益净现值 NPV”，充其量只是投资者期初内部收益的复利折现下的“部分”剩余价值，如果把它当成整个投资商品的总价值加以认定，其带来的项目投资决策以及各种资产的价值判断误导则难以想象，因为项目投资决策关乎整个企业的胚胎以及未来的命运，而各种资产价值评估关乎整个企业、国家或家庭的主要财产的价值认定。

“收益总现值 TPV”则是各年（或各期）税前总利润分年（或分期）按通货膨胀率或通货紧缩率，（区分单利或复利或混合利率的折现率）折现到期初时加总的结果，它是内外部收益同时考虑到的期初剩余价值的指标，符合商品剩余价值的实际情况。而“内部复利收益净现值 NPV”只是“收益总现值 TPV”的一个组成部分，二者之间从内容上来看，差了一个税以及外部收益。税是国家对投资商品剩余价值的瓜分结果，属于剩余价值分配的范畴，也是项目产出的剩余价值所在。而从价值表示上，“收益总现值 TPV”是取通货膨胀率或通货紧缩率计算的结果，体现的是资本金本身的时间价值下的结果，当然也可以取其他折现率作为多项目选择对比分析使用。

通货膨胀率或通货紧缩率也不是“CPI 消费品物价指数”所能表示的，而是要原原本本根据通货膨胀率或通货紧缩率的定义，取一个国家全部社会财富的商品在一段时间内平均上升或下降的价格得到的百分比。这样，就要使用“全球经济一网通系统——国民经济总价值、剩余价值每日实时评估显示预测系统”来支持完成。

总之，作为投资项目投资的意义在于能够获得超过资本金本身的时间价值的回报，因为投资有风险，这样，就要取通货膨胀率或通货紧缩率作为折现率计算“收益总现值 TPV”，并且根据通货膨胀率或通货紧缩率的单利、复利或混合折现率进行折现。而如果与银行存款利率对比，则只有取银行存款利率作为折现率，区分单利或复利作为折现率计算“收益总现值 TPV”，而实际上，一般企业将钱存入银行后，经受银行存款利率带来的收益以及同时经受通货膨胀率或通货紧缩率的资金本身的时间价值的贬值或升值的考验。而只有进行个别投资对比时，才可以取证券收益率、行业基准利率等计算“收益总现值 TPV”。

总之，取不同的折现率，体现了不同收益与风险的对比，实质是经济学中资金资源最有效配置问题，或机会成本下的收益计算问题。

投资商品剩余价值的分析问题是财务管理以及整个企业管理或其他各种组织管理的核心所在，如果它的计算有误，整个企业管理或其他组织管理一开始就是建立在错误的基础上，在项目投资决策以及资产价值判断上将会带来难以想象的结果。

2. 根据“收益总现值 TPV”定义出来的“总收益率”包括投资者以及国家的税收收益在内的总投入与总产出的分析，而作为“内部复利收益净现值 NPV”定义下的“内部复利收益率”只是投资者内部复利计算下收益的投入产出比率，不能代表整个投资项目的经济效率。

三、首次建立按商品生产要素投入比例分配利润剩余价值的具体计算方法

一切商品都是由土地、资本、劳动、科技及企业等各种生产要素共同投入而形成的，只不过不同行业不同商品的生产经营特点决定了各自投入的比例不同。这样，作为商品新增的利润剩余价值，就要按投入的比例进行分配，只有这样，才是各种生产要素与商品之间的等价交换，符合市场经济社会的分配本质及原则，而只以商品生产要素投入的一个因素来进行分配，如只以“资本”的投入这一种生产要素分配利润剩余价值，就是无偿剥夺了其他生产要素对商品剩余价值的贡献，形成资本家阶级对于工人阶级的剥削，形成社会资本家阶级和工人阶级之间的阶级差别和对立。只有按市场经济社会基本分配原则实现按各种生产要素投入比例分配企业商品利润剩余价值，才能实现公平合理的分配，体现市场经济社会的经济制度的优越性，实现全体社会共同和谐生产、共同富裕。为此，本书在财务管理理论中，首次给出了按生产要素投入比例分配企业利润剩余价值的具体计算方法，给出“标准的市场经济社会”新概念，也是建立世界性的健康态的经济社会、实现长期和平的基础所在。本系列书第一分册《第四代西方经济学新体系——高级经济学》（周天华，周京著．周天勇主审．天津大学出版社 2009 版）最早提出这一思想，并且在 2013 的春节期间正式将其纳入《国务院收入分配改革方案》当中，作为各级政府日常考核的重

要内容，标志着中国特色的社会主义下的“标准市场经济社会”基本经济制度的正式确立，必将引领世界社会经济制度发展新方向。

四、直接使用“价值单位”作为财务成果度量单位，直接体现价值结果。

目前的会计理论下的财务管理理论至少存在两点不足，一是《利润表》上的净利润。由于权责发生制导致利润与现金的脱离，企业账面上可能有利润，而因为实际没有履行合同，现金并没有到账，而使企业经营流动现金无法得到满足，所以，这种方法不够科学。二是使用货币单位来度量。由于通货膨胀或通货紧缩，同样的货币数代表的商品价值不同，所以使用货币价格单位也难以表示出商品的实际价值。而通过使用商品的价值单位，它能够直接表现出价商品值量，不受权责发生制、通货膨胀或通货紧缩带来的不确定性影响，直接体现一切商品共同本质的确切的度量结果。

五、对传统财务管理教学中普遍存在的一些难点及重点地方如“经营杠杆”、“财务杠杆”等都做了大量深入浅出的阐述

如在融资部分理论中，着重指出了财务融资中既要考虑综合资金成本率最低，又要找到一个适度的融资数量，这个适度的融资数量就是边际资金成本率曲线与边际资金收益率曲线相交时对应的融资数量，是动态分析下最佳融资数量的揭示。这样，不但能够有效解决融资中“少投入、多产出”的实操问题，也给出了边际资金成本率概念的用途。而在企业投资项目决策理论中，也从内外、单利、复利等各种实际情况分析得出决策结果，克服只考虑内部及复利情况的净现值及收益率指导带来的投资决策上的误导。

本书是工商管理专业“价值管理方向”整套课程体系中的重要组成部分。作为工商管理的价值管理，主要是通过对企业的人事、财务、物质、生产、供应及销售部门“少投入、多产出”来实现企业的剩余价值，因此工商管理专业“价值管理方向”整套课程体系包括《价值管理学基础》、《企业价值管理学》、《企业人事全面实时价值管理》、《企业财务全面实时价值管理》、《企业物质全面实时价值管理》、《企业生产全面实时价值管

理》、《企业供应全面实时价值管理》、《企业销售全面实时价值管理》、《企业金融全面实时价值管理》等并且配备相应的“VM价值管理实验室”进行实验教学，在实验中可以通过“全球经济一网通系统”的系列软件直接进行实战。

最后，本书出版承蒙浙江越秀外国语学院国际商学院朱土兴、越海峰、任建华、陈刚等领导、同事以及吕立行、胡泽国、王全一等专家、教授、企业家提出了宝贵意见，在此深表感谢。

目 录

第一章　绪　论

第一节　财务管理

财务管理是企业或其他经济组织对现金货币进行的管理。现金的实质是它背后对应的价值，所以，财务管理实际是对现金财务背后的“价值”进行管理，只有对现金的价值进行管理，才是对企业财务本质所进行的管理，进而也是对企业一切商品生产经营活动全面化的本质所进行的管理。换句话说，企业或其他经济组织每天的活动五花八门，生产的商品的种类、外形无法加以细数，但是，一切商品共同抽象的本质的价值却是完全一样的。因此，财务管理要以商品的全部价值为理论核心和研究对象。对于这一点，传统的财务管理理论依据经济学中片面商品价值论得到的理论体系是片面化的价值分析结果，如对于股票、债券等价值定价模型，只以其部分收益作为全部价值加以认定，就犯了以偏概全的错误。

一、财务管理的主要内容

由于企业的商品生产经营活动，就是整钱—花钱—回钱—再投资的循环过程，通过周转商品周转货币财务，最终周转价值的连续活动过程，所以，财务管理的主要内容包括：融资、投资、分配等内容。如图 1－1 所示。

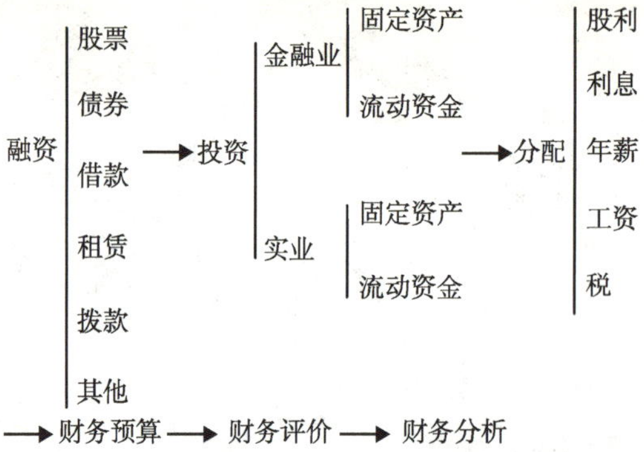

图 1–1　按资分配下的财务管理内容

第二节　企业财务管理理念

市场经济社会不同的分配制度，形成财务管理理论上的不同理念。这主要是指资本主义市场经济社会下的财务管理理念和标准市场经济社会制度下的财务管理理念。

一、"按资分配"的"资本主义市场经济社会"的财务管理理念

资本主义市场经济社会条件下，企业是"资本"的一统天下，不论男女老少、不论国别，只要向企业投入了资本，就可以成为企业产权人，就有权分配企业利润剩余价值。资本对于企业的产权是通过股票来认定的，并且按股东份额来确定产权的比例。企业一切商品生产经营活动都是为股东创造价值及剩余价值，即以股东分红的利润最大化为财务管理理念，如果企业财务管理离开这一宗旨，企业的管理当局就要被淘汰。

股东虽然没有管理能力，但是他可以"随意"投票，用买哪家企业的股票来评判企业的经营结果。这又产生了一个新的问题，对于企业经营的结果——利润的分配问题，是为了企业的长远发展留存较多，还是给股东多分配红利留存较少，这又要看所留下来的未分配的红利能否获得比此前更大的收益回报率，也就是股票价值的升值问题。然而，市场是千变万化的，不论哪个高明的管理者也难以打保票保证赢利，所以，如何分配红利又是企业与股东切分利益的要素，恰是这样复杂的、历来难以解决的大问

题，是企业财务管理中所要面临的大问题。

如何处理股东与管理者的分配关系及股份制企业各利益主体之间的分配关系，成为财务管理的主要内容。这需要了解金融市场、非金融市场及金融企业、非金融企业，并对社会经济及其发展的不同阶段（上升还是萧条等）进行综合分析和预测。

当然，股份制企业内部的各利益主体之间，并不都是矛盾的关系，更主要的是合作中优势互补的关系，也就是经济学中“共赢”的思想在企业内部的反映。

企业利润最大化，是以会计核算结果来衡量的。而会计核算，在不同的国家甚至一个国家的不同时期都不一样。会计核算是以“权责发生制”作为核算利润的依据，但是在实际中，由于企业的销售用户并不一定都能随时付款，常常会发生赊账或欺诈现象，这样，在会计期内，会计账面上有了销售额和利润，但实际上并没有现金进入。另外，像固定资产折旧这样的问题，每年都在发生，但是却没有现金的进出，这些都说明了会计利润具有不确切性，体现在会计利润与现金进出的脱节上。而对于一个企业经营效益的考核，必须建立在可靠的现金分析基础之上，才能审时度势。通过财务现金的各种分析，包括财务预算等，使企业经营管理的经济效益建立在确切、可靠的分析之上。但是也不能就此来否定会计核算的必要性，事实上，没有会计核算，财务管理也会失去可以依靠的背景。

股东利益最大化的具体体现是长期的利益最大化，这样，就要处理好股东利润分配与企业留存之间的比例。对于企业经营状况较好、商品市场前景较好的企业，如处于“上升期”或“成熟期”的商品，可以多留存，以实现规模化经济效益，节省重新选择市场的各种企业成本投入；而对于企业经营状况不景气，商品市场前景不好，如处于衰退期，则应当多分红，以利于股东把得到的分红资金及时转移到其他行业中去；或者虽然商品的市场生命同期不佳，但是企业能够及时开辟国外市场，也能够调整商品的市场生命周期，需要壮大企业规模，这时也可以多留存。总之，股东利益最大化绝不是吃光分光，而是利害对比中长期利益的最大化，即通过长期的利润最大化实现股东长期利益最大化，这应当是财务管理的基本理念所在。

股东分红要通过商品买卖的现金周转来实现，此时财务管理理念中最重要的就是“现金至上”。

“现金至上”，这是因为现金作为一切商品抽象价值的代表，是任何商品买卖的“中介物”及价值的一种度量方法。而其他任何形式的商品都不具备现金这种价值流转作用及度量作用。可以说，企业财务管理，就是以商品的全面价值为核心，以现金价值为研究对象的系统化的管理理论。

企业财务管理中首要的一条是“风险化解”。

“风险分析思想”，意指任何投资的收益都是建立在风险回报基础之上的。财务管理风险分析的基本思想是风险与收益对等，也就是要获得多大的收益，就要承担多大风险。

1. “股东收益最大化”与“企业利润最大化”的关系

强调股东收益最大化，并不是否定企业利润最大化，二者是相辅相成的关系。没有企业利润的最大化，当然也就没有股东收益的最大化。我们所强调的股东收益最大化，是指作为企业财务管理的出发点和结果都要以股东的收益最大化作为目标，而在企业财务管理的生产经营过程中，要努力实现企业利润最大化，股东收益最大化才可能得以实现。

2. 如何实现股东收益最大化

股东收益最大化，是与企业内外部环境相适应的多方面因素生产运作的结果。具体包括以下几个方面：

（1）企业生产经营的产品或服务要时时适应市场的要求。没有产品与市场的有机结合，也就谈不上企业的利润，更谈不上股东收益最大化。

（2）企业生产经营的规模要适度，也就是要在边际产量的范围内。因为只有在边际产量的时候，才有边际收益=边际成本，此时，企业总体的长远的收益才能最大化。在边际产量之前，边际收益如果小于边际成本，应加大投资力度，把应该收的钱都收回来。在超过边际产量时，由于投资规模过大，使得市场供大于求，产品或服务销售受阻，库存量过大，也就占用了大量的流动资金。资金的成本增加等使边际收益也小于边际成本。在边际收益等于边际成本时的产量即边际产量等于零时，企业把应该收的钱都收到了，即将赔本时又收兵了，此时的规模即为企业生产经营的适当规模。

股东收益最大化并不只是产品卖高价，也不是企业的规模越大越好，而是企业长期总的收益最大化。没有永远的企业，但也没有不能挣钱的企业。一旦企业长期亏损，就要转产或合并分立及资产重组或解散。

(3) 实际股东收益最大化，就要以企业利润最大化为前提。就要实现企业的营运资金最小化，因为企业的资金使用是有成本的，占有资金要经受资金时间价值变化的风险，所以，要快速运转资金。

(4) 企业通过良好的经营业绩吸引股东入股，不断把企业的蛋糕做大。

总之，就是通过股票的市场价值最大化，股东通过购买公司的股票能够带来比其他企业更大的收益，使股东的股票价值产生增值，股东通过金融证券市场选择股票来选择企业。

3. “企业的财产”与“股东手中的股票财产”的区别

二者在一定程度上有关系，但不是一回事。首先，作为企业的财产，并不等于股东手中股票的财产之和，因为企业财产中包含着企业的债务。而且股东手中的股票财产是私人财产，企业是独立的经济组织，二者的主体不同。所以，尽管一个人占有再大的企业的股份，其企业的财产与股东个人手中股票的财产也是不能混为一谈的。公司的财务管理要按公司法的要求进行管理，包括记账的规定、现金管理规定等，这样做的目的是为了防止偷、漏税，也为了更好地保护企业各相关利益主体，如股东、债权人、员工的利益等。

但是，股东手中股票的财产与企业的财产又有一定的联系，只有当面临企业终止清算时，在偿付完各种债务及税款之后，对剩余的净利润除以股票数，就是每股净收益，这时股东手中的股票财产才是企业的净利润。

4. 做好企业的财务管理工作应具备的专业知识和能力

作为企业的财务管理人员，要具备综合业务知识水平和应变能力。

对综合业务知识的要求是：对会计、金融、经济、市场、法律、数学、信息、国际贸易等多方面的综合知识的掌握和运用。

财务预测及计划能力和应变能力，包括“资金时间价值”的动态思维能力和“边际”思想。

总之，要有系统分析问题和解决问题的能力。

二、“按要素分配”的“标准市场经济社会”的财务管理理念

以上是目前资本主义市场经济社会的财务管理理念。作为资本主义市场经济社会，在世界经济发展的同时，本身还存在一些弊端，特别是“按资分配”带来的资本家与工人阶级的阶级对立，而最终以计划经济制度解体告终，其中包括了两次金融危机带来的两次世界大战，以及目前高通货膨胀下可能带来的金融危机……世界经济正处于相对艰难的困境中，这就需要发展完善市场经济社会制度，特别是从分配不公上入手，激励所有成员共同努力、消除分配不公以及带来的阶级差别，按市场经济社会的基本性质要求，完善按各种生产要素投资商品来分享企业商品利润的分配制度，形成优化的也称为标准的市场经济社会制度。而在这样的社会经济制度下，企业的财务管理理念就不再是以股东一种要素的收益最大化为目标，而要以整个企业的总收益即剩余价值最大化为目标。当这个目标实现时，作为企业产权的当事人以及国家都可以从中分享利益，这样就能够建立公平和谐的经济社会。如果只以资本即股东一种生产要素分配企业的利润，其他生产要素处于被支配的地位，不能调动其他生产要素的积极性，特别是劳动者、科技以及企业家的积极性，则企业的经济效益上不来，为股东创造最大收益也只能是空谈。

第二章　商品的全面实时价值

要进行企业财务全面实时价值管理，首先要对一切商品的全面统一实时价值有一个全面透彻的了解和掌握。为此，本章中我们对一切商品的全面统一实时价值做了全面详细的介绍，为之后的学习打下坚实的基础。

第一节　商品的全面价值

一、价值

对于“价值”问题，社会上的人们经常提及，甚至一些社会科学理论中也时而提到。

然而，到底什么是“价值”，目前的社会科学还没有给出明确统一的解释。

简单来说，“价值”就是事物的“共同抽象的本质”。事物的价值是由多方面的共同抽象的本质决定的，多方面的共同抽象的本质就构成全面价值或总价值。而全面的价值，则是指“事物的‘全部’共同抽象的本质”。

这就意味着，“价值”问题是抛开事物的不同虚幻的外表，而专门对事物的“全部的共同抽象的本质”所进行的抽筋拨骨的理论研究得出的结果，如“白骨精”，可以一个老人的形象出现，也可以一个小孩的形象出现，但它的本质是“白骨”，“万变不离其宗。”

对于世界的事物的认识，只有拿到“价值”上来考量，才是对事物的本质的认识，不为表面现象所迷惑。而离开“价值”的理论以及社会生产实践，都是浮在事物的外表的，难以解决社会实践中遇到的各种问题。

对于整个世界的“全部共同抽象的本质”的“价值”是什么的问题，是一个“世界观”的问题，目前世界上存在“唯物主义”和“唯心主义”两种世界观。

现实世界中，研究“某一领域”的“全部共同抽象的本质”的“价值”的理论体系，就构成某一门学科专业。如对于一切事物的“全部共同抽象的本质”的“数”或“形”的研究，形成数学学科专业。而对于“一切物质的全部共同抽象的本质”的100多种化学元素的研究，形成化学、生物、医学、药学、物理学等各门学科专业，这样，100多种化学元素，就是这些学科、专业所研究的“价值”……

二、商品的价值

既然抽象的价值是事物的“全部共同抽象的本质”的体现，则商品的价值也同样是一切商品的“全部共同抽象的本质”的体现。即：“商品的价值”是“一切商品的全部共同抽象的本质”。

显然，这样定义出来的商品的价值，与其他自然科学以及社会科学研究的“价值”取得完全一致，而形成的相应理论也是对“一切商品全部共同抽象本质”的体现。

那么，一切商品的“全部”的“共同抽象的本质”的“价值”具体内容包括什么呢？

回到现实社会中来，容易发现，一切商品都离不开土地、资本、劳动、科技及企业家等“生产要素”投入而形成，同样离不开商品的“效用”而存在。即：

$$\text{一切商品的价值}=\text{生产要素投入}+\text{效用} \tag{1}$$

这就是一切商品的全部的共同抽象的本质的“价值”所在。

如果将商品的生产要素投入用实物货币来表示，就形成了商品的“成本”，而将商品的效用用实物货币来表示，就形成了商品的“利润”，这样，生产要素加效用的全面价值，使用实物货币来表示，就是成本加利润的全部价格的价值。即：

商品的价值=全部成本+全部利润=全部价格 (2)

而在纸币社会中，由于纸币的通货膨胀或通货紧缩带来价值的贬值或增值，是一种虚拟的价值，所以，不能直接使用纸币价格表示价值，需要将纸币去掉通货膨胀率或加上通货紧缩率，才是真正的“价值”。

现对公式（1）或实物货币下的公式（2）进行数学实证分析。

1. 反证法

如果没有土地、资本、劳动、科技及企业家生产要素投入，则商品无法生产出来，也就谈不上商品的价值了。而如果市场上的商品没有效用，则就不会有人购买它，这时商品卖不出去，利润无法形成，也就没有人生产它了，也就谈不上价值了。而只有土地、资本、劳动、科技及企业家的一种、两种或几种生产要素也无法生产出来商品，自然谈不上形成商品的价值问题了。比如只有土地一种生产要素，没有其他生产要素，不能生产出来商品，也就不会形成商品的价值，需要全部要素综合配套才能生产经营出来的商品并且商品具有为社会认可的效用，才能形成“商品价值”。而且要不同行业，不同商品的生产特点，各种生产要素投入的比例也有所不同。

2. 数学归纳法

现对上面的一切商品全面统一价值计算公式（1）或实物货币下的公式（2）使用数学归纳法进行实证分析。

数学归纳法是根据自然数的特点，即从 1 开始，每加上一个数就得到下一个数，并且是“无限集”。这样，对于一个数学命题，能够证明对于自然数 1 是成立的，并且能够在假设对于任意的自然数 n 也成立。则能够证明出对于 n+1 时也成立，从而也就证明了对于所有的自然数 1、2、3、4……都是成立的。

为此，我们要验证命题（1）或实物货币下的（2）式对于所有自然数的商品的集合都是成立的，则只需要证明命题（1）或实物货币下的（2）式是成立的，假定对于任意 n 种商品也成立，而证明出对于 n+1 种商品也成立，也就证明了对于所有“自然数”的商品都成立就可以了。

现验证如下：

设商品的全面价值用 V 表示，商品的生产要素投入用 a 表示，商品的效用用 b 表示。且 a、b 是实数，则

商品的全面价值计算公式为：

$$V=a+b \tag{3}$$

第一步，对于一种商品时（3）式成立是显然的，可以在市场上随意寻找一种商品看其缺少生产要素投入和效用能否存在即可。

由于是一种商品，即 1V 表示的商品，所以可以将（3）式两边同时乘以 1 得到 1 种商品的价值表达式，即

$$1V=1(a+b)$$

如果是 n 种商品，可以将（3）式两边同时乘以 n，得到 n 种商品的价值之和表示式；而如果是 n+1 种商品，则可以将（3）式两边乘以 n+1 得到 n+1 种商品的价值之和表达式。

第二步，设对于任意自然数数量的商品 n 时，（3）式成立，即对（3）两边同时乘以 n 得到 n 种商品的总价值表达式。

$$nV=n(a+b)=na+nb$$

由于 n 是自然数，所以，na 和 nb 也是实数，二者之和仍然是实数，公式成立。

第三步，则对于 n+1 种商品时，（3）式为

$$(n+1)V=(n+1)(a+b)=(n+1)a+(n+1)b$$

由于 n+1 也是自然数，并且分别乘以 a 或 b 结果也是一个实数，所以（3）式仍然成立。

综合起来，则说明公式（1）或实物货币下的（2）式仍然成立。

对于纸币社会，（1）式只需要去掉通货膨胀率或通货紧缩率即可得到实物货币的价值表示。

对于任意自然数集下的商品，公式（1）或（2）式都成立，则小到一个家庭的全部价值、一个商场的全部商品价值、一个单位全部商品价值、一个地区、一个国家乃至整个世界的全部财富的商品的价值都可以统一用公式（1）或（2）式进行全面统一的价值计算。根据加法交换律，可以将一个集合中的所有商品中的每一种商品的实物货币下的成本加利润直接加

总得到全部财富的总价值，也可以将每种商品的成本直接加总再把每种商品的利润直接加总得到总价值，计算结果是一样的，这样，商品的全部价值计算也就是只是加法或相同价格的乘法的计算问题，而剩余价值或利润只是做减法运算或相同的价格的除法计算问题。

这样，我们就从各种不同形式的商品中找到了“全部的共同抽象的本质”的“全面化”的“价值”，打开了人类市场经济社会三四百年时间以来的关于商品的“价值”的各种“谜”，使商品的“价值”大白于天下。

包括有形产品、无形服务、有形产品加无形服务、证券及实物货币等不同形式的商品的统一价值表示，如图 2-1 所示。

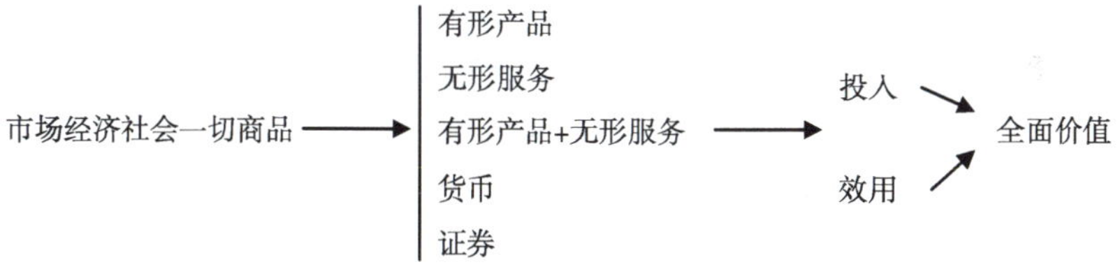

图 2-1　各种不同形式的商品的全面统一价值

不论消费品还是投资类商品，在生产要素投入上基本相同，即都是由土地、资本、劳动、科技及企业家组成的。而对于商品的效用，则消费品和投资商品有着很大的不同。下面具体介绍一下消费品和投资商品的效用计算上的区别，并构成各种投资商品的价值统一评估计算的基本理论基础。

1. 消费品效用

作为消费品，它的效用，就是能够满足日常的消费需求，如吃、穿、住、行、医疗、教育、旅游等，构成人类生存与生活幸福的基本保障。

各种消费品，尽管消费的内容不同，但是都需要支付利润及成本购买到，并且成本是商品的投入价值的转移，所以，实质上只是消费消费品的利润，这样，一切消费品的效用都可以统一用购买者支付的价格中的利润来表示，这样，我们就破解了传统的经济学理论中消费品效用度量难以及不统一的问题，以及带来的传统的《西方经济学》理论中的消费理论的难点与不适用性问题。

消费品的效用特点是每一种消费品都有其独特的消费效用，比如，吃饭不能代替住房，也不能代替交通，必须专项使用，因此，构成一个社会的合理消费问题，不能只顾及一头，否则由此将带来社会产业结构平衡问题。

随着科学技术的不断发展，除了传统的商品有特定的效用以外，通过科技手段人为创造的新商品带来的效用层出不穷，不断提升人类社会生活水平。消费是“个性化”的消费，也是市场经济的优越性之一，能够最大限度满足个性化的消费需要，相应的也要求企业商品生产经营的品种、质量、外形、品牌等“个性化”、“差异化”，在此基础上形成整个社会资源的优化配置。

一个社会新增消费品的效用越多，整个社会的福利增加越大，人民实际生活水平提高越多。新增消费品效用主要是通过科技来实现的，而科技是依托于文化知识而产生的，所以，文化知识是拉动社会经济发展的原动力，相应地一国的知识产权拥有量也是一国国民经济增长的基础，而我们当代社会就处于知识经济时代。而毁灭一国的文化，就等于毁灭了一国的经济基础。

现实中，凡是人们有效用需求的商品，就会有人来生产与经营，凡是没有效用的商品，因为没有人来购买，也不会有剩余价值形成，也就不会有人生产和经营。有的企业为了获得商品的利润，甚至会挖空心思地研究新产品，形成各种新、奇、特的有形产品、无形服务或产品加服务等。特别是在知识经济时代，更多的是靠各种知识产权的工业产权及版权拉动下的商品生产与经营，带动社会经济发展，而未来的社会经济发展，更加突出地体现在知识产权商品的效用带动下的社会经济增长。

2. 投资商品的效用

与消费品效用的“个性化”、“多样化”不同的是，各种不同的投资类商品的效用是完全相同的，即都是“收益”，而且都具有“多期性”的特点。如投资项目、企业、资产、矿业权、房地产、土地、知识产权、证券等，尽管外形不同，但是收益效用性上完全相同，而且可以统一计算与度量。

此外，各种商品的效用，不但包括内部直接的效用，而且包括外部效用。作为消费品，内部直接效用就是直接的消费满足程度的效用，而外部效用就是消费品对外部世界带来的好的或不好的影响。而作为投资商品的效用，既包括直接的收益利润效用，也包括外部的社会正面或负面影响的效用，如城市发展、新农村建设、国家税收或环境污染等。都是整个商品价值的有机组成部分，在进行商品价值评估时要特别计入当中。

（1）内部效用

内部效用就是投资商品本身的直接的收益效用，一般具有多次性特点。

（2）外部效用

外部效用就是投资商品给社会或市场等方面带来的收益与影响，如文化创意项目，本身有收益效用，同时还会拉动交通、旅游、饭店等其他商业及服务业的收入增加。还有体育等投资项目，除了本身的门票收益的直接效用外，还会带来社会公众身体健康的效用，而一些带来环境污染的投资项目，外部效用为负数，要从总效用中扣除。

（3）总效用

总效用就是商品的内部效用与外部效用之和。对于正的外部效用，应当在总效用中加上；对于负的外部效用，应当从总效用中减掉。

通过这一介绍不难看出，不同性质商品的效用实现方式不同，消费品由于“一次性”利润的收益效用，所以只能“以量取胜”，在完全自由竞争市场上薄利多销；而投资类商品的效用由于它的“多期性”收益（或亏损），并且总是面对未来长期的不确定性，所以要在项目建设之前进行项目投资决策论证，包括市场、社会、技术、规模、选址、财务、经济效益、风险等综合评估。而目前国际社会中，还没有形成建立在商品的全面价值的价值规律基础上的投资决策分析、判断、计算及度量的整套理论体系，这是当前技术经济学理论需要进一步完善与发展的地方。关于全面价值的投资决策分析评估理论，可以参看本系列书的有关分册介绍。

除了从性质上划分商品的不同效用以外，还可以从商品的外形上区分不同商品的不同效用。

（1）有形产品的效用

有形产品，就是具有某种几何形状的商品，如电视、汽车、房子、桌子、沙发、电脑、医药。这些商品的效用，就是商品的产品说明书中说明的功能效用。而产品说明书上注明的“保质期”，是这些有形产品效用的保证期；“免费保修期”，是对这种商品的效用部分价值的承诺，如果在保修期内质量出现问题，消费者就没有得到相应的价值中的效用保障，这样就会出现消费品价值贬值情况，对于消费者是不公平的，所以，司法实践中的消费者投诉，都以购买消费品的发票或收据作为证据。当然，对于投资类商品的效用保障机制也有类似的意义，形成保险业。

对于各国市场上普遍存在的假货现象，是为了以次充好，以低效用或无效用获得超过实际效用的利润，获取不义之财。而通过假商标迷惑消费者或投资者，骗取与真商品相同效用价值的行为也要受到法律的制裁。我国将每年的 3 月 15 日定为消费者权益日，表明我国对于打假的重视，用以确保消费者购买的商品是货真价实的，能够获得与花费相当的效用，形成商品买卖上的等价纯交换。

对于消费品而言，根据消费者消费的多样化、个性化特点，不但存在几千种不同商品，而且同一类商品，随着市场的细分化和科学技术的不断进步，形成不同规格、型号及价格商品，最大限度满足社会消费需求，扩大企业市场占有量，甚至通过创新产品及产品细分化形成新企业等。也是市场经济社会的优越性所在，能够最大限度地节约社会资源，使之真正能够把生产与消费及时有效对接。

（2）无形服务的效用

无形服务的效用，是通过直接的人工服务所体现的某种消费或投资效用，如各种服务业岗位工作规范实现的服务效用。

与有形产品的效用实现方式不同，无形服务的效用是通过人面对面的直接交流实现的，这样就形成了服务企业的岗位工作规范，如酒店服务员及迎宾人员，一举一动都有要求，计入商品价格当中，如果没有达到，消费者支付的价格就没有实现相应的效用，对于服务商品的购买者形成价值亏损。特别是演员表演时，表情动作都要到位，才能出好戏。

职工对于企业的劳动服务，也是一种服务商品，某种工作岗位的专业技能要求越高，服务的效用则越大，带来的服务商品的价值增值越大，这就是名人效应的体现。例如，专家演讲费高是因为其专业拔尖水平效用带来的效用增加的结果，同样一个专业，不同职称学历表示其专业服务水平不同，增加的服务效用不同。而专业化分工又是专业化人才形成的基础，专业化的商品生产与专业化的社会分工，带来的专业化的服务商品的效用增值，是市场经济社会经济快速发展的主要原因。而这又建立在商品的等价交换基础上。

普通体力劳动由于人体的化学力很小，所以提供的服务效用很低，导致市场经济社会下体力劳动者的体力劳动服务的报酬很少，所挣到的工资除了维持生存以外，几乎所剩无几，形成了“无产”阶级，所以，“无产”阶级中体力劳动者的解放，除了政治上解放以外，必须通过提高文化知识专业技能，创造超过体力的劳动服务效用，才能得到长期根本的解放，全民培训、终身学习也是提升国民经济增长实现方式之一。特别是中国改革开放以后各种资格让考试制度，值得肯定。

关于服务商品的效用大小的计量问题，只能通过服务的规范标准来实现，体现在两个方面上，一个是作为企业服务商品与商品购买者的合同上，即企业无条件地执行服务合同内容的要求，按时保质保量地为服务对象提供服务，并取得相应价格报酬。如果没有达到服务合同规定的内容，就会导致服务对象多花钱，买不到相应的服务价值。另一个就是企业为了提高这种整体对外的服务水平，也需要员工具备相应的服务技能，通过责、权、利明确的合同来招聘员工。如香港的招聘公告中，主要说明对专业技能水平的要求及相应的待遇，体现的就是一种企业报酬与员工劳动的等价交换。此外，还有消费者评价制度。

总之，不论是企业对用户的服务合同，还是企业对员工的劳动合同，都是服务效用与报偿等价交换的法律文书，是以劳动结果来体现的，并且体现了劳动法的立法思想。

（3）有形产品加无形服务的效用

由于社会生产力的长期不断进步与发展，当今社会已经进入知识经济时代，知识是拉动整个社会经济的“航母”，目前市场上很少能找到不包含科技的有形产品或无形服务，可以说，绝大部分商品都是科技无形产品加有形实物产品的结合。

有形产品加无形服务的效用，就是有形产品的说明书加上质量保证书上注明的售后服务的内容规定的效用。如购买一台电脑、汽车或空调，既有有形产品的产权交接，又有售后跟踪的服务要求，如免费安装、培训、换件、更新技术。一年内保修保换等。现实中很多商家，为了促进销售，往往在机器设备上给出优惠价格，然后在售后服务上不断变换内容，取得竞争的成功，排挤同类竞争者。如日本的马自达汽车，以低价格销售到中国，然后再以高价格的专用配件来实现利润，还有一些高科技的程控交换机或调度机及各种 IT 电子产品器材也有这样的情况。

商品的效用，是相对于一定时间而言的，所以，所有商品在保值期内的服务保证，都是商品的效用价值的保障，也是商品的购买者与销售者“等价交换”的基本体现。

（4）货币的效用

因为货币是商品的抽象的价值的“等价物”，所以，货币的效用就是对商品的购买能力，一种货币能够购买到的其他商品的数量多，则收益能力大，这种货币的价值大，反之则小。

相同数量的各国货币对应不同的商品购买数量，形成国际贸易金融结算上的“汇率”概念。汇率实际上反映的是各国货币价值差别。

货币本身的价值是货币的购买力效用加上货币制造的成本及费用。

（5）证券的效用

股票、债券、基金等各类证券的效用，就是它作为投资商品的收益功能。一种证券的投资收益越大，则投资这种证券得到的效用越大，反之则小。

（6）知识产权的效用

知识产权的效用，就是通过这种知识产权的使用带来商品的科技化，具体来说，就是通过对知识产权的购买，带来超过购买价格的利润。

由于商品新增的剩余价值的大小与商品新增的效用大小完全相等，商品新增加的效用越大，则带来的价值增值也越大；反之，如果某种商品新增加的效用较小，则价值增值较小，整个商品总的价值就较小。正因为如此，促使企业在追求商品剩余价值最大化的同时，积极增加商品的多功能开发，甚至不断开发新产品或服务或产品加服务实现商品价值增值。如在市场上，黑白电视与彩色电视的功能效用不同，则价值增值不同，最终表现为价格差异，彩电的价格高于普通黑白电视机。

由于商品的效用等于新增价值，等于价格中的利润，所以，企业在追求商品的利润目标时，就要为商品的购买者即消费者或投资者提供相应的投资收益效用并带来整个社会财富的增加，这样，通过商品的生产与经营，在满足社会消费者对商品进行消费的同时，带来了相应的企业利润。通过商品的利润增加，带动国民经济财富的增加的国民经济增长。

实践中，我们每一个消费者或投资者在购买消费品或投资品时，首先要考虑花这么多钱获取这些效用是否值得，质价相等就可以成交了，这就是商品的效用与价格利润要求保持一致的具体体现。而供求关系对商品价格产生的影响也是通过供求关系影响到商品的效用大小，进而影响利润带来的总价格的变化。

正因为商品的效用体现了商品的价值增值，消费者购买商品愿意支付成本基础上的利润补偿，所以出现了企业在商品宣传上的突出效用及功能特色，甚至经常夸大商品的功能效用。例如，一些商家经常打出“物超所值”的口号，彰显商品的“效用”价值大于实际支付的“货币”利润价值，通过购买该商品能够获得额外的“剩余价值”，达到促销目的。

企业商品生产经营在项目策划及战略制订上，首先要考虑商品的效用为社会所认可的问题，比如能够为消费者带来哪些消费效用，或能够为投资者带来哪些收益或风险化解。随着科技的发展，消费品和投资商品的品种不断开发出来，比如现代小区时兴养狗、猫、乌龟类宠物，则宠物的粮食商店、药品医院就是在为消费者提供了相应的消费效用基础上形成的；而股票、证券、基金等各种投资商品也是随着投资收益的效用需求而产生的，因而形成证券行业。所以，企业利润来自商品的剩余价值，商品的剩余价值来自商品的效用，企业要围绕商品的效用研究“生产什么”、“生产多少”及“怎样生产”的问题。当然，在研究商品效用的同时也要考虑生产要素、成本投入两者之间是否有差额问题。

对于银行存款，由于存在通货膨胀，所以，如果通货膨胀率大于存款利率，则会出现存款货币价值贬值，这时为了实现存款的价值保值，需要设立存款的“保值利率”，即大于或等于通货膨胀率的存款利率。目前由于缺少通货膨胀率或通货紧缩率的全面计算公式，这个保值利率实际上是无法正确计算出来的。这样，存款剩余的价值及风险无法判断。长期的通货膨胀率大于存款利率情况下，银行吞食了存款者的货币价值。俗称“吃钱”。而没有客观、全面的通胀率的计算情况下，存款者被“吃钱”竟然还不知道，省吃俭用为银行作贡献。

整个市场经济社会就是一个为了商品的“效用”而生产经营与消费投资的社会。人类生存或投资需要哪些效用的商品，企业就会生产经营哪种效用的商品；人类生存或投资需要哪种效用的商品，市场上就能够见到哪种商品。同样，市场上所见到的各种商品，也无一例外地是消费者或投资者所需要的商品，商品的买卖是通过商品的“效用”这一中介来实现的，如果没有对于某消费品的效用的需求，就没有人购买这种商品，企业无利润，也就没有人生产这种商品。当市场上商品买卖成交时，消费者实现了消费效用同时投资者实现了投资收益效用。而作为商品的价格中的生产要素投入价值或成本价值毫无疑问地、别无商量地要由商品的购买者来承担。商品的生产要素投入价值，或称为价格成本是一国原有的国民经济的基础价值，而商品新增的效用部分的价值，或称为利润价值，则是一国国民经济的新增价值。一个国家乃至整个世界，只有不断地通过科学技术、资源整合及高效的社会管理，才能不断地创造出大量有效用的商品，整个国民经济才能快速发展起来。比如信息及现代化交通，能够提供快速的商品生产，拉动整个国民经济快速发展。还有教育科技成果的应用，也能够取代人工体力而创造出来超过人工体力几十倍几百倍甚至难以计算的效用，成为推动整个国民经济快速发展的原动力。

为了效用而购买及生产经营商品，是市场经济社会的基本经济特征，通过效用拉动商品的生产与经营及消费或投资，体现了社会资源的最大利用。把各种资源，包括自然的和社会的资源通过企业自由生产经营与购买实现了最大优化组合，这也就是经济学上所讲的“经济”概念中的“节省”之意。而其他经济体制难以做到这一点。

最后，所有商品的投入加效用的全面价值，不但包括内部的直接投入加效用，而且还包括商品的外部投入及带来的效用。特别是投资类商品的外部投入加效用更加突出。因此，对于一切商品特别是投资类商品的全面价值分析时，一定要将商品的内、外投入加效用一并计算在内，而不能只算内部不算外部，这一点在传统的理论中比较缺乏。

同一种商品的外部效用，主要是受商品的市场销售的供求关系影响的。

当商品的供求相等时，正常效用，形成“公允价值”；

当商品的供小于求时，商品的效用增加，价值增加；

当商品的供大于求时，商品的效用减少，价值下降。

整个商品通过内部的生产要素投入加效用的内部价值加上外部销售的供求关系影响的价格共同决定了最终的价值。

商品的总价值=内部价值+外部价值

=（生产要素投入+直接效用）+外部供求效用

如果使用实物货币表示商品的总价值，则有：

商品的总价值=（内部成本+内部利润）+外部供求利润

例如，市场上的500克鸡蛋，成本价格为3元，利润价格为2元（税前），则总价格的价值为3+2=5元。这只是平时的供求相等时的价格价值。而对于供大于求时，则会低于5元销售，比如4元销售，则成交后确定的价值为4元；而供小于求时，可以6元销售，这时价值为6元。这样，500克鸡蛋的价值从内部来说是5元，而受市场供求变化影响，可以是4元或6元，整个500克鸡蛋的长期价格价值为4—6元之间。

世界所有市场的所有商品的价格价值都是这样最终确定下来的。

总之，商品的全部价值是内部投入加效用（或成本加利润）与外部市场供求关系决定的价格与价值，而且是实时的。这样，同样一种商品，因购买者给出的时间、地点、心理以及爱好不同，则给出的效用值不同，带来利润不同以及最终价格价值不同。这样，形成同一种商品的不同价格的价值，只有在商品成交时，才能确定下来。对于商品的生产要素投入列入价格中的成本是天经地义的，而价格上所差的只是购买者给出的效用值不同，带来利润不同以及价格价值不同。实际上，作为商品的购买者，对于商品的效用的判断都是“个性化”的，个性化的效用判断带来个性化的利润，所以，带来效用价值量不同，进而带来的价格的价值不同，也完全没有脱离商品的全面价值内涵。

同种商品以成交价格确定价值是肯定的，对于没有成交的商品，如放在仓库中的商品，摆在柜台上的商品，只在资产价值评估时，需要核定公允价格来确定价值。

按这一价值内涵，在完全自由竞争的市场条件下，企业所关注的是从事哪个行业或生产哪种商品能够最大限度地带来商品价值的增值，形成企业与行业的兴衰，形成商品的生产、经营、消费及政府宏观经济调控的各项政策与法律措施等。

由于每种商品的成本大致都有一个平均的成本数，而对于企业来说，通过科技及管理的创新，以低于商品的平均成本生产或经营出来，则会获得高于平均利润的剩余价值，所以，这是市场经济环境下，企业千方百计开发科技产品及提升管理水平的目的和动力所在，也是市场经济社会推动生产力发展的具体体现之一。

由于没有人愿意花高价购买效用低、质量差的商品，所以，任何企业的利润都是建立在为社会提供相同效用价值的基础上的。在公平竞争的条件下，企业获得的利润越多，表示其为社会提供的商品的效用越多，同时对社会资源整合的程度也越高。正因为企业的商品买卖是建立在商品的价值与货币价值的等价交换基础上的，所以，正常的合法的企业商品经营成果的利润受国家法律的保护的。

总之，价值经济学理论体现在对各种社会资源的“投入”与“产出”的“价值”及“剩余价值”的分析判断与计算上，通过对各种社会资源的有效整合来创造商品的“价值”与“剩余价值”。事实上，企业家们每天都在做这件事，只是没有上升到系统的经济学理论当中而已。

第二节　商品的实时价值

商品的全面价值，是指商品的总投入加总产出的价值。随时间推移，总投入与总产出是变化的，带来总价值量的变化，这个随时间的永续自然增加而带来的商品的总投入与总产出之和的总价值的变化，称为商品的“实时价值”。即现实社会商品客观上动态变化的价值。

对于所有商品来说，都是处在总价值的实时变化当中。这样，对于商品的价值研究，不但要从总量上进行全面化研究，而且还要研究它的实时变化中的总价值，才能客观地反映商品的实际价值及变化情况。

对于消费品来说，从新商品到旧商品，随着消费效用的减少不断折旧，而价值也不断贬值，所谓旧货市场商品价格低，就是因为旧货市场上商品是被消费过的，效用不断减少，所以总价值下降，价格下降。对于投资类商品，如矿业权，则因较长时间的开采，剩余的矿业储藏量减少，带来的未来各年收益减少，因此，总收益减少，导致它的剩余的价值减少。知识产权也一样，随着社会科学技术发展，新技术、新知识不断涌现，这样旧的技术及知识就落后了，对比之下，旧知识效用低，所以，对应的知识产权价值就会贬值。特别是对于 IT 行业来说，日新月异，旧知识技术性比不上新一代的技术性，那么，它的消费效用以及相应的收益效用就都会下降，导致价值贬值，而价格下降。但是对于古董类商品，因为随时间的增加，稀缺性增大，效用增加，所以价值增值。考古专家会根据古物时代的远近给出一个价值增加系数，年代越远的古物，则稀缺性越大，带来的效用越大，因此总价值较大。同样，书画、邮票等也是时间越长、价值越大。

当然也有比较稳定的价值不变的商品，即为“保值品”。

随着时间的增加，商品的效用不断贬值或增加或不变，形成商品的不同的时间价值。作为商品的价值评估，严格来说，应当是时间价值，或短时间内的公允价值。

为了研究及应用上的方便，我们通常取每一天的价值平均值作为当天的价值加以研究与使用，“全求经济一网通系统——企业总价值、剩余价值每日实时评估显示预测系统”就是根据企业每天商品进出带来的总收入与总投入变化实时总价值统计记录显示系统。通过该系统对企业总价值剩余价值的实时显示，进行“过程”管理，形成企业价值管理系统，是对ERP系统的“革命性”升级换代产品。而在大学里建立相应的“价值管理实验室”是培养“实用人才”的实际举措。

第三节　商品的价值单位

实际上，人类社会对于商品价值的研究，说到底，无非就是两个问题。一个是商品价值内容上的“完满性”，包括内含及外延的两个方面，一个都不能少。另一个就是它的度量上的“恒定性”，只有做到度量上的“恒定性”，才能使价值的数量能够被确指，可以加以使用。如同只有定义出重量、长度、温度等单位以后，才能加以使用一样。这样，在有了商品的全面实时性价值定义以后，还要进一步定义商品的价值单位，使之对于商品的价值能够确切进行度量。做到了这两点，商品的价值问题基本得到圆满解决。

从原则上来说，商品的价值单位可以有多种度量方法，如同重量、长度或温度可以有不同的度量单位一样。同样的商品的价值，使用不同的度量体系得到的结果不同。而统一度量的实际作用在于“统一性”。比如，我们给出了“黄金-美元”价值单位，就是其中的一种，起到了商品价值的统一度量作用。但是，这种价值单位是把黄金与美元联系在一起定义出来的价值单位，如果美元发生通货膨胀率或通货紧缩率，则直接影响价值单位，所以，只能取62年的平均价格，这样，比较粗略。为此，我们将这一价值单位体系进一步进行发展，使之能够具有独立性，不受任何国家货币影响的价值单位。

商品价值的全部投入加效用的具体数量，就是商品的价值量，而且仅仅是“数量”。

我们可以单独使用一定重量的黄金表示商品的投入价值量，也可以单独使用一定重量的黄金作为商品的效用产出的价值量，则商品的投入加效用的总价值量，就可以通过一定重量的数量的黄金来表示。即一切商品的投入加效用的数量都可以统一通过一定重量的黄金来表示。而作为黄金的重量是恒定的，则黄金表示价值也具有恒定性。这是非常关键的地方所在，剩下的问题就是具体规定多少克黄金为一个价值单位的问题了。

定义：

1 克黄金=1 个价值单位

价值单位用 Tianhua 表示，或简写成 Th，这样：

1 克黄金=1Tianhua 价值

所有商品对应的黄金的重量的克数，就是商品的价值数。比如某种商品对应 200 克重量的黄金，则我们说，这种商品的价值是 200，记成 200Tianhua 或 200Th。

我们建立起来了商品的价值数与黄金重量数之间的 1 比 1 的对应关系。多少克重量的黄金，就是多少价值；反之，多少价值，对应多少克黄金。全世界的商品都可以通过固定的黄金重量表示价值。

这是从商品价值本身的意义上定义出来的商品价值单位。而由于 1 克黄金的重量是恒定的，所以，黄金价值单位表示的商品的价值结果是恒定不变的。通过将纸币的价格换算为一定的价值单位结果，直接得到相同数量重量的黄金克数，则整个商品的价值，就可以直观观察得到了。即一切商品都唯一对应相应的重量的黄金的价值。一切商品特别是投资商品的价值评估结果就可以看得见、摸得着了，而以包含通货膨胀率或通货紧缩率的纸币价格表示价值，等于在商品的实际价值上蒙上了一个面纱，这个面纱就是通货膨胀率或通货紧缩率，而要揭开这个面纱，就要使用一个国家或社会的“全部”财富的商品的一段时间价格普遍上涨或下降的平均百分比来表示。

只有在全面的通货膨胀率或通货紧缩率的价格换算以后得到的结果才是真正的价值。

这样，要想将纸币价格换算为价值单位，就将商品的纸币价格的货币数除以1克黄金的价格。如某一商品纸币价格是200美元，1克黄金70美元，则200/70=2.86克黄金=2.86Tianhua价值。同样，某个商品的价格为1000元人民币，1克黄金400元人民币，则1000/400=2.5克黄金=2.5Tianhua价值。

同样1克黄金的不同货币价格数之间的比例，就是“汇率”。

如美国1黄金66美元，而中国1克黄金400元人民币，则美元/人民币=66/400=1/6.06，就是美元与人民币之间的汇率，其内在意义是，二者对应的是相同重量的1克黄金。

世界各国货币均可以通过1克黄金的本国货币价格得到相应的价值，并且通过1克黄金的各国货币的价格换算成汇率。

这是在一个国家的商品的纸币价格换算为价值单位，如果定义1克黄金等于1世界元，

1克黄金=1世界元

则这个世界元，就是建立在固定重量的1克黄金基础上的世界元。

在世界范围内，人们手中有多少世界元，就对应多少克黄金，或有多少克黄金也同样对应多少世界元，世界元与固定重量的黄金绑定在一起，则世界元就不会受各国纸币的通货膨胀、通货紧缩的水涨船高或水落船低的虚假价值的误导。国际贸易中普遍使用这个价值单位基础上的世界元，则汇率的风险彻底消失。国际贸易与国内贸易一样，不用国际金融换算，推动了世界经济的大发展。

“世界元”的首提者是世界诺贝尔经济学奖获得者，欧元之父蒙代尔先生。把纸币世界元直接升华为价值单位下的世界元，就可以从根本上防范纸币世界元本身的通货膨胀、通货紧缩的虚假价值表示的误导。

我们可以通过商品的纸币价格直接换算为价值单位，找到一切商品的真正的“价值”数量所在，揭开蒙在商品的价值之外的价格面纱。

不管在通货膨胀或通货紧缩的社会里，一定数量的纸币价格总是对应一定的价值，纸币数量多，对应的商品价格高，则商品的价值大；反之，小。在商场上，我们看到一种商品的纸币价格非常高，自然想到这种商品的贵，价值大；反之，小。而通货膨胀不会带来商品价值增加，

只是带来商品价格普遍平均上涨，反之，通货紧缩带来商品价格普遍下降。

相同的商品，不同时间对应不同的纸币价格，则不是商品本身的投入加效用的增加，而是虚拟货币带来结果，即纸币社会特有的现象，也就是纸币社会的通货膨胀率或通货紧缩率拉动的整个社会的商品的价格的普遍上涨或下降带来的结果。需要除去通货膨胀率或加上通货紧缩率加以换算调节，使虚拟价格还原为实际的价值。

如果没有纸币社会，一直使用实物货币，则商品的价格就是价值，是显然的了。在纸币社会之前，实物货币时代，商品的价格就是价值，不论使用哪种实物作为商品的投入价值及效用价值，即不论使用哪种实物作为商品的价值单位，价格都始终与价值完全相等。这时的货币价格单位，与实际的价值单位是不折不扣的相等关系。

综合以上，我们有：

1 克黄金 = 1Tianhua 价值 = 1 世界元

有了商品的全面价值内涵及外延以及商品的这个“黄金-价值单位”以后，一切商品的全面价值就可以通过各国货币统一换算为一定克数的黄金，进行统一的价值对比。如一个台灯是 200 元人民币，在 1 克黄金 400 元人民币时，则 200/400 = 1/2 克黄金 = 1/2Tianhua 价值 = 1/2 世界元。而一个别墅是 400 万元人民币，400 万/400 = 1 万克黄金 = 1 万 Tianhua 价值 = 1 万世界元。这样，我们就能够把这个台灯与别墅的价值通过黄金重量比例进行对比，得出一个台灯的价值小于一栋别墅的价值判断结果。

所有的商品都可以通过本国货币价格除以 1 克黄金的重量而得到确切的价值结果，或者通过换算为世界元找到固定重量的克数的黄金在世界范围内比较价值大小。

对于各种投资类商品商品可以进行全面统一的价值评估并且使用相应的重量的黄金直接进行价值对比，各种投资类商品以及投资商品与消费品之间都可以通过黄金重量差别进行价值对比。

全面统一实时价值不但可以实时计算，而且实时进行黄金重量对比可以直观看出价值大小，也就是一切商品的全面统一实时价值的具体计算及度量问题得到了解决。

通过这一全面价值的黄金价值单位的使用，能够有效消除现行社会经济生活实践及整个传统的经济管理学理论中对于商品的价值模糊认识，从对商品的价值只能意会，不能言传的朦胧中走出来，透彻见底地学会使用商品的价值。或将现行的所有经济管理类专业理论中的货币价格表示的理论结果，换算为价值单位结果加以应用。建立起新的价值单位度量基础上的整套经济管理类学科专业理论体系，就是世界“新一代”的“价值经济管理学理论体系”。

最后，关于价值单位的应用上，能够消除会计利润的价值上的虚拟性、现金价值上的虚拟性等。

作为目前的会计学理论及社会上会计核算方法，是建立在含有通货膨胀率或通货紧缩率的纸币价格基础上的。这样，不是真正的价值结果是显然的。通过纸币价格核算出来的企业净利润、总利润等财务指标，需要去通货膨胀率或加通货紧缩率换算为价值单位才是确切的财务成果。单独从纸币价格上的企业总利润、净利润以及其他所有会计指标是无法知道真正的价值所在的。这样，就需要将现行的纸币价格下的会计核算进一步升级为价值会计加以核算。

使用纸币价格核算的结果，会随通货膨胀率或通货紧缩率的大小不同，偏离实际价值的程度也不同。通货膨胀率或通货紧缩率越大，则纸币价格下的会计核算结果偏离实际价值越大；反之，小。而会计核算结果的偏离实际价值的虚假性程度越大，如果用于企业、政府等会计信息使用人身上，带来的经济误导越大。只有通货膨胀率或通货紧缩率为零时，会计利润才等于剩余价值。为此，当代美国的经济学家们在2008年的金融危机研讨上，对于会计信息的误导作出了批评。

以“黄金-价值单位”计量形成一整套的“价值经济管理学理论体系”能够从根本上消除传统经济管理学理论使用纸币价格作为分析核算结果带来的不当，而在社会经济实践上，也能够消除纸币价格下对于价值的雾里看花的困境。

由于纸币的通货膨胀率或通货紧缩率的存在，导致纸币价格的虚拟价值表示，在商品—纸币—商品的价值流转过程中，因纸币的通货膨胀或通货紧缩带来了商品的价值的扭曲，而影响到对整个社会的全部财富的商品的价值判断。商品买卖过程中，通过纸币的价值的虚拟变形，带来整个社会的金融“皮肤病”，如同人体中的血液有了病毒一样。整个社会的金融呈现病态现象，也就是人们常说的通货膨胀或通货紧缩是社会金融“皮肤病”而无法治理，则因缺少对于一个社会的全部财富的商品的总价值的实时掌控所致。

最后，1 克黄金的价格，可以通过国际平均黄金价格来定。

第四节　商品的价值与货币

商品的全部价值是生产要素投入加上效用的和的结果，一切不同商品的全部共同抽象的本质的投入加效用的数量，可以选择一个社会公认的实物来统一表示，这种“实物”，称为“货币”。

“实物货币”的实物本身是“商品”，同时又是能够代表其他一切不同商品的统一抽象的价值的“商品”，或者说，“实物货币”是一种特殊的“商品”。如古代时曾经使用“黄牛”实物商品作为货币，后来普遍使用“黄金”实物商品作为“货币”。有了为社会所公认的这种实物作为货币，商品的价值就可以统一度量了。其他所有商品的投入加效用之和相当于这种实物商品的多少倍就是多少单位的货币。

社会商品流通发达，对货币的需求量增加，于是出现了纸币。而纸币的出现，则带来了商品经济社会长达人类上千年甚至更长时间的通货膨胀或通货紧缩的社会金融“皮肤病”。

由于货币是为社会公选出来的表示所有商品统一价值的商品，货币成为一种抽象的价值的“特殊商品”，人们拥有了多少实物货币，就等于拥有了多少相应的价值的商品，所以，实物货币成为衡量社会财富的标准尺度。

货币对于商品具有无所不能的购买能力，并且容易流通，因而成为社会经济运行的“血脉”。而由于货币能够购买一切商品，以货币表示的资本，也就能够购买其他生产要素，形成资本一统天下的“资本主义市场经济社会”。

货币在充当商品的价值流通中介时，可以传递商品的价值，这就是实物货币对于商品价值的传导作用，也可以使用纸币作为价值流通工具。此时，只有纸币数量与实际商品价值数量 1 比 1 的对应时，整个社会的金融才是健康的，而如果纸币在充当商品的价值流通中的表现是偏离 1 比 1 的对应价值传导关系，则会带来纸币流通中商品价值扭曲的现象，这就是著名的通货膨胀或通货紧缩问题，危及整个世界的经济。

一、通货膨胀

通货膨胀是一个国家或社会一定时期由于纸币脱离社会财富的实际价值而带来的平均价格上涨的情况。反映通货膨胀具体程度的百分比，称为通货膨胀率：

$$\text{通货膨胀率}\ t=\left[\frac{\text{社会名义纸币总量}}{\text{社会全部商品价值总量}}-1\right]\times 100\% >0 \qquad (4)$$

显然，通货膨胀率越大，表示货币超过商品价值的程度越大，即货币的贬值程度越大。如前一时期的通货膨胀率为 3%，后一时期的通货膨胀率为 8%，则说明后一时期的通货膨胀率大于前一时期的通货膨胀率，后一时期的通货膨胀程度大于前一时期的通货膨胀程度，后一时期的货币贬值程度大于前一时期的货币贬值程度，俗称“钱毛”。

从现实世界来看，以美元为世界货币的时代里，由于美元从 1946 年的 1 克黄金对应 1 美元左右平均上升到了 2008 年对应 30 美元左右，表明美元对比黄金价值贬值了 30 倍左右。这样，通过国际贸易的汇率战的反外汇倾销，拉动整个纸币社会的通货膨胀呈现总体上涨趋势，出现通货膨胀—通货紧缩—再通货膨胀—再通货紧缩……的长期中的通货膨胀而短期中的通货紧缩，中间夹杂着两次大的金融危机的总体世界金融病态社会金融现象（如图 2-2 所示）。

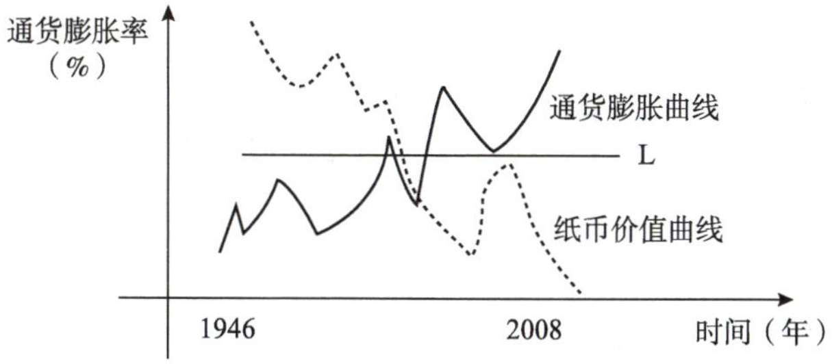

图 2–2 世界通货膨胀率曲线

图 2–2 的世界货币通货膨胀率曲线是各国通货膨胀率曲线叠加的结果。容易发现，世界各国纸币长期中总的态势是通货膨胀率上升，因而拉动纸币的价值长期贬值。图中的曲线下降是通货紧缩的结果，此时通货膨胀率为负数。

而通货膨胀带来纸币价值贬值的程度是根据通货膨胀率确定的，这样，随通货膨胀率的上升，纸币的价值下降。如图 2–2 所示，纸币价值曲线是以水平线 L 为对称轴形成的曲线，即通货膨胀率多大百分比上升，就会带来纸币价值多大百分比的下降。通胀率是货币价值“贬值率”，而通缩率是商品价值“增值率”。通胀率或通缩率为零，就是实物货币的价值体现。

二、通货紧缩

通货紧缩是一个国家或社会的纸币发行量小于社会财富的实际价值量而带来的平均价格下降的情况。反映通货紧缩的具体程度的百分比，称为通货紧缩率：

$$\text{通货紧缩率}\ t=\left[\frac{\text{社会名义纸币总量}}{\text{社会全部商品价值总量}}-1\right]\times 100\%<0 \tag{5}$$

这样，通货膨胀率或通货紧缩率就看上面两个公式计算的结果的符号而定，如果为正数，则为通货膨胀率，表示社会纸币数量大于现存社会财富的商品价值量的具体程度的百分比，如果为负数，则为通货紧缩率，表示社会纸币数量小于现存社会财富商品价值量的具体程度的百分比。特别：

$$\text{通货膨胀率 } t=\left[\frac{\text{社会名义纸币总量}}{\text{社会全部商品价值总量}}-1\right]\times 100\% = 0 \quad (6)$$

此时，既没有通货膨胀率也没有通货紧缩率，纸币充当了实物货币的价值表示功能，这是一个理想化的金融社会，也是一个健康态的世界经济社会的基本前提保障。

总之，上述公式（4）（5）（6）总结起来我们有：

当 $t>0$ 时，表示这段时期的通货膨胀率，纸币时间价值贬值；

当 $t<0$ 时，表示这段时期的通货紧缩率，纸币时间价值增值；

当 $t=0$ 时，没有通货膨胀率或通货紧缩率，纸币本身的时间价值任何时点都相等。

例：一段时期某国家的全部财富对应的商品价值总量折合成货币单位是 200 亿元，根据这一价值总量，如果国家发行不同的货币数量，则会产生"通货膨胀"、"无通货膨胀及通货紧缩"、"通货紧缩"三种情况。

如果这一时期的社会货币总量为 300 亿元，即以超过实际存在的社会财富的商品的价值总量来发行货币，或以较多的货币数来表示社会全部财富的商品的价值量，则根据公式有：$300/200-1=0.5=50\%>0$，表现为通货膨胀，且通货膨胀率为 50%，是由于过多发行 1/2 价值量的货币的结果。

如果这一时期的社会货币总量为 200 亿元，即以等于社会全部财富商品的价值量发行纸币，此时的社会财富的商品价值量与货币表示的社会财富的商品价值量是相等的。既没有通货膨胀，也没有通货紧缩，是健康态的金融现象，体现在公式上也是通货膨胀、通货紧缩率为零：$200/200-1=0$。

如果这一时期社会货币发行量为 100 亿元，此时，根据上面的通货膨胀率计算公式计算结果为：$100/200-1=1/2-1=-1/2=-50\%<0$

说明此时发生了通货紧缩，且通货紧缩率为 50%，此时整个社会物价下降了 50%，很明显，200 亿元的商品的价值货币数只用了 100 亿元货币来表示，此时 1 元钱价值的商品只用 0.5 元来购买，货币对商品的购买能力增加了 50%，而储存中的货币在这一时期是"增值"的，增值率是 50%，即每 1 元钱增值 0.5 元。

总之，政府超过现存商品价值量百分比多少发行货币，就会形成多少百分比的通货膨胀率，反之，政府以低于现存商品价值量多少百分比来发行货币，就会形成多少百分比的通货紧缩率。

在实际操作上，一个国家的全部社会财富的商品价值总量需要每日实时统计出来，可以使用“全球经济一网通系统——国民经济总价值及剩余价值每日实时统计显示预测系统”来完成。而作为纸币发行量，政府或银行有关部门自然知道。这样，要从根本上控制通货膨胀或通货紧缩，只要根据这套软件统计出来的国民经济每日实时总价值，再根据这个结果，政府有关部门实时调整纸币发行量，就能够从根本上控制通货膨胀或通货紧缩现象发生。

这时，纸币充当了实物货币的职能，而纸币便于携带，并且可以通过电子货币来完成交易。如果当今社会直接恢复到实物货币时代，使用“黄牛”作为货币，则整个世界遍地的“黄牛”也无法满足全球70亿人口的每时每刻的商品买卖需要。当然，如果使用纸币没有这种控制，就会带来世界金融的混乱成灾，所以使用这一软件系统根治通货膨胀或通货紧缩，就是取“实物”货币之长，补“纸币”货币之短，对社会金融及经济社会健康发展，具有不可估量的社会经济意义。这样，就能够实现计算机自动化管理下的全部商品全部价格的实时性通货膨胀率或通货紧缩率的计算，并实时向社会发布。而如果政府对纸币发行量进行实时监管，实时根治通货膨胀、通货紧缩，也方便社会及时掌握纸币的通货膨胀率或通货紧缩率，进行实时的纸币价值判断。

目前国际上广泛使用CPI指数来计算通货膨胀率或通货紧缩率，由于CPI不是全部财富的商品的一段时间价格的平均上涨或下降的数据，只是消费品市场抽样调查的结果，这样，从计算内容以及抽样方法等方面都存在困难，这样，所得到的通货膨胀率或通货紧缩率，绝对不是实际纸币的时间价值下的通货膨胀率或通货紧缩率，但却被当成全部商品的价格的平均上涨或下降的通货膨胀率或通货紧缩率，这样，势必直接误导社会纸币价值量的判断，带来整个社会的金融病态现象，直接危害社会经济健康发展。而在治理通货膨胀过程中，因不知道正确的纸币发行量，所以如果过多回笼纸币，则会带来通货紧缩，甚至引发金融危机，导致社会经济灾难性后果；如果回笼的纸币量不足，通货膨胀仍然继续，纸币发行量与实际需要的纸币发行量擦肩而过。而每一个通货膨胀到通货紧缩的转变周期往往需要很长时间，因此，往往在通货膨胀没有得到治理的同时，又会发生通货紧缩，即所谓的滞胀现象，令世界经济学家们在治理通货膨胀及通货紧缩的过程中迷失了方向，甚至得出“不可治”的结论。

使用全部商品的“价格指数法”计算通货膨胀率或通货紧缩率公式为：

$$\text{通货膨胀、紧缩率}=\left(1-\frac{\text{现期商品价格}-\text{基期商品价格}}{\text{基期商品价格}}\times 100\%\right) \quad (7)$$

当上式计算结果为正数时，为通货膨胀率，为负数时为通货紧缩率，实现“实物”货币的价值功能。显然，根据公式（7）计算通货膨胀率或通货紧缩率，需要实时掌握整个社会的全部商品的价格上升或下降情况，如果取一年或几年为时间段来计算，所得到的结果则是一年或几年全部商品的平均价格上升或下降的通货膨胀率或通货紧缩率。公式（7）需要实时计算一国全部财富的价格上升或下降情况，而对于一个国家特别是大国来说，操作起来几乎是不可能的。所以，只能使用“全球经济一网通系统——国民经济实时总价值每日实时统计显示系统”得出总价值量，再结合纸币发行量来确定纸币偏离实际价值情况，问题就能够得到根本解决，而这个统计的结果是每日实时统计的，所以，通货膨胀率或通货紧缩率的计算非常精准。对整个社会的纸币价值量实时准确掌控，起到了与实物货币完全相同的价值表示作用。

根据全部商品的“价格指数法”计算出来的通货膨胀率或通货紧缩率，需要确定一个时间段，只是在这一个时间段内通货膨胀率或通货紧缩率的计算结果，时间段换了，则需要重新计算，所以，形成“相对通货膨胀、紧缩率”的概念。这样，当人们问起通货膨胀率是多大的时候，就要首先问清是哪个时间段上的通货膨胀率或通货紧缩率。而使用“全球经济一网通系统——国民经济总价值每日实时统计显示系统”计算出来的通货膨胀率或通货紧缩率，不受时间段的影响，是实时的通货膨胀率或通货紧缩率，所以称为“绝对通货膨胀率、通货紧缩率”。

第五节　商品的价值形态

案例 2–1

二元店

经常在大街小巷遇到“二元店”，只要走进这家店，就会听到扩音器中周而复始地连续呐喊：“走一走，看一看啦，任意挑，任意选，买啥都2元……”这就直接体现了不同形式商品的相同的价值。

另外，在商场购买商品后换货时，也只能是价格相同的才能换，这也说明了商品的价值与商品的种类及外形无关，只与投入加效用或成本加利润的价格价值有关，相同的价格的价值的商品才可以进行易货。

而作为任何商品的买卖行为，本质上就是货币价值与商品价值的等价交换行为。

总之，对于商品来说，不论形式如何多样，在价值本质上都是完全一样的，就是用数量表示的相等与不相等的关系。

市场经济社会中，我们随处可见的各种商品都以不同的形式存在，如有形产品、无形服务、有形产品加无形服务及证券、货币等。这些不同形式的商品，虽然外在形式不同，但却都存在着完全相同的投入加效用的全面价值。不同形式的商品存在着完全相同的内在价值，体现了商品的“二重性”特点，即不同的外形与相同价值的有机结合体。正因为一切不同形式的商品都存在着完全共同的投入加效用的全面价值，所以，经济学在研究经济现象时，并不只研究经济的表面现象，而是要根据一切商品完全相同的抽象的本质价值来研究。

正因为一切不同形式的商品及货币或证券都统一于价值，所以，在现实社会经济活动中，不同形式的商品、货币、证券之间可以进行统一的价值评估、计算与度量，并且形成建立在价值基础上的商品买卖与交换。比如，银行贷款抵押时，由于房子、汽车的价值大，所以使用这些商品做抵押贷款能够贷到更多的货币。作为知识产权，也与其他商品一样，具有统一的价值内涵。所以，知识产权的价值也与其他投资商品一样，可以用于买卖、上市、抵押、贷款等各项经济活动中，并且价值计算方法与其他商品也完全一样。

通过不同形式的商品中统一价值的研究我们可以看出，不管商品的外形如何多样，其内部价值都是一样的，即投入加效用或成本加利润的价格的统一性，一个电脑3000元与听一次讲座3000元，两者表现形式不同，但实际上两者的价值相等。

作为"有形产品"的生产者，主要是通过原料的加工，包括科技管理等其他生产要素综合投入形成商品，通过商品的效用获得利润剩余价值，并且受同种商品的供求关系影响。而作为无形服务的商品，是通过直接服务实现价值，也是通过服务的投入与产出确定出来的价值，而在本质上与有形产品具有完全相同的价值。

但由于各种不同商品以不同的形式存在，所以，不同商品的价值计算有所不同。对于有形产品，可以根据一定的数量如个数、重量、长度或温度等单位乘以数量来计算，如果用货币价格表示价值，则乘以单价就可以了，如购买一本书20元钱，乘以数量就得到货币价格，换算为价值单位就是价值结果。对于证券类商品也是直接根据货币数乘以数量计算。而对于服务商品来说，从投入上可以进行计算，即单位商品的投入成本，对于效用上则只能通过服务对象认可度确定。现在一些单位推行领导与员工互相评分，学生与老师互相评分的做法，实际是对服务的效用价值的一种考量。

正是因为各种不同形式的有形产品、无形服务、有形产品加无形服务、证券、货币等内在价值具有统一性，所以形成了不同形式的各种资产，如投资项目、企业、矿业权、房地产、土地、证券、知识产权……价值评估方法相同，构成"全面价值评估法"。构成"价值经济管理学新体系"系列专著的"价值评估"学系列之一。

不同形式的商品之间在价值上的"同一性"，形成不同形式的商品之间的价值可以如同流水一样进行流转，如将纸币形式的价值通过购买各种商品，形成纸币价值与其他商品的价值之间的流转。

以什么样的形式表示商品的价值，关乎商品的价值的保值、增值或贬值及风险，也关乎商品的流转是否畅通。

通过货币—商品—货币的价值流转，即钱物的价值流转，在把现金变成实物商品时，可以化解投资风险，即用钱把实物商品买到手以后，还可以再变现为货币，虽然实物再还原纸币时，可能价格变化带来价值变化，但是，不至于所有货币扔水不响，形成沉没成本。

在货币—货币的直接资本运营或证券投资时，结果或者盈利或者亏损，而没有商品的价值保值或贬值或增值的缓冲，如购买一支证券，如果证券价值贬值为零，则无法得到现金回笼，所以，证券投资以及从货币到货币的直接的资本运营，则风险大，利润也大。

现实中的所有商品买卖，都是在货币—商品—货币循环中实现的。人们愿意保留纸币形式的商品，是因为纸币对于其他商品的购买是“无所不能”，而其他商品没有这种功能，充其量只能用于个别的易货贸易上。

保持不同形式的商品带来的价值变化情况，有以下几种情况。

保存现金商品：保存在保险柜里的现金，则要经受通货膨胀率带来的价值贬值，而将现金存入银行，则要经受银行存款利率与通货膨胀率或通货紧缩率共同作用形成的实际利率的价值变化。

保存有形产品商品：如房地产、小汽车、机器、设备、仪器等，则受物质的化学及物理变化以及技术落后带来效用的减少，形成折旧价值贬值。也会遇到这类商品本身未来的市场供求的增减带来的价值增值，如房地产遇到市场价格暴涨时，旧房的价格上升了，保存房地产的价值增加。当然，作为房地产，在带来价格上升、价值增值的同时，折旧是不可避免的，而具体二者的对比，则是由市场确定的。

保留服务，可能会随服务的内容改变带来风险，如文艺作品，一个阶段人们有一种喜欢口味。如果没有创新，总是旧的方式，就会落后，使效用减少，带来服务价格利润减少，如前几十年的东北二人转比较受人喜欢，二人转的票价较高；现在，人们对于东北二人转比较淡薄，所以，门票价格就会降低。只有不断创新才能消除内容落后带来的价值贬值。

随着时间的推移，各种新服务商品不断产生，旧的服务方式就要淘汰，所以，服务业要创新服务方式，不要过长时间保留旧服务方式。

保留科学技术商品：会因科学技术的日新月异而带来技术上的相对落后，由于科技效用的降低，价值下降，如对于大哥大手机技术，在今天是淘汰的，而在多少年前刚出来时，用在生产上，一部大哥大销售几万元，则价值很大。而这种贬值需要进行知识产权全面实时价值评估。由于目前世界缺少知识产权的全面实时价值评估，则带来了整个世界的知识产权定价难，应用难，限制了知识经济时代的科技生产要素的价值的实现。

保存证券商品：由于证券的价格随市场变化而变化，所以保存证券商品要随证券市场价格变化而增值或贬值，形成证券投资风险。

第六节　商品的等价交换

商品的等价交换，是指不同形式的商品之间的相同的价值下的交换。最基本的商品的等价交换是实物货币与其他商品的买卖上的等价交换。纸币社会的纸币与其他商品之间的买卖，也是等价交换，只不过是纸币中包含通货膨胀率或通货紧缩率，带来纸币价值的流水或贴金而已。各种不同商品之间的直接的易货贸易，也是根据相同价值确定其交易量。

例如，一辆汽车是 20 万元人民币，而一幢房子也是 20 万元人民币，一个作品稿费也是 20 万元，这时，这辆汽车和这幢房子及作品在价值是“相等”的。

用货币表示商品的价值的时候，使商品的买卖成为现实了。即人们手中掌握多少货币，就意味着掌握了对应多少价值的商品的“所有权”或“使用权”。

不仅在一国之内，世界各国都可以用货币进行商品买卖，也是建立在商品与货币的等价交换基础之上的，只不过这是国际易中使用货币进行商品买卖时要进行外汇汇率换算而已。

一般，n 个价值相等的商品称为“等价物”，等价物之间可以通过货币进行买卖交换。

现实社会生活当中，当您走进商场或超市时，各种琳琅满目的商品令你目不暇接，同一种类的商品有不同的价格，不同的商品有不同的价格，甚至不同商品也会有相同的价格，这是为什么呢，原来都是由商品的内在的“价值”决定的。

至此，我们常说的商品的“价值”及“等价交换”就不再是“只可意会，不可言传”，而是实实在在地能够具体进行等价交换的计算了。

定义：

设A商品的价值为a，B商品的价值为b，C商品的价值为c。则各种商品价值之间的运算满足以下等价关系及运算定律：

等价关系包括：

（1）自返性：$a=a$；

（2）对称性：若 $a=b$，则 $b=a$；

（3）传递性：如果 $a=b$，$b=c$，则 $a=c$；

运算定律：

加法交换律：$a+b=b+a$

乘法交换律：$a\times b=b\times a$

加法结合律：$a+b+c=(a+b)+c=a+(b+c)$

乘法结合律：$(a\times b)\times c=a\times(b\times c)$

加乘分配律：$(a+b)c=ac+bc$

注意两点：

（1）不能使用复数进行价值运算，因为复数不是现实的数，价值是客观的价值结果。

（2）运算中出现“无理数”时，只是理论价值结果，因为对于无理数，我们无法进行实际使用，如3.1415……这样的无理数，怎样能够拿出来？因此，在应用上，只能使用有理数表示总价值。

不难看出，商品的等价交换是构成整个市场经济社会中专业化分工的基础，即不论生产经营什么形式的商品，都可以等价交换。所以形成企业的一切经济行为都是围绕商品价值的剩余价值追求来进行的，而专业化的行业及岗位分工，则能够以其资源的优势及劳动者的训练技术或专业技术的优势，通过少投入、多产出创造剩余价值，形成市场经济社会的经济奇迹。

第七节　商品的公允价值

在现实的所有商品买卖过程中，首先要遇到商品的价值判断问题，根据价值确定价格。作为对某类商品的价值判断，一般是开始于公允价值判断的。如要想购买一套房子，首先想到的是，可能是几十万元或上百万元吧，而要购买一套服装，也就是几百元或上千元吧。

对于某一类商品的初步价格价值判断，形成了商品的公允价值问题。

在传统的会计学、资产评估等研究应用中，经常会遇到“公允价值”的概念。如放在仓库中的成品商品，由于没有进行销售，只有成本价值，没有利润价值，这时就要寻找一个可对比的生产标准加上相同的市场环境估计利润，确定价值结果。如果时间很长，这种标准的环境难以找到，买卖双方认可的价格就难以把握，所以“公允价值”只是一个“定性”的概念，没有一个“定量”的计量结果，这对整个会计计量、资产价值评估及各项经济活动中的价值计量都会产生不利影响。

传统的会计学及资产评估中对于公允价值的定义为：公允价值亦称公允市价、公允价格，是熟悉情况的买卖双方在公平交易的条件下所确定的价格，或无关联的双方在公平交易的条件下一项资产可以被买卖的成交价格。在公允价值计量下，资产和负债按照在公平交易中熟悉情况的交易双方自愿进行资产交换或者债务清偿的金额计量。

例如，购买企业对合并业务的记录需要运用公允价值的信息，实务中通常由资产评估机构对被并企业的净资产进行评估。由此导出被兼并企业净资产公允价值的确定：

有价证券按当时的可变现净值确定。

应收账款及应收票据按将来可望收取的数额以当时的实际利率折现的价值，减去估计的坏账损失及催收成本确定。

完工产品和商品存货，按估计售价减去变现费用和合理的利润后的余额确定。

产品存货，按估计的完工后产品售价减去至完工时尚需发生的成本、变现费用以及合理的利润后的余额确定。

原材料按现行重置成本确定。

固定资产应分不同情况进行处理。对尚可继续使用的固定资产，按同类生产能力的固定资产的现行重置成本计价，除非预计将来使用这些资产会对购买企业产生较低的价值；对于将要出售，或持有一段时间（但未使用）后再出售的固定资产，可按可变现净值计价；对于使用一段时间后出售的固定资产，在确认将来使用期的折旧后，按可变现净值计价。

对专利权、商标权、租赁权、土地使用权等可辨认无形资产按评估价值计价；商誉按购买企业的投资成本与所确认的公允价值之间的差额确定。

其他资产，如自然资源、不能上市交易的长期投资按评估价值确定。

应付账款、应付票据、长期借款等负债，按未来需支付数额采用当时利率折现所得的金额确定。

所有事项和约定义务，如不利的租赁协议所引起的付款、合同对企业的约束以及行将发生的固定资产清理费用，都应加以充分的估计，并按预计支付的数额以当时的实际利率折现的现值计价。

只要某项可辨认资产和负债是被并企业的，都需对其确定公允价值，如企业的研究开发成本、行动计划成本、开发某配方成本。

由此可见，传统的会计学及资产评估等理论中所使用的公允价值概念是一个没有具体量化的难以为人们确切把握的价值判断方法。为此，我们来给出全面价值内涵的真正意义上的公允价值定义。

现在，我们用全面价值观给出公允价值的概念，就变得非常容易了。

定义：

单位商品长期中的平均价格的价值称为这种商品的公允价值。

如 1 斤黄瓜常年的价格为 2 元，则 1 斤黄瓜的公允价值就是 2 元换算为价值单位的结果。

商品的公允价值是不同商品的价值区分标志，不同类型的商品，长期中形成各自固定的公允价值的价格。而公允价值的价格，也是商品买卖价格判断中首先要遇到的问题，通常情况下的商品都是以公允价值的价格买卖的，除非商品有某些其他独到的方面或供求关系发生变化而偏离公允价值的价格很大偏差。

显然，公允价值是市场长期中的供求相等时的价格的价值。而供求不等时，形成的价值是特殊价值。商品供小于求时，对于厂家即卖方来说，能够获得超过公允价值的额外剩余价值；而在供大于求时，则厂家作为卖方只能获得低于公允价值的剩余价值或亏损。而作为商品的购买者正好相反，当供大于求时，能够购买到便宜货，即以低于实际价值的价格购买到商品，或支付同样的价格能够购买到更多数量的商品；而在供小于求时，就只能花高价购买商品了，即以高于价值的价格购买商品。商品的买卖双方价格利益分割呈相反相成的关系，也就是剩余价值的瓜分问题，而分割的结果根据谁能够拿谁的把来决定，即供求关系带来的结果。

每种商品的生产中所投入的成本、费用大致相同，全国平均起来，会形成该种商品的“平均生产成本、费用 ”。如生产一台笔记本电脑的成本投入可能是 10000 元，也可能是 8000 元，也可能是 12000 元，但是，平均起来是 15000 元，这样，笔记本电脑的平均成本就为 15000 元，其电脑笔记本的成本价值就是 15000 元，而市场销售上的利润也一样，每种商品存在一定的平均利润。如笔记本电脑每台的销售利润可能是 3000 元，可能是 5000 元，也可能是 8000 元，这样，全国平均起来就有一个固定的平均数 $\frac{16000\text{元}}{3}=5333.33$。而商品的平均价值就是平均成本与平均利润的和，即 $15000+5333.33=20333.33$ 元。

每种商品，理论上存在着这样的平均价值，但实际上由于其不同的生产厂家的管理不同，经营结果不同，市场不同，每种商品的实际价值是固定的，且同类商品的价值也不尽相同。如同是买一辆汽车，不同的车的品牌及车型及不同的保修条款等，其价格不同，即价值不同，表现出价格也不同，而且相同的一辆汽车在不同国家及不同市场上或不同的时间里的价值也有所不同，因而价格不同。

因各种商品的平均成本与平均利润是一个稳定的值，并且不受商品是否被买卖的影响，不论放在企业的仓库里，还是放在商场的柜台上明码标价，都是相对稳定的结果，所以，就定义每种商品的长期中的平均价格为这种商品的公允价值。而且在没有特指的情况下，我们平时所说的每类每种商品的价值，大致就是公允价值。

商品的具体价值，是商品买卖成交确定的价格的价值，这个价格的价值是因企业生产成本、费用不同或商品的市场供求关系不同而偏离公允价格的价值。比如前面提到的各种商品在实际销售时，可能因为成本价格、供求关系及销售利润的不同，而产生实际的成交价格的价值，但是这个实际价值也要围绕公允价值上下波动，所以，所谓商品的价格围绕价值上下波动，实际上就是围绕其公允价值上下波动，由此形成不同商品的不同或相同价值。这是现实中商品价格与价值之间的关系，各不同行业的商品价格不同（或相同）都是因公允价格价值不同（或相同）形成的。如一副眼镜公允价值为 500 元，而一架飞机公允价值为 1 亿元，则眼镜价格围绕 500 元上下波动，而飞机价格围绕 1 亿元上下波动。

研究同一种商品的平均价值或价格在理论上有特别重要的意义。

第一，它回答了商品的价格围绕商品价值上下波动的原理的可操作性，商品围绕商品的价值上下波动。如果我们考察的是平均价格，则要围绕平均价值波动，如果是具体的某商品的价值，则要围绕具体的某商品的价值波动。当有了商品的独立的价值单位的时候，商品围绕着价值波动就有了标杆，在没有这些理论以前，即不明确商品的价格围绕怎样的价值波动，是围绕商品的平均的价值波动，还是围绕具体的商品的价值波动。

第二，有了平均商品价值概念以后，商品的成本价值及剩余价值就一目了然了。如果企业以低于其单位产品平均成本、费用价值生产出来，以高于这个价值的数销售出去，就可以获得商品的价值增值——剩余价值。而如果以高于平均利润的价格销售出去，则获得了超额的剩余价值。如果既以低于单位商品平均成本、费用，又高于单位商品平均利润销售，则同时两方面获得了商品的利润——剩余价值。

这样，公允价值，只需要计算其单位商品平均成本、费用及销售利润就得到其货币表示的商品的公允价值，再通过货币价格换算成价值单位就得到属于商品本身的价值结果了。

根据以上的分析，一切商品的形成过程需要有生产要素土地、资本、劳动、科技、企业家等投入，这些投入转化为会计上的生产成本和期间费用，包括直接材料、直接人工、制造费用、管理费用、销售费用及财务费用等。

公允价值不依赖于实际销售，放在企业的库房里或商场柜台上，都不影响会计记账，而实际价值完全由商品的销售成交来决定。

而通货膨胀或通货紧缩会产生价格偏离实际价值，形成价格围绕价值波动，波动幅度就是通货膨胀率或通货紧缩率，这是金融病态社会带来的结果，而作为商品本身的价格围绕价值上下波动是形成商品的价格变动的内在因素。而通货膨胀或通货紧缩及商品的本身价值共同作用带来的价格围绕价值波动就更复杂了。总之，商品本身的投入加效用的公允价值是固定的，但多大市场供求关系变化以及通货膨胀率或通货紧缩率带来价格变化，但不管价格怎样变化，都紧紧围绕价值进行。

根据以上所讲，商品的价格围绕其公允价值上下波动是市场经济社会的基本价值规律，在“劳动价值论”、“要素价值论”、“效用价值论”及“全面价值论”等价值判断下，这个原理都是一样的，区别是片面商品价值论的价格只从商品的某一部分的价值的价格得出的结论，例如，“劳动价值论”下的价格围绕价值上下波动是指商品的价格围绕“劳动工资”的价值上下波动；“要素价值论”下的商品价格围绕价值上下波动是指商品围绕商品的“成本”价格上下波动；“效用价值论”的价格围绕价值上下波动是指商品的价格围绕商品的“利润”价值上下波动，而作为“全面价值论”的价格围绕价值上下波动则是指围绕商品的全部成本加全部利润的全部价格的价值上下波动。

“全面价值论”的“价格围绕价值上下波动”理论就概括了此前的所有各种片面商品价值论下的“价格围绕价值上下波动”理论。而此前的各种片面商品价值论下的“价格围绕价值上下波动”理论成为该理论下的一个“特例”了。

为了使商品的公允价值能够得到具体的理解与应用，我们给出以下定义。

定义一：

消费品的公允价值等于同类商品一年时间的市场平均成交价格的价值单位。

如某企业或单位的仓库中存放了100套件西服，没有卖出去，在进行企业的资产价值评估时，由于没有销售出去，没有商品成交，无法确定价值，只能使用公允价值进行评估。即通过同质量的西服在一年时间内年平均销售价格来确定。假定同类西服一年当中平均销售价格为500元/套，这样就可以确定仓库的100套西服的总价值为100×500＝50000元的价值单位结果。

注意，所谓的一年时间，并不一定以年初与年末为起点和终点，而是指评估日之前的一年之内的时间里同类商品的市场销售价格。而这个平均价格因区域不同而结果不同，为了统一确切，规定取同一个城市的一年当中的平均销售价格为确定的价格。

我们日常看到的商场中的商品标价签标示的价格，是没有出售的商品的价格，也同库存商品的价值一样，是一种公允价值的价格。而只有商品正式出售后，收到的现金数量换算为价值单位才是商品实际的真正的价值。

定义二：

投资商品的公允价值是同类的投资商品在3年时间内的平均成交价格的价值。

注意，有时会遇到既可作为投资商品，也可作为消费品的商品，这时应当根据该商品的实际用途加以确认，并按不同的方法评估公允价值，如对于一个小面包车，既可以用于家庭旅行，也可以用于出租；还有房地产，既可以自住，也可以用于出租。可根据不同的用途确定商品的公允价值。显然，用于自家使用的面包车或房子，是用于消费，则按消费品进行公允价值评估；而用于出租的小面包车或房地产，则按投资商品进行价值评估。而区分消费品或投资商品的方法就是看其商品利润收益的次数。如果是一次性利润收益，认定为消费品，大于一次性收益，则为投资品。

“公允价值”具有“公允”性，因而可以成为整个社会国民财富统计的依据。而我们通常所说的某种商品的价值是多少，一般是就它的平均价格的公允价值而言的。平均价格的公允价值是区别于一商品与他种商品的不同或相同的价值的判断标准。

企业商品生产经营是为了获得商品正常的平均成本与平均利润的平均价格的剩余价值，需要以低于平均成本的投入生产商品。而对于利润来说，由商品购买者决定，通过质量、性能及价格对比，作出判断，所以，企业要从商品上获得利润，就要从降低生产成本及相关的各种费用上入手。否则，如果以高于平均成本的投入生产出某种商品，则势必带来商品生产上的亏损，最终导致企业的整个利润减少，如果不加弥补，整个企业的资产总额就会减少，或者清算时注册资本减少，即原始投入的资本出现价值贬值。

事实上，企业的一切活动，都是为了获得平均或超额的利润剩余价值，这也是各种企业生产经营商品的目的所在。这样，为了获得商品的利润剩余价值，就要从对外经营与对内管理这两个方面进行各项经济活动，以减少生产成本。

最后，按此公允价值来进行会计核算将非常方便，且具有精确性，所以，可以按此定义重新对财务会计进行理论改造与理顺。

第八节　商品的价值及剩余价值实现过程

一、市场上商品价值及剩余价值形成过程

根据前面的介绍，商品的全部价值是通过生产要素投入及商品的效用确定的，如果用货币来表示，就是金币下的成本加利润的全部价格的确定结果。

这样，商品价值的最终实现，是通过商品买卖成交的价格而确定下来的。而对于没有成交的商品，如商场摆放的商品以及库存商品等，只能以长期的平均价格的公允价值来进行评估。

出于“经济人”自我利益最大化的本质，在商品买卖定价过程中，作为卖方都希望卖高价，获得价格上的货币剩余价值，而作为买方总是希望购买便宜货，获得购买商品的效用上的剩余价值，如少花钱多消费，或购买投资品时减少投资成本等。最终只有双方达成一致的妥协，各自让步，才能成交。当成交时，双方各自实现了剩余价值；而没有成交，谁都没有剩余价值。不论国内交易还是国际贸易，在买卖双方的利润或效用剩余价值最大化的追求上都是一致的。作为商品买卖的价格上的讨价还价，实际上是一个博弈过程，可以通过博弈论来专门研究。

下面我们使用博弈论方法介绍一下商品买卖的讨价还价过程，得到商品买卖上的价值实现过程。

所谓商品买卖的价格谈判上的博弈过程，实质是价格洽谈上的互动关系。如在市场商品买卖中，卖方给定一个价，买方不同意，走了，交易不成；如果买方给个价，卖方不同意，交易也不成；买卖双方都不同意，则买卖更不成。只有在卖方给一个价格，买方还一个价格，双方达成妥协，交易才能成功。举个例子，如商场销售西服，卖方要价 1 套 1000 元，理由，成本及税 600 元，利润 400 元；而作为买方要求 800 元购买，意在获得 200 元购买上的剩余价值，但是这要以卖方的利润割舍为代价。这时，如果卖方不割舍，则交易不成，800 元出手的 200 元利润也得不到；而作为买方，200 元的剩余价值也无法实现。而如果双方都忍让一下，就都能够得到 200 元的利润的剩余价值，如图 2-3 所示。

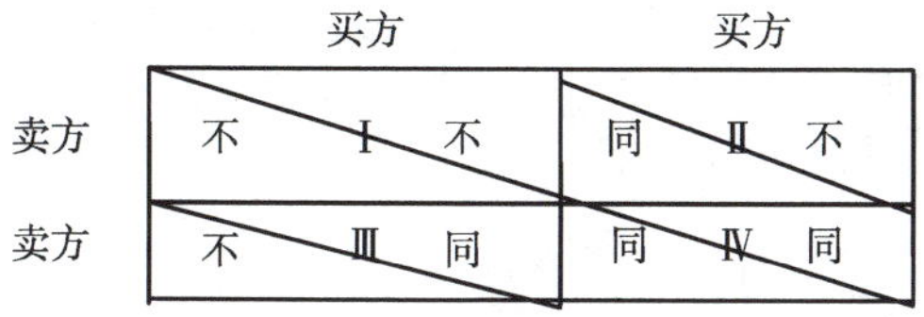

图 2-3　商品价格博弈过程

从图 2-3 中不难看出，整个商品买卖的价格谈判过程分成四种情况。

第一种情况，第Ⅰ象限中，卖方不同意卖，买方不同意买，一切免谈。比如卖方愿意以1200元出手，买方愿以500元购买。

第二种情况，第Ⅱ象限中，卖方同意卖，买方不同意买，也不能成交。卖方愿意以1000元价格销售，但买方转身走了，也不能成交。

第三种情况，第Ⅲ象限中，买方同意买，但卖方不同意卖，也不能成交。如买方愿意以500元购买，卖方会说“本钱都不够，您再到别处转转吧”。

第四种情况，第Ⅳ象限中，卖方愿意以800元出手，此时卖方获利200元，实现了货币形式的剩余价值；买方也愿意以800元购买，此时比1000元还便宜了200元，也获得了消费上的效用的剩余价值。这样，通过西服的销售，买卖双方各自都获得了200元的剩余价值。

这样，商品买卖成交带来了双方的剩余价值。

这样，商品的销售利润以及买方消费上的剩余价值都是通过商品买卖来实现的。从市场经济社会的现实实践来看，经济发达的国家或地区，也同时是商业贸易发达的国家或地区，甚至与本国或地区的领土大小关系不大。如日本、韩国、香港、新加坡、比利时等虽然领土面积小，但凭着商业贸易上的全球市场，也都成了经济发达国家或地区，而作为领土大国的中国、印度，只因是一个农业大国，一年下来，也只有一次的粮食销售机会，加上市场以及自然界风险，所剩无几，形成千百年来的维持型生活状况，甚至有个灾年战乱，就会出现饿死人现象。

总之，通过商品买卖的成交，带来企业利润、政府税收的增加、消费者消费的实现，以及生活水平的提高和投资的增长，从而带来经济的快速发展。

二、企业生产经营过程中商品的价值及剩余价值的形成主要通过内外两个方面来实现

对外经营，就是通过搜集大量的信息，进行市场调查与预测，面对国内外两个市场，找到该种商品的供求比例，确定市场供小于求的“缺口”，或者能否创造垄断商品。为此，要在企业建设之前，进行项目投资决策评

估、进行项目建设，最后形成企业。

对内管理，就是在企业的日常生产经营过程中，企业通过对内进行科学管理达到降低成本的目的。即在一定的战略管理思想指导下，对人、财、物、产、供、销各种资源进行有机组合与配置，通过计划、组织、控制、协调、激励等一系列活动达到降低成本的目的。

第九节　商品的价值与所有权

商品的价值只是一个投入与效用或投入与产出的问题，不涉及“所有权”问题，但是，作为实际的商品价值的形成，由于效用部分的价值是通过商品买卖来确定的，所以，商品的价值最终形成是商品买卖成交之后的结果，而没有成交的商品的价值，由于其效用对应的利润无法确定，所以，只能用公允价值来表示。

商品买卖中产权变化也能带来商品价值的变化，这就是商品买卖挣钱的道理。一种商品，在一个人手中是一个价格价值，经过商人转手卖出之后，增加了利润剩余价值，导致商品的总价值增加了，这就是所谓的商品“炒作”带来的剩余价值。如房地产倒手转卖带来的利润增加，使同一个房地产的价值增加了。

既然商品的“价值”是脱离商品的“所有权”而独立存在的，那么，国家税收就是对纳税人的利润剩余价值的分割，所以，税收当作国家向企业或其他纳税人的剩余价值的分割来看，应列入社会分配范畴研究，而商品的价值只与生产要素投入及商品的效用产出有关，只与买卖成交有关，而不管产权在谁手里，价值是固定的。

第十节　货币的实时价值计算

前面我们讲过，作为货币来说，其本身也是一种“商品”，但它又是一种“特殊的”商品，即能够表示所有商品全面统一价值的商品。所以，货币表示的价值是一种抽象的价值，所有商品都可以通过商品的价格去通货膨胀率或加通货紧缩率来表示价值。“金钱万能”的社会就是基于金钱“价值”的抽象性而来的，而对于社会财富如国民经济的统计，企业及家庭财产统计，则是通过价格加总找到它的价值，而与商品的种类无关。

由于纸币价格与实际价值之间存在一个通货膨胀率或通货紧缩率的换算关系，所以，可以通过将纸币价格去通货膨胀率或加通货紧缩率而得到其价值结果。

下面我们区分不同情况介绍一下货币时间价值的计算。

一、银行存款时间价值计算

把一笔钱存入银行，经过一段时间以后，可以取得单利或复利的利率回报，这个单利或复利的利率，就是纸币银行存款的时间价值。

纸币存入银行后因利息带来的价值增值或贬值的时间价值计算，主要是通过求现值或终值来实现的。一段时间内，期初的资金价值称为“现值”，期末的价值称为“终值”。终值计算，就是已知一笔固定资金现在的值，求未来的终值的计算，即银行存款结算时的计算。现值计算，就是已知一笔固定资金的终值，求现在的值的计算，也称为“折现”或“贴现”。银行存款的时间价值计算，就是求一个时间段内的现值或终值的价值是多少的问题，即一段时间以后，银行存款的资金时间价值发行变化以后所进行的等价值换算问题。

根据资金时间价值增值或贬值的速度不同，分为单利计算和复利计算。其中单利计算包括单利现值计算及单利终值计算；复利计算包括复利现值计算及复利终值计算。

1. “终值”计算

（1）单利利息存款的终值的本利和

这是求现在的一笔固定资金存入银行以后，按单利利息来计算得到的若干年后结算时的值是多少的问题。

目前银行存款的单利计算公式为：

$$利息 = Pni$$

其中，P——现值；n——存款年限；i——利率。

说明：为了简便起见，此中没有考虑利息税的内容；如果考虑利息税，则在后面还要乘以一个（1–20%），目前中国这样规定的。

一笔固定数量的现金 P 各年的存款利息可由下面的方法计算出来：

第一年存款的利息 $=1Pi$；

第二年的存款利息为 $2Pi$；

第三年的存款利息为 $3Pi$

……

第 n 年的存款利息为 nPi。

则一笔固定存款的各年的终值的本金加利息之和 F 为：

第一年的终值的本利和 $F=$本金+利息$=P+1Pi=P(1+1i)$；

第二年的终值的本利和 $F=$本金+当年利息$=P+2Pi=P(1+2i)$；

第三年的终值的本利和 $F=$本金+本年利息$=P+3Pi=P(1+3i)$

……

第 n 年的终值的本利和 $F=$本金+本年利息 $F=P(1+in)$，即：

$$F=P(1+in) \tag{8}$$

注意，单利的性质是，一笔固定资金经过一段时间以后以每年不变的利率增长。本金只计算一次，而利息回报是根据年限确定的，年限越长，公式（8）中的 n 越大，其利息回报越多。

例如，某人在 2007 年年初存入银行 10000 元现金，存期为 20 年，银行存款利率为 4%，则第 20 年时的终值的本利和为：$F=10000(1+20\times 4\%)=18000$（元）

这说明，在银行存款利率为 4% 的单利率情况下，现在的 10000 元货币资金存入银行 20 年后，取款结算时的终值为 18000 元，即增加了 8000 元的货币。反过来，20 年后的 18000 元货币资金，相当于现在的 10000 元的货币资金。

现值 10000 元 $\xrightarrow{\text{4\%单利}\quad\text{20 年}}$ 终值 18000 元
（2007 年）　　　　　　　　（2027 年）

（2）复利存款的终值的本利和计算

复利是把银行存款的每年的利息作为下一年的本金而计算利息的，也称为“利滚利”。

根据定义，设本金为 P，利率为 i，存款期限为 n，终值为 F，则有

第一年本利和的终值 F 为：

F=本年本金+本年 1 年时间所新增加的利息 $=P+Pi=P(1+i)$；

第二年的本利和的终值 F 为：

F=第一年末的本利和的终值作为本年的本金+本年中新增加的 1 年的利息

$=P(1+i)+P(1+i)i=[P(1+i)](1+i)=P(1+i)^2$；

第三年的本利和的终值 F 为：

F=第二年末的本利和的终值作为本年本金+本年中 1 年时间所新增利息

$=P(1+i)^2+P(1+i)^2i=P(1+i)^2[1+i]=P(1+i)^3$

……

第 n 年的本利和的终值 F 为

第 $n-1$ 年的终值作为本年本金+第 n 年的利息 $=P(1+i)^{n-1}+P(1+i)=P(1+i)^n$

故：第 n 年的复利终值和为：

$$F=P(1+i)^n \tag{9}$$

注意，复利的性质是每年都要计算本金，而且是在上年的利息增加基础上的本金，故本金是被多年或多次重复计算的。

这样可以看出，与单利的一次性计算本金有着不同的资金的时间价值的增长速度对比而言，复利增长速度来得快，而单利增长速度来得慢。

仍然以某人 2007 年银行存款 10000 元，存款期 20 年，银行复利 4% 来计算该人存款到 2027 年时的终值的本利和的终值：$F=10000(1+4\%)^{20}=21911$ 元。

现值 10000 元 $\xrightarrow{\text{4\%复利　20 年}}$ 终值 21911 元
（2007 年）　　　　　　　（2027 年）

可见，银行存款的复利率所计算的资金时间价值增值要快于单利率下的资金的时间价值的增值速度。本例中同样的 10000 元存款，同样的

存期 20 年，单利与复利相差 21911－18000＝3911 元。实际上银行存款定期的使用单利。所以要以单利计算银行存款利率。活期到期自动转存的，才是“复利率”。要区别不同存款方式具体使用单利或复利计算终值或求现值。

以上是区分单利和复利来确定的资金时间价值增长或减少的对比。

此外，根据两种情况下的求本利和的终值公式也可以看出，同样的单利或复利情况下，银行利率越高，终值的本利和也越大，反之则越小。存款的年限越长，则终值越大，存款年限越短，其增值也越小。所以，提高银行存款利率，可以增加由于银行存款所带来的资金时间价值的增值，减少银行存款利率，资金时间价值增值就慢。这就是为什么项目评估中要进行使用利率为收益率计算资金时间价值的原因所在，投资项目往往都是一个长期的过程，长期中资金的时间价值变化相当大，所以，要计算投资项目的财务经济效益时，要把资金时间价值作为项目投资的时间上所带来的资本的机会成本，因为一定量的资金和存款期，如本例中的 10000 元的 20 年银行存款，即便不投资到任何项目当中，而只存入银行，经过 20 年时间，也会获得资金时间价值的单利的格外的终值 18000－现值 10000＝增值 8000 元或复利情况下的终值 21911－现值 10000＝增值 11911 元，而要准确地计算出投资项目的财务经济效益，就要考虑去掉这 8000 元或 11911 元的增值，在此之外的增加的期初收入，才是项目投资所带来的格外的现金收入，是项目投资意义所在。

需要特别说明的是，以上只是就银行存款或贷款所带来的资金时间价值的变化的分析。在实际银行存贷款中，这并不是只有银行利率单方面来决定资金的时间价值。还有资金本身通胀缩率，各种投资收益率，如证券投资收益率等。

2. “现值”计算

所谓银行存款的现值计算，指的是已知一笔银行存款的未来的本利和的终值，求当初存款时的值的计算。也就前面的例子的中的单利情况下的已知 2027 年的 18000 元，并且银行利率为 4%，折现期为 20 年即 2007 年的钱数是多少的计算；或复利情况下的 2027 年的 21911 元按银行利率4%，20年折现率2007年时的现金是多少的计算。故银行存款中的现值计算也可以分为单利或复利情况下的现值两种情况，不过这两种情况的计算公式推导比较简单，只需用前面的公式求出现值P就可以了。

（1）单利情况下的现值计算公式

将公式（8）两边同时除以$1+in$有

$$P=\frac{F}{1+in} \tag{10}$$

其中，$1/(1+in)$为单利折现系数，如果取F等于1，分别给出i和n的一些值，便可得出《1元单利现值表》。而对于$F=P(1+in)$，如果取P等于1，分别给出i和n的值，则得到《1元单利终值表》，详见书后附录。

（2）复利的现值计算公式

将公式（9）两边同时除以$(1+i)^n$有

$$P=\frac{F}{(1+i)^n} \tag{11}$$

F取1，给出i和n的值，就可得到《1元复利现值表》。同样，对于复利终值公式$F=P(1+i)^n$取P等于1，分别给出i和n的值，就得到《1元复利终值表》，详见书后附录。

在实际计算中，对于i和n较小的数，可以直接通过查《1元单利现值表》、《1元单利终值表》、《1元复利现值表》、《1元复利终值表》得到结果；对于i和n较大的数，或表上没有的i和n，只能代入公式具体计算。

3. 银行存款“实际利率”及“实际折现率”

我们知道，放在银行的一笔资金，随时间的永续增加，会带来利息的增加，是货币数量的增加，即名义上的价值增值，但同时，当计算这些钱的终值取款时，社会市场消费品平均物价可能上涨，此时导致货币贬值，即通胀现象发生了；也可能市场消费品平均物价下降，导致货币增值，即通缩现象发生了。那么，银行存款利息带来的货币价值的“增值”及通货膨胀（或紧缩）率带来的货币价值的“贬值”（或增值）对比程度大小，就要根据通胀紧缩率与利息差来确定，如果银行存款利息率大于通货膨胀率，则增值速度大于贬值速度，此时，银行存款是增值的；增值额为利率–通胀率。反之，如果通货膨胀率大于银行存款利率，则银行存款实际上是贬值的，贬值额为通胀率减利率。因此，只有在银行存款利率大于通货膨胀率时货币在银行的存款才能带来“增值”。为了存款保值，银行应在利息的基础上增加通货膨胀率，才能抵消物价上涨所带来的货币存款的价值贬值。这就是“实际利率”和“实际折现率”带来的资金时间价值计算问题。

“实际利率”最早是由美国耶鲁大学经济学教授、诺贝尔经济学奖获得者阿尔文·费雪提出来的。

银行存款终值计算：

实际利率下的资金时间价值终值计算就是把“收益率”i换成实际利率=银行利率–通货膨胀率，或实际利率=银行利率+通货紧缩率即可。

银行存款现值计算：

就是把折现率换成实际折现率，即实际折现率=银行存款利率–通货膨胀率，或实际折现率=银行存款利率+通货紧缩率。

根据费雪实际利率计算公式，在银行利率大于通胀率的情况下（如图2–4所示）：

（1）实际利率=银行利率–通货膨胀率>0时，资金的时间价值是随时间的增加而增加的，终值大于现值；

（2）实际利率=0时，任何时间段里的终值都与现值相等，终值等于现值；

（3）实际利率=银行利率–通货膨胀率<0时，终值小于现值。

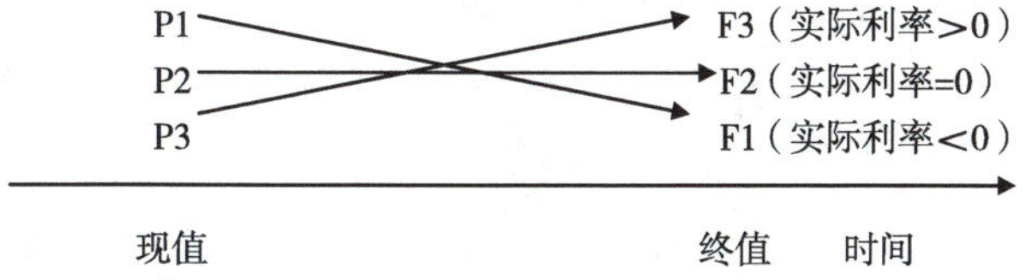

图2–4 终值变化趋势图

银行存款的“实际折现率”是取“实际利率”得到的“折现率”，实际折现率在数值上与实际利率相等，是终值求现值时使用的收益率，实际折现率的讨论与终值问题的讨论完全相反。

（1）当实际折现率=银行利率−通货膨胀率>0 时，现值减少，现值小于终值；

（2）当实际折现率=银行利率−通货膨胀率=0 时，现值等于终值；

（3）当实际折现率=银行利率−通货膨胀率<0 时，现值大于终值。

由“实际折现率”决定的现值变化趋势分析如图 2-5 所示。

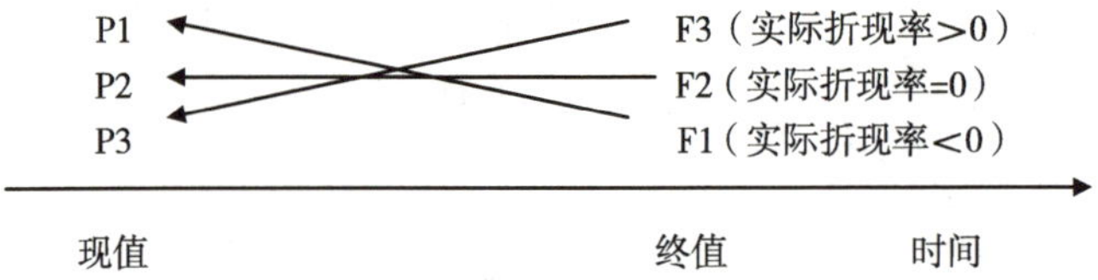

图 2-5　现值变化趋势分析

二、年金计算

1. 年金终值计算

年金（Annuity）是指一定时期内每期相等金额的收付款项，如租金、定期支付的保险金、按直线法计提的折旧额、养老金、分期付款、分期还款通常都属于年金。

根据年金每次收付发生的时间的不同，可以将年金分为：

后付年金——每期期末等额收或付款的年金，也称为“普通年金”；

先付年金——每期期初等额收或付款的年金；

递延年金——距今若干期以后发生的每期期末等额收或付款的年金；

永续年金——无限期连续收或付款的年金。

普通年金也有称复利年金，是运用复利的计算方法进行终值或现值计算的。

普通年金终值，就像零存整取的本利和。根据定义，假设从现在开始，每期期末存入一笔资金 A（A 为年金），设年利率为 i，连续存入 n 期，n 期末时的终值之和就是普通年金的终值。

设 F 表示年金，则有把各期复利终值相加就得到了复利年金终值为：

$$F=A+A(1+i)+A(1+i)^2+\cdots+A(1+i)^{n-1}$$

等号两边同乘以（1+i）得：

$$(1+i)F=A(1+i)+A(1+i)^2+\cdots+A(1+i)^n$$

后式减去前式有：

$$(1+i)F-F=A(1+i)^n-A$$

整理有：

$$F=A[(1+i)^n-1]/i \tag{12}$$

2. 年金现值计算

可以用同样的方法推导出普通年金现值的计算公式为：

$$P=A(1+i)^{-1}+A(1+i)^{-2}+\cdots+A(1+i)^{-n}$$

两边同时乘以（1+i），整理后有：

$$P=A[(1+i)^n-1]/i(1+i)^n \tag{13}$$

综合上述，可以得到表 2-1。

表 2-1 单利及复利计算公式汇总表

已知项	所求项	使用系数名称	符号	计算公式	第 n 年利息
P	F	单利终值系数	F/P	$F=P(1+in)$	Pin
F	P	单利现值系数	P/F	$P=F/(1+in)$	
P	F	复利终值系数	F/P	$F=P(1+i)^n$	$P(1+i)^{n-1}\cdot i$
F	P	复利现值系数	P/F	$P=F/(1+i)^n$	
A	F	普通年金终值系数	F/A	$F=A[(1+i)^n-1]/i$	
F	A	偿债基金系数	A/F	$A=F\,i/[(1+i)^n-1]$	
A	P	普通年金现值系数	P/A	$P=A[(1+i)^n-1]/i(1+i)^n$	
P	A	资本回收系数	A/P	$A=Pi(1+i)^n/[(1+i)^n-1]$	

需要说明的是，上面所提到的资金时间价值的计算，本质上是将一定数目的货币在不同时间的不同价值进行等值换算。而换算的方法，就是如果已知现值求终值，只需将现值乘以一个“终值系数”，包括“单利终值系数”和“复利终值系数”两种情况，取单利系数还是复利系数根据收益率是单利还是复利来确定。而折现率 i 可以取银行利率，也可以取实际利

率或其他收益率，并且取什么样的折现率，就是资金的时间价值与投资对比的参照结果。

而已知终值求现值，则只需将终值乘以一个“折现系数”，其中取哪个“折现系数”也是根据折现率的单利还是复利来确定。

三、货币投资的时间价值计算

由于纸币是流通的抽象的价值，可以随时用于不同项目的投资，而不同项目的投资收益率不同，这时，就要选择最有效率或最理想的投资收益率。而对于投资者来说，手中的资金总是有限的，投资于某一个项目当中，就不能再投资于其他项目，这样，因投资于这一个项目而放弃的其他项目的最大收益的损失，形成这个项目投资的资本金的机会成本。如同样的一笔资金，可以用于银行存款，也可以用于投资证券，还可以投资于某个行业，用于某一个方面的投资就不能用于其他方面的投资，用在哪个方面的投资上，就要取这个方面上的收益率，计算终值或现值，进行资金时间价值的等值换算。如银行存款的利率为5%，这时要对银行存款进行资金时间价值的等值换算，就要取存款利率（单利或复利两种情况），计算终值或现值。如果资金是用于购买证券，这时就要取证券收益率求终值或现值进行资本金时间价值的等值换算，而要做某个行业投资的资本金时间价值的等值换算，就要取该行业的基准收益率进行求现值或终值换算。而放到保险柜里的资金的时间价值的等值换算，因此时没有任何投资，就是资金本身的时间价值，这时只取通货膨胀率或通货紧缩率为折现率即可。如果考虑各种投资的资本金时间价值的等值换算，则就要取所投资项目的收益率减去通货膨胀率或加上通货紧缩率的广义的“实际利率”或广义的“实际折现率”求终值或求现值进行等价值换算。

从一般意义上来说，资金本身时间价值的等值换算，就是通货膨胀率或通货紧缩率为收益率或折现率的求终值或求现值的计算。其他收益率或折现率都是机会成本意义上的资本金时间价值的等值换算。而“实际利率”或“实际折现率”才是最实际的收益率或折现率，因为通常大多资金都是存在银行的，在获得一定的存款利率的同时，不可避免地要经受利率与通货膨胀率或通货紧缩率带来的收益率或折现率的影响。

四、国际货币时间价值计算

国际货币对比的时间价值计算，就是不同国家货币的汇率换算问题。

根据前面所讲，在一个建立了世界统一的价值单位基础上的“世界元”社会里，世界各国货币都是一样的，货币的价值始终与实际价值完全一一对应，这样的世界社会是没有汇率概念的。所以，汇率只出现在缺少价值单位基础上的世界统一货币的社会里，是不同国家的纸币价值换算的比率。例如，对于同样的1Th价值商品，美国使用1美元来表示，而中国使用7元人民币来表示，这时，1美元的价值与7元人民币的价值完全相等，这时美元/人民币=1/7，就是美元对比人民币的汇率。

不难看出，汇率实际上是建立在不同国家的不同货币的相同价值对比基础上的，汇率实质是货币价值对比。而由于世界各国的金融政策不同，通货膨胀率或通货紧缩率变化无常，这样带来了汇率换算上的波动性，形成汇率战，给国际贸易带来了风险，因为国际贸易的最终目的是获得商品的剩余价值，是通过货币流动来实现的，汇率的不稳定，就带来外汇价值的不稳定。一旦外汇价值贬值，则整个国际贸易的全部努力就会付之东流。所以，汇率的存在，是构成国际贸易的首要风险。

上面给出的是以世界统一的商品价值单位为基础衡量的汇率概念，在传统的金融学中给出的汇率的概念是国与国之间货币折算的比率，这种汇率定义是建立在离开价值尺度的基础上，是一种不同纸币之间相对的价值比较的结果。可能水涨船高或水落船低地进行不同国家货币数量折算，如在以美元为中心的社会里，美元本身从1946～2008年62年间通货膨胀率达30多倍，这时，以美元为核心的各国货币汇率换算也随之上升了。而如果美国没有通货膨胀，其他国家的汇率则不会变动，而美元贬值，其他国家也要跟着贬值才能建立对等的货币价值换算关系，尽管都是偏离实际价值的，但仍然可以建立相对价值基础上的汇率换算。

不论汇率是否建立在价值基础上，都是货币价格的体现，这个换算比率，就是汇率。如前面讲到的美元：人民币=1：7，就是美元购买人民币的价格，即每1美元能够购买到7元人民币，也只有这样，才能建立起美元与人民币之间的实际的或相对的价值对等交换关系。这也就是当代世界社会外汇市场形成的起因，即专门经营外汇买卖的场所形成的外汇市场及外汇业务。而外汇业务的收益就是建立在各国不同的通货膨胀率或通货紧缩率相对变化对比带来的货币价格差，实质是一种货币投机生意，往往带来扭曲货币价值的结果。而通过价格变化带来了外汇的供求关系变化，形成投机收益，如同股票投机拉动股票价格价值失真一样。

五、纸币本身时间价值的等值计算

纸币本身时间价值的计算，就是将纸币放在保险柜或箱子里，不做任何投资时的时间价值。这时，货币价值只受通货膨胀率或通货紧缩率影响，不受其他投资收益率影响，所以，只去通货膨胀率或通货紧缩率计算其价值变化即可。

1. 终值计算

分为两种情况。一是各年通货膨胀率、通货紧缩率相同的纸币本身的时间价值计算，二是各年通货膨胀率或通货紧缩率不同的纸币本身的时间价值计算。

（1）各年通货膨胀率或通货紧缩率相同的纸币本身的时间价值终值计算

把多年时间当成一个时间段，此时纸币本身的时间价值，就是使用通货膨胀率或通货紧缩率直接进行保值计算就可以了。即：

纸币的保值价值=本金+本金×通货膨胀率（或通货紧缩率）

此时的通货膨胀率或通货紧缩率是几年甚至几十年的平均结果，而且只是一次性的通货膨胀率或通货紧缩率，即政府只一次性增发货币的百分比，或减发货币的百分比。

而实际上，根据目前传统的宏观经济学理论，各国在宏观经济调控中实施金融货币政策时，往往通过调整纸币的发行量达到刺激或抑制经济发展的目的。如在经济过热时，减发纸币，达到降温目的；而在经济过冷时，增发纸币，达到经济升温作用，即纸币的发行量与现行的社会经济呈反向关系。然而，超过实际社会财富的商品价值量超发或减发纸币的数量，无法掌控，因为缺少对整个社会财富总价值的计算，所以，发多少纸币才能与社会的财富价值形成 1 比 1 的对应关系，使纸币起到实物货币的作用，政府在发行纸币时，在数量上是不确定的，因此带来不同的通货膨胀率或通货紧缩率。另外，多少年增发或少发一次纸币，或是连年增发或减少纸币也无定律。这样就要根据政府发行纸币的实际情况进行纸币时间价值的等值换算。主要包括两种情况，一种是有规律地每年增发一次纸币，而且各年超发纸币时，超发纸币数量的百分比相同；另一种是各年增发的纸币的百分比不同。

以某一固定数量的纸币的时间价值等值换算为例。

对于固定数量的纸币 100 元，如果政府每年都以相同的百分比 10% 增发纸币，则第零年是 100 元，第一年是 100 元加上 100 元乘以 10%，得到 110 元。第二年，是在此基础上，又以 10% 的速度通货膨胀，即第一年的终值作为第二年的现值计算通货膨胀率，即第二年的终值 110 元加上 110 元乘以 10%，得到 121 元。第三年，政府在上一年的基础上，又增发了 10% 的纸币，则在 121 的基础上，再增加 10%，即 121 元加上 121 元乘 10%……形成纸币本金多次计息的复利增长关系，使得纸币贬值，后面各年，即使纸币数量越来越大，但是，对应的实际价值与第零年的 100 元完全相等。如表 2-2 所示。

表 2-2　纸币时间价值等值换算

（100 元，10% 的终值）单位：元

年限	现值价值	通货膨胀或紧缩率	终值价值
0	100		100
1	100	10%	$F1=100+100\times10\%=100\times(1+10\%)=110$
2	100	10%	$F2=100\times(1+10\%)+100\times(1+10\%)\times10\%=100\times(1+10\%)\times(1+10\%)=100\times(1+10\%)^2=121$
3	100	10%	$F3=100\times(1+10\%)^2+100\times(1+10\%)^2\times10\%=100\times(1+10\%)^2\times(1+10\%)=100\times(1+10\%)^3=133.1$
……			
n	100	10%	$Fn=100\times(1+10\%)^n$

不难看出，100 元，按 10% 的通货膨胀率计算，在第二年与 121 元价值相同，第三年与 131.1 元价值相同。反过来，131.1 元的纸币，在通货膨胀率为 10% 的情况下，与三年前的 100 元价值相同。121 元，在通货膨胀率为 10% 的情况下，与两年前的 100 元价值相同。这样，可以根据国家每天发布的通货膨胀率或通货紧缩率，根据复利终值求出对应的此前多少年相同的价值。

这样，在政府多次增发纸币情况下，现在的纸币数与多年前的纸币数价值相等的问题解决了。即政府按每年固定百分比的通货膨胀率增发纸币，则带来纸币数量的复利增长而与原来的价值相等。

注意，前面给出的商品或纸币的保值计算公式，只是在一个时间段上一次性增发或减发纸币得出的保值结果，而本计算是在一个期间，政府多次以相同比例增发纸币带来的纸币时间价值的贬值所进行的等值换算，即把多次增发纸币形成复利的通货膨胀率或通货紧缩率将现在的纸币数还原为当初的价值。二者情况不同，而实际上，政府不可能在长时间段内只增发一次纸币，而是根据金融货币政策，随时无规律无定数进行的，而对于无规律增发纸币并且增发的百分比不同的情况，需要具体情况具体计算。

（2）各年通货膨胀率或通货紧缩率不同的纸币本身的时间价值计算

如表 2-3 所示。

对于资金本身时间价值的现值计算问题，也同终值计算完全相同，只是使用折现率折现。以 100 元，多年通货膨胀率为 10% 不变为例。

表 2-3　纸币时间价值等值换算（100 元，各年通货膨胀、紧缩率不同） 单位：元

年限	现值价值	通货膨胀或紧缩率	终值价值
0	100		100
1	100	10%	F1 = 100+100×10% = 100×（1+10%） = 110
2	100	20%	F2 = F1+F1（1+20%）
3	100	30%	F3 = F2+F2（1+30%）
……			
n	100	10%	$Fn = F_{(n-1)} + F_{(n-1)}(1+i)$

其中 i 表示变化的通货膨胀率或通货紧缩率。

这样，对于一定数量的纸币，可以根据不同的年限以及各年不同的通货膨胀率或通货紧缩率计算出对应的实际价值，使纸币起到实物货币的价值表示功能。

下面，我们就政府一次性通货膨胀或紧缩带来的纸币时间价值计算与多次性通货膨胀或通货紧缩即复利性的通货膨胀或通货紧缩带来的纸币时间价值等值换算问题用一个例题来说明一下。

例：购买一台笔记本电脑，纸币价格为3000元，经过三年时间的价格变化，对应的价值是多少？

试根据三年中一次通货膨胀率为10%或两次通货膨胀率相同情况为10%分别计算价格中的价值。

解：

第一种情况，三年中一次性通货膨胀率为10%，即三年中政府只多发了一次纸币，为10%的通货膨胀率幅度。此时的保值价值为 $3000+3000\times10\%=3300$ 元，即当年3000元购买的笔记本电脑，经过三年时间，政府按10%通货膨胀增发纸币，则与三年后的3300元价值相同。即如果三年后以3300元价格出售，厂家实际只是保值价格，尽管表面上价格上升了。

第二种情况，三年中，政府两次增发纸币，而且每次都以10%的幅度上升，这样，就形成了纸币数量的复利上升情况，此时终值为 $3000\times(1+10\%)^2=3630$ 元，即此时的3630元与当初的3000元价值相等。而如果通货膨胀率增加，所得到的终值就更大，由此可见，三年中，如果政府多次增发纸币，则等值换算的结果大于一次性增发纸币，从对市场物价的影响来看，政府多次增发纸币，带来复利的通货膨胀率价格增长。

第十一节　商品的价值与价格的换算

商品的价值是一切商品全部共同抽象的本质，是取定一种价值单位下的数量结果。而商品的价格则是货币表示的价值。商品的价格与价值之间差了一个通货膨胀率或通货紧缩率。

在通货膨胀率或通货紧缩率不为零的情况下，商品的价格只是商品价值的“影子”，这个“影子”有多长，完全取决于通货膨胀率或通货紧缩率的大小，通货膨胀率越大，则商品纸币价格偏离商品实际价值的偏差越大，纸币价格偏离商品实际价值的“影子”越长，通货膨胀率越小，则纸币价格偏离实际价值的“影子”越短。当通货膨胀率或通货紧缩率为零时，纸币价格与商品实际价值完全相等。通货膨胀率或通货紧缩率是决定纸币价格偏离实际价值的具体衡量尺度。商品价格是价值的“影子”，“影子”大小取决于通货膨胀率或通货紧缩率，类似于自然界中阳光下的物体影子长短关系，阳光斜射越大，物体影子越长，反之，斜射越小，则物体影子越短，阳光直射时无影子。

实物货币下价格与价值之间的关系可以通过图 2-6 来表示。

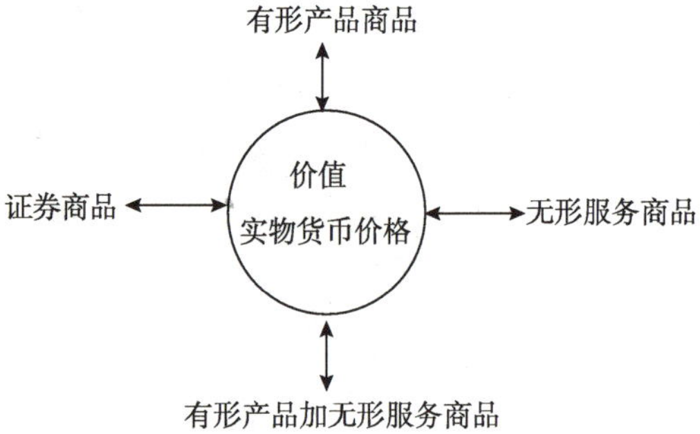

图 2-6　各种不同形式的商品的统一价值等于实物货币价格

纸币社会中商品的价格与价值之间的关系如图 2-7 所示。

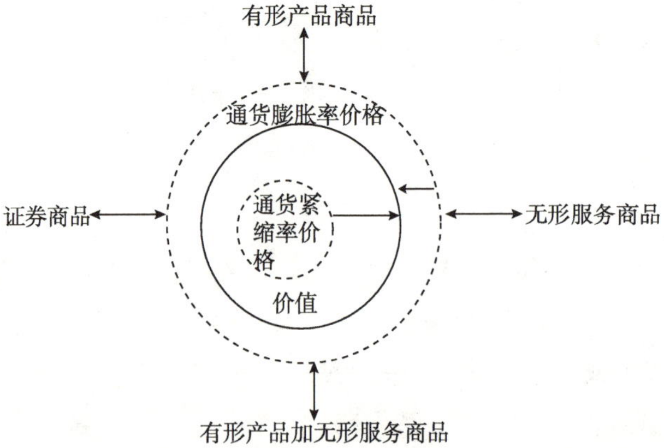

图 2-7　纸币社会商品价格去掉通货膨胀率或通货紧缩率才等于价值

从图2-7中可知，纸币社会中，在商品的价格与价值之间存在一个通货膨胀率或通货紧缩率。实际价值是中间实线面积表示的，而通货膨胀率的价格是外面虚线面积表示的，通货紧缩率的价格是里面的虚线面积表示的。只有两个虚线表示的圆周趋向于实线面积时，商品的价格与价值才相等。通货膨胀率使社会的"全部"商品的价格普遍上升，而通货紧缩率则带来整个社会全部商品的纸币价格普遍下降，只有通货膨胀率或通货紧缩率为零时，纸币价格才恰好等于实际价值，此时，整个社会的金融才是健康的。

总之，商品的价值，从定性分析上来说，是"一切商品全部共同抽象的本质"，从定量分析上来说，就是商品的成本加利润的价格去掉通货膨胀率或加上通货紧缩率的价值单位的结果。

注意，不同地区的物价指数不同，与价值无关，某个地区物价指数高，只能说明这个地区的通货膨胀率大，偏离商品的实际价值大。可能是高收入、高消费的结果，而体现一个地区经济实际经济状况的指标，只能使用总价值，而表示一个地区的实际生活福利，只能用人均价值量来衡量。

最后，我们使用数学方法找到商品的价格与价值之间的相关关系函数以及极限表示。

设商品的价值用 V 表示，商品的价格用 P 表示，通货膨胀率或通货紧缩率用 i 表示。则：

$$V=P(i)$$

即商品的价值是以通货膨胀率或通货紧缩率为自变量的价格的函数。

根据数学上的理论，设商品的价格为 $P(i)$，价值为 V，则通货膨胀率或通货紧缩率趋向于零时的价格就是价值。即

$$\lim_{i\to 0} P(i)=V$$

已知现值价格求终值价值。对于复利通货膨胀率或通货紧缩率，我们有：

$$V=P(1+i)^n$$

这是已知商品的价格、复利通货膨胀率或通货紧缩率及年限情况下的

价格与价值之间的换算关系。

对于单利情况计算公式为：

$$V=P(1+in)$$

如某种商品的现在价格为200元，通货膨胀率为单利10%，放在保险柜里的时间为3年，则与3年后相同价值的价格为200×（1+3×10%）=260元，这样，把200元钱存放在保险柜当中，经过3年时间就要丢失60元价值。

反之，已知现在商品的价格以及通货膨胀率或通货紧缩率，可以按通过去通货膨胀率或通货紧缩率为折现率求原来的价值，分为单利或复利不同情况。

单利时

$$V=P\frac{1}{1+in}$$

复利时

$$V=P\frac{1}{(1+i)^n}$$

如上例中，把260元价格，按3年10%的单利折现率折现到期初还是200元。这说明，3年前的200元，按10%的通货膨胀率与3年后的260元在价值上是完全相等的。这是按10%的通货膨胀率计算的，如果通货膨胀率再大些，则计算出来的终值折现成现值的差更大，只有当通货膨胀率或通货紧缩率为零时，现值与终值在价值上完全相等，此时也就是实物货币下的商品价格。所以，商品的价格只是商品价值的“影子”，影子的长短完全由通货膨胀率或通货紧缩率决定，包括通货膨胀率或通货紧缩率的大小以及单利或复利带来的影响。

现实社会生活当中，经常有人谈论房子价格问题，总是说当初多少钱，现在需要多少钱，实际上就是指通货膨胀率或通货紧缩率带来的价格与价值的偏差。当我们进行全面正确的通货膨胀率或通货紧缩率计算以后，就可以将现在的价格具体换算还原为当初的价值，对于其他所有商品也同样可以通过全面正确的通货膨胀率或通货紧缩率进行现值或终值等价值的换算。拨开通货膨胀率或通货紧缩率笼罩下的价格偏离价值的“面纱”。

现实生活中大多资金都不会放在保险柜里，而会选择放到银行，获得一定利率下的利息，这时，就要取“实际利率”或“实际折现率”求终值或现值进行资金时间价值的等值换算。

第十二节　商品的价值保值计算

由于通货膨胀率或通货紧缩率的存在，导致商品的纸币价格偏离实际价值，这时，可以通过去通货膨胀率或加通货紧缩率还原其固定的价值，这就是商品的价值保值计算问题。

显然

商品的保值价格=原价格+原价格×通货膨胀率（或紧缩率）

商品的价值保值计算，是关于对整个社会财富商品价值的实时判断的问题，实质是去掉价格中的通货膨胀率或通货紧缩率，使之还原为固定价值的问题。

有了商品的保值价格结果以后，就可以从商品的价格上升或下降的变化中找到真实的价值，从中分辨出价格上升中有哪些成分是由于利润增加带来的结果，有哪些成分是通货膨胀率或通货紧缩率影响的结果，即把利润上升或下降与通货膨胀率或通货紧缩率带来的虚拟价格分离开来，拨开价格迷雾掩盖下的价值真相。

下面我们给出一些商品价格保值增值计算的例子。

一、日常商品买卖的价格保值增值计算

例如，购买一条裤子，在 2009 年价格为 110 元，从 2009 年至 2011 年期间的通货膨胀率为 5% 单利。2011 年以 160 元销售，试计算这条裤子的保值价值。

2009 年至 2011 年期间的通货膨胀率为 5%。2009 年的价格为 110 元，则这期间这条裤子的保值价格为 110+110×5% =115.5 元，这意味着，原

来110元的裤子，现在需要115.5元买卖，虽然表面价格上升了，但是实际上价值并没有上升，企业并没有因为这个价格而盈利。即原来100元与现在的115.5元的价值相同。企业盈亏分三种情况讨论：

第一种情况，以低于115.5元价格出售，此时在［100，115.5］价格区间出售裤子，企业是亏损的或成本价值贬值，亏损或贬值数就是115.5－销售价格数，如105元出售，这时亏损了115.5－105＝10.5元，尽管表面上提价了。

第二种情况，恰好以115.5元价格销售，此时是保值的价格；

第三种情况，以高于115.5元的价格销售，这时，企业获得了剩余价值。如以160元出售，去掉5%通货膨胀率以后的净利润为160－115.5＝44.5元，再根据当天的1克黄金的人民币价格换算为价值单位，就是销售这条裤子带来的剩余价值。

对于房地产来说，这方面表现得尤为突出，如2007年时，北京房价为平均每平方米3000元，而到了2011年，平均每平方米涨为18000元。如果按通货膨胀率5%计算，则保值价格为3000＋3000×5%＝3150元/平方米，而实际售价为18000元/平方米，高出保值价格14850元/平方米。18000/3150＝4.7，所以，不到四年时间，北京房价上涨了近5倍。对于大资金来说，5倍的上涨价格合计的货币量太多了。由此可见，通货膨胀率导致在商品的价值不变时的价格上涨。作为房地产商实现了价格上涨带来的剩余价值。而价格上涨是社会房地产供小于求带来的效用增加的结果，而且只是3150元/平方米以人上部分，3150元/平方米以下部分只是“保值”。

二、银行存款保值、增值计算

这是几乎所有人都关心的问题，因为银行存款能够得到利息，带来收益，而同时社会存在通货膨胀率或通货紧缩率，影响货币的时间价值，也就影响了存款收益问题。即在利息增加与通货膨胀率同时增加的情况下，要看哪一个增加得更快，只有利率大于通货膨胀率或小于通货紧缩率时，才能得到收益，即利率大于通货膨胀率或小于通货紧缩率的部分，才是实际的收益率。反之，如果利率与通货膨胀率或通货紧缩率相等，则存款名义上带来利息，实际上没有得到收益；而如果通货膨胀率大于利率或通货紧缩率小于利率，存款不但没有带来收益，反而带来亏损或货币价值贬值。对于中国人来说，大多普通家庭习惯把节省下来的钱存到银行，当通货膨胀率大于利率或通货紧缩率小于利率时，存款等于为银行作贡献了。而在国际上，如果美元的通货膨胀率大于利率，则存美元也同样是贬值的，这时，也等于为美元银行贡献财富了。

保值利率=通货膨胀率+利息率

如将100元存入银行，利息率为4%，通货膨胀率为3%，则保值利率为4%+3%=7%。而在存在通货膨胀率的社会现实中，银行存款应设保值利率，才能保障存款人的存款保值。但这需要准确实时计算通货膨胀率，即需要“全球一网通系统——国民经济总价值、剩余价值每日实时评估显示预测系统”支持下的国家通货膨胀率实时显示，才能做出正确判断。而在根本治理通货膨胀的社会中，利率就是货币的纯剩余价值率，终值就是纯增值结果。

三、保险上的保值计算

对于保险中的收益计算，同样需要使用保值计算公式，分离出来新增收益及通货膨胀率价格上升的部分，才能知道通过保险是否带来了价值保值或增值。具体可进行专门研究。

四、工资及养老退休金的价值保值增值计算

这是关系每一个社会职工切身利益的大问题，也是关系社会稳定的大问题，因为一个社会绝大部分成员是职工，资本主义社会中影响社会稳定的基本问题是工人罢工、游行，要求增加工资，甚至工资问题带来社会“革命”。而往往罢工或游行都发生在社会经济不景气或通货膨胀严重时。这就要计算一下工资的价值能否维持基本生活需要，也就是工资的价值保值增值问题。通过这个计算，工人涨了工资，就知道是保值的，还是增值或贬值的。如果工资上涨率低于通货膨胀率，表面上涨工资，实际是降工资。

对于职工工资来说，由于是通过货币支付的，而货币中带有通货膨胀率或通货紧缩率时，就会出现偏离实际价值的情况，形成“名义工资”和“实际工资”。其中含有通货膨胀率或通货紧缩率的工资为“名义工资”，不含有通货膨胀率或通货紧缩率的工资为“实际工资”。这样，通过对名义工资去通货膨胀率或通货紧缩率，就得到了实际工资，它才是职工实际生活水平的改善结果。而单独从工资数量上看不出职工实际收入及家庭财富的增加。

保值工资=基期工资+基期工资×通货膨胀率

（1）实际工资>保值工资　　增值

（2）实际工资=保值工资　　保值

（3）实际工资<保值工资　　贬值

如3年前平均工资为1000元，通货膨胀率为10%，则保值工资=1000+1000×10%=1100元，即原来的1000元与现在的1100元能够购买到相同数量的商品，对应的福利是相同的，而超过1100元的部分为实际增长的生活福利，小于1100元，比如按1050元发工资，实际工资是下降了。

对于退休工人退休金的保值增值也完全一样。

退休金是人生养老福利的直接体现，关系整个晚年的幸福。如果退休工资不能保值或增值，则实际生活福利下降。而在含有通货膨胀率或通货紧缩率的纸币社会中，单从退休工资上涨数量上无法看出是否增加了福利。因为在工资上涨比率小于通货膨胀率或大于通货紧缩率时，工资上涨实际带来了生活福利的下降。只有在没有通货膨胀率或通货紧缩率，或通货膨胀率小于工资上涨率或通货紧缩率大于工资上涨率时，养老金工资才是真正的提升，而且只有通货膨胀率减去上涨率的部分，或通货紧缩率加上上涨部分才是真正的福利增加。

如某位职工刚退休时，基本工资是2000元，经过一年时间，通货膨胀率为10%，这时，自10%通货膨胀率发生之日起，就要增加工资，以实现保值，而保值工资为2000+2000×10%=2200元，小于或延后增加退休工资，都会带来工资价值的贬值，而如果工资的上涨幅度超过10%，如为18%，则18%-10%=8%部分才是工资上涨的结果。而在一个没有通货膨胀率或通货紧缩率的社会中，工资上涨多少，就是增加多少价值。

总之，由于缺少这样一个计算公式，世界各国在确定养老金上涨时，都是没有根据确定出来的结果，这样，所制定的工资上涨政策，实际上是盲目的。这样，退休人员的生活福利就没有保障。由此可见，货币的保值、增值计算关系到每个职工在职工资的全家生活福利及老有所养的实际实现。不论一个人退休前职位多么高，都离不开退休及领取养老退休金，这样，通过这一公式建立公开透明、公平合理的退休金上涨制度，是每一个公民都应享受到的社会福利。

五、企业价值保值增值计算

对于一个企业来说，资产的保值、增值是企业的基本目标，也是企业家的业绩体现，而缺少一个公平合理的企业保值、增值计算公式，则无法对企业总体价值加以确定，企业家的业绩也无法得到肯定。而使用商品的保值增值计算公式，则一目了然。

企业的保值价格=原价格+原价格×通货膨胀率（或紧缩率）

这是一个企业全部财富的价格的价值。如某企业原来核算的总价格价值为1000万元，经过一段时间的通货膨胀率为10%，则此时的总价格价值为$1000+1000\times10\%=1100$万元，此时为保值价值价格，如果新核算的价格结果大于1100万元，则实现了增值，如为1500万元，则增值量为$1500-1100=400$万元。这就是企业家为企业所作出的贡献，可以此作为对企业家的奖惩依据。而目前各国人为设定一些标准对企业价值保值增值计算，其结果至少不是综合总价值的保值、增值计算结果。在中国，对于国营企业的企业家待遇问题，因企业资产保值、增值计算上的困难所在，人为设定标准，其结果难免失之偏颇。

在企业理财中，可以明确分辨出利润率中有哪些是属于通货膨胀率或通货紧缩带来的结果，有哪些是真正的价值增值的结果，通过去掉通货膨胀率或通货紧缩率，来找到真正的价值增值，是每一个企业家必须要做的事情。

一个企业的价值保值增值问题，是对企业家业绩直接考核量化的结果，如果经营期初的企业资产总额为1000万元，期末的资产总额为1300万元，期间通货膨胀率为5%，则该企业的保值价值为1000+1000×5%=1050万元。容易看出，企业的期末资产1300万元大于保值资产额，增值额为1300-1050=250万元。这是在全面价值判断基础上的增值结果。

六、各种资产价值保值增值或贬值计算

一国的各种资产是一国的国民经济基础或家底，必须准确掌握其价值，才能为整个国民经济各项活动提供正确的判断，而使用价格表示价值，由于价格当中带有通货膨胀率或通货紧缩率的水分或贴金，则必然是偏离实际价值的。加上评估计算公式内容不完全，带来的结果对整个国民经济的误导难以想象。如同样一笔资产，在没有通货膨胀时价值为100万元，在通货膨胀为2倍时，价格就是200万元，而在通货紧缩2倍时，价格仅为50万元。这样，通过价格无法看出它真实的价值。资产价格因带有通货膨胀率或通货紧缩率，如同蒙上了一层面纱，使人们找不到内在的价值是多少。而有了全面正确的通货膨胀率或通货紧缩率计算，问题就容易解决了。

资产的保值价格=原价格+原价格×通货膨胀率（或紧缩率）

如某项资产，原来价格为2000万元，通货膨胀率为10%，则保值价值的价格为2000+2000×10%=2200万元，而实际价格如果超过2200万元，超出的部分是增值，小于2200万元，小于部分是贬值。

各种资产，如投资项目、企业、矿业权、土地、房地产、证券、知识产权……都可以通过这一公式计算保值价格。

通过对各种资产或投资项目的价值保值增值计算，就能够去掉附在价格表面上的价值误导。使传统的资产价值评估中的“市场法”即按商品的价格计算价值带来的不确定性得到克服。

七、经济司法实践上的应用

商品保值价值、保值工资的计算及项目保值计算，可以解决经济司法实践的经济赔偿标准的合理性问题，不是按纸币价格，而是按实际价值计算，这样比较公平。而作为经济法律的制定与实施，本身不合理，就会对

整个社会经济的实践产生误导，这一点非常重要。如果缺少这一保值计算公式，所做出的法律经济判决建立在货币价格含有通货膨胀率或通货紧缩率的基础上，这样，难免带来判断上的不公。如对于恶意欠钱的问题，在通货膨胀时，长期欠钱可以带来欠钱人（债务人）的通胀收益，而作为借钱人（债权人）利益受损。根据这一保值计算公式，就可以按价值还钱，这时恶意欠钱者就无法得到不当利益了。大宗商品买卖案件中，欠钱官司特别多，而国家缺少对于欠钱人有效的法律制裁，影响社会经济周转，也相应影响了社会经济效益。

总之，凡是带有通货膨胀率或通货紧缩率的纸币或电子货币时代，都可以根据这一公式进行保值计算。这样，就消除了市场经济社会三四百年以来通货膨胀、通货紧缩社会金融“皮肤病”带来的社会经济的危害，从而构成建设健康态金融社会的基础之一。

第十三节　投资项目全面价值分析评估

投资项目的全面价值分析评估，是指对于投资商品的全部生产要素投入加上全部收益效用产出所进行的分析评估。投资项目的收益效用产出是一个多次性而且不确定的结果，决定了投资项目全面价值分析的复杂性。

投资商品的全面价值分析是通过一系列指标计算结果得出的结论，这些指标根据是否考虑资金的时间价值，可以分为静态指标与动态指标。所谓投资项目的静态指标，是指不考虑资金时间价值因素的经济指标。这种分析计算简单，但是，结果粗略。而投资项目的动态指标，是指考虑资金时间价值变化的指标，具体包括资金本身的时间价值的价值分析以及资金在其他金融投资的机会成本下的全面价值分析两种情况。

动态分析计算起来比较复杂，在项目投资决策前所进行的分析，需要对未来的资金本身的时间价值变化及金融收益率时间价值进行预测，这样，得到的结果包括虚拟的成分在内。只有在投资项目结束时，才能根据各年或各期实际发生的净现金流量及资金时间价值的收益率进行重新计算。这时的计算结果虽然是客观的，但是为时已晚，因为项目已经结束了，盈亏都没有回天之力了。

由于投资项目的运营需要进料、加工、生产及销售等多个环节，所以，它是一个项目内部与外部有机结合、综合运行的系统。投资项目在产生内部经济效益的同时，还会带来社会正面或负面的影响，或带来社会的投入与产出问题。对于投资项目的全面价值分析，就要内部、外部因素同时考虑，这样就形成了投资项目价值分析的内部静态价值分析及内部动态价值分析、外部静态价值分析及外部动态价值分析，最后形成投资项目总价值的静态及动态分析。

作为投资项目的收益价值分析，是项目总产出的价值增值的结果，与税无关，所以，我们以税前总现金利润为研究对象。

一、投资项目静态总价值

1. 投资项目静态总利润

投资项目总利润是各年税前利润之和。设投资项目自投产之日起各年税前利润分别为 R_1、R_2……R_n，则

总利润 $R = R_1 + R_2 + \cdots\cdots + R_n = \sum_{n=1}^{n} R_n$

即：

$$R_{总} = \sum_{n=1}^{m} R_n \tag{14}$$

2. 投资项目静态总价值

投资项目静态总价值=生产要素总投入+总收益=总成本+总利润=总价格

注意一：计算总成本及总利润之和的总价值，不但要包括内部的总投入、总利润，而且包括外部的总投入及带动的相关行业的总利润（正或负）。

注意二：投资项目的总价格表示价值时，如果是实物货币社会，则总价格直接表示总价值。如果是含有通货膨胀率或通货紧缩率的纸币社会，则需要对各年收益部分的税前总利润当成终值按一定的折现率折现到期初时再加总，才是真正的总价值所在。

二、投资项目动态总价值

投资项目动态总价值是考虑资金时间价值因素的总投入加上总产出的

结果。

根据世界一切商品全面统一价值评估计算公式，就是生产要素动态投入加上动态总收益的结果。其中，动态总投入，就是项目成本折旧的结果，而动态总收益则是各年总利润分年折现加总的结果。即

投资项目动态总价值=生产要素折旧+动态总收益

投资项目的动态总收益计算起来比较复杂，这主要是因为项目存续期间的项目期很长，从项目正式投产后的企业商品生产经营开始，到企业终止，一般要经过几年、几十年甚至上百年或几百年，这么长时间内各年总利润收益要根据当时的市场变化而变化，而作为各年总利润相对于期初的时间价值变化的折现率也是根据市场及国家宏观经济调控的变化而变化，并且包括纸币本身资金时间价值变化的通货膨胀率或通货紧缩率的折现率，还包括取银行存款利率、证券投资利率、行业基准收益率等不同金融投资或行业投资的机会成本意义上的折现率的总收益。

动态总收益，是各年税前总利润分年折现加总的结果，所以，也称为“收益总现值”，构成一切投资项目、各类资产总剩余价值。

1. 收益总现值（TPV）

投资项目的收益总现值（Total Profit Value）简称 TPV。是指项目开工日或使用日之后各年税前总利润分年折现到期初时的现值之和。

根据折现率的单利或复利情况不同，分别使用单利折现系数或复利折现系数进行折现，得到单利或复利收益总现值 TPV。

（1）当通货膨胀率或通货紧缩率为单利时，收益总现值 TPV 计算公式为：

单利收益总现值 $TPV = R_1 \frac{1}{1 + 1i} + R_2 \frac{1}{1 + 2i} + \cdots\cdots + R_n \frac{1}{1 + in}$

$= \sum_{n=1}^{m} R_n \frac{1}{1 + in}$

即

$$TPV_{单利} = \sum_{n=1}^{m} R_n \frac{1}{1 + in} \qquad (15)$$

其中，R_n 是第 n 年的税前总利润，$\frac{1}{1+in}$ 为第 n 年的单利折现系数，i 是折现率，n 是项目收益的年限，分别取 1，2，3，……m。

（2）当通货膨胀率或通货紧缩率为复利时，计算公式为：

复利收益总现值 $TPV = R_1\frac{1}{(1+i)^1} + R_2\frac{1}{(1+i)^2} + \cdots\cdots + R_n\frac{1}{(1+i)^n} = \sum_{n=1}^{m} R_n\frac{1}{(1+i)^n}$

即

$$TPV_{复利} = \sum_{n=1}^{m} R_n\frac{1}{(1+i)^n} \tag{16}$$

其中，R_n 是第 n 年税前总利润，$\frac{1}{(1+i)^n}$ 为第 n 年的复利折现系数，i 是折现率，n 是项目收益的年限，分别取 1，2，3，……m。

不难看出，公式（15）与（16）比公式（14）只是多了一个各年折现。而且从资本金本身时间价值的通货膨胀率或通货紧缩率角度来看，当（15）或（16）中的折现率 i 为零时，就是（14）式的各年税前总利润的直接加总。这样，整个投资项目的期初总剩余价值动态分析就变得非常简单。

当（15）或（16）中的通货膨胀率或通货紧缩率折现率（不论单利还是复利）为零时，投资项目的总现值 TPV 就是各年税前总利润直接加总的结果，就是（14）式。而（15）或（16）式的通货膨胀率或通货紧缩率不为零，则按实际的单利或复利折现率分年折现加总即可。这样，（15）或（16）与（14）之间只差了一个各年折现的通货膨胀率或通货紧缩率的折现率。而（14）式是实物货币下的税前总利润，这就验证了前面所讲的含有通货膨胀率或通货紧缩率（即通货膨胀率或通货紧缩率不为零）的纸币价值与实物货币之间的价值差了一个通货膨胀率或通货紧缩率。

对于折现率取法特别说明如下：

如果是项目资本金本身的时间价值，就去通货膨胀率或通货紧缩率，因为只有通货膨胀率或通货紧缩率才是资金本身的时间价值的体现。如果考虑资本金其他投资对比的收益，就取相应的收益率作为折现率，如银行存款利率折现率、表示对比银行存款利率的收益率之外的期初净现金数量的剩余价值，证券投资收益率折现率，表示对比证券投资收益率之外的期初净剩余价值。取行业基准收益率作为折现率，表示在获得该行业的最低收益率之外期初时现金剩余价值。而不管取银行存款利率 、证券收益率还是行业基准收益率的折现率都要受到通货膨胀率或通货紧缩率的影响，所以，要将这些收益率去掉通货膨胀率或加上通货紧缩率即广义下的实际折现率，才是项目期初真正的剩余价值所在。而不管取什么折现率，它本身是单利时，就按公式（15）单利折现，是复利时按公式（16）的复利折现。

总之，收益总现值 TPV 是考虑了项目时间价值的期初的总剩余价值，而静态分析下的期初总利润，因使用含有通货膨胀率或通货紧缩率的纸币价格表示的价值，所以，不是真正的价值，而是虚拟的价值。只有按上述总收益现值 TPV 公式计算出来的结果，才是投资项目期初真正的剩余价值所在，是投资者投资项目的目的和意义所在。

三、动态总价值

根据世界一切商品价值评估计算统一公式，得出以下公式：

投资项目的动态总价值=生产要素投入+收益总现值 TPV　　（17）

注意：

1. 收益总现值 TPV 计算上注意区分单利或复利不同情况。各种不同的折现率都对应一定的单利或复利。如银行定期存款，则是单利问题，此时，要计算银行存款的现值，就要取单利公式折现，而如果是每年定期转存，则是一个复利问题，此时，要按复利折现求现值。

对于内部收益总现值 TPV，因为是税前的结果，而在每年的总利润当中，总是税后利润才为投资者所有，税率部分为国家所有，所以，对于内部收益总现值需要通过税率在国家与投资者之间进行分配。通过项目期内各年税率确定。而对于外部收益总现值 TPV，则是项目带动的相关行业企业与国家税率之间的分配。

2：对于生产要素投入及收益总现值TPV，不但包括项目本身直接的投入及产出，而且还包括外部社会的投入及产出，这样就有了内部收益总现值TPV与外部收益总现值TPV的概念。

例：某个投资项目在开工时投入总资产1000万元，经过50年生产经营得到的收益总现值TPV为8000万元，则该项目在投产时的总价值为1000+8000=9000万元。由于没有考虑到外部的投入与产出，所以这是一个内部总价值，而要得到总价值，则需要加上外部的生产要素投入以及带来的外部收益总现值TPV。外部收益总现值TPV，就是项目对于外部社会其他行业或市场的经济影响作用，需要专业评估机构进行专业评估。

作为收益总现值TPV的8000万元，就是整个投资项目的总剩余价值，由于是税前总利润分年折现加总的结果，所以收益总现值TPV当中包含了两部分内容，一部分是国家各年的税收，剩下的是投资者资本金带来的总利润，如果税率为50%，则投资者分享到的总利润为4000万元，而去掉期初生产要素投入的1000万元，则投资者分享到的净剩余价值为3000万元。而把此纸币价格去掉通货膨胀率或通货紧缩率之后，才是投资者净剩余价值。投资者剩余价值就是各年税后净现金流量NCF分年折现到期初加总的结果的收益净现值NPV，仍区分单利与复利。

为了说明静态分析与动态分析结果的差别，我们举一个例子。

例：某个投资项目静态总产出，即货币利润总额为200亿元，而静态总投入为3000亿元，而经过动态计算总产出，得出的收益总现值TPV为100亿元，动态总投入实际是3000亿元，试分别计算总价值及动态投资收益。当时1克黄金价值200元人民币。

解：

静态总价值=200亿元+3000亿元=3200亿元/200元=16亿Tianhua价值=16亿克黄金=16亿世界元

动态总价值=100亿元+3000亿元=3100亿元/200元=15.5亿Tianhua价值=15.5亿克黄金=15.5亿世界元。

二者相差了0.5亿Tianhua价值，即0.5亿克黄金。可见静态分析与动态分析的结果相差巨大。差在静态分析中，没有考虑到通货膨胀、紧缩率或其他折现率对于资金时间价值的影响上。而动态分析则是贴近实际的价值结果。这个结果露出了投资项目全部共同抽象本质的“价值”的“庐山真面目”。建立在此分析基础上的投资项目决策分析及价值分析，才能带来投资项目的“优生优育”，而脱离这一分析，直到项目结束时，投资人都不知道是挣钱了还是亏损了，并且也不知道是否还要继续经营或进入其他行业，进入哪个行业，一切都在盲目中进行，整个社会经济处于茫然状态，整个国民经济的效率低下。而项目投资决策失误，则会带来企业先天性畸形，企业家无论怎样努力，也难有回天之力。这是关系整个项目投资决策经济效益的根本性问题。一切投资项目，不论规模大小、种类各异，在投入产出的价值上都是一样的，都可以换算成统一的价值单位，使用固定的黄金重量确定价值大小。

最后，我们也不难发现，项目投资资本金本身的时间价值的通货膨胀率或通货紧缩率是项目资本金本身价值增值判断的基础，需要取整个国家或社会全部商品在一段时间内价格平均上涨或下降的比率。

总净现值

前后收益总现值 TPV 的计算中，我们是从项目开工后第一年盈利计算的，当中不包括开工日之前的生产要求的固定资产等项目建设投入。所以，收益总现值 TPV 中不含期初生产要素投入，只是企业流动资金生成的。总收益现值 TPV 是投资项目的“总产出”，去掉项目期初生产要素资产的投入，就是项目总的净剩余的现值。称为总净现值。即：

总净现值=总收益现值 TPV-期初生产要素投入

这样，总净现值与收益总现值 TPV 之间差了一个期初投入即项目建成以前的总投入。

收益净现值 NPV

设投资项目各年税后净现金流量用 NCF 表示，税前总利润用 R 表示。则

NCF=R-税

收益净现值 NPV 是投资项目各年税后净现金流量 NCF 按一定的折现率（单利或复利）折现到期初加总的结果。设各年的税后净利润用 NCF 表

示，区分单利或复利折现，我们有：

$$NPV_{单利}=NCF_0+NCF_1\frac{1}{1+1i}+NCF_2\frac{1}{1+2i}+\cdots\cdots+NCF_n\frac{1}{1+in}=\sum_{n=0}^{m}NCF_n\frac{1}{1+in}$$

即：

$$NPV_{单利}=\sum_{n=0}^{m}NCF_n\frac{1}{1+in} \tag{18}$$

$$NPV_{复利}=NCF_0+NCF_1\frac{1}{(1+i)^1}+NCF_2\frac{1}{(1+i)^2}+\cdots\cdots+NCF_n\frac{1}{(1+i)^n}=\sum_{n=0}^{m}NCF_n\frac{1}{(1+i)^n}$$

即：

$$NPV_{复利}=\sum_{n=0}^{m}NCF_n\frac{1}{(1+i)^n} \tag{19}$$

（18）（19）中的 n 分别取 0，1，2，3……m。NCF_0 表示期初的投入，是投资者全部总收益的减项，所以，此时净现值 NPV 是投资者资本金带来的“净”的剩余价值。而如果 n 从 1 开始取，则为投资者的“总”的收益现值。

不难看出，收益净现值 NPV 是各年税后净利润分年折现加总的结果。而收益总现值 TPV 是各年税前总利润分年折现加总的结果，这样，收益净现值 NPV 比收益总现值 TPV 少了税收部分的利润，只是投资者资本金的净剩余价值回报。而收益总现值 TPV 则是整个投资项目自收益年限开始的总剩余价值。所以，收益净现值 NPV 是整个投资项目总剩余价值的一部分，不是全部的剩余价值所在。如果当成投资项目或各种资产的“总价值”，就大错特错了。而现行世界各国各种资产价值评估中所谓“收益净现值 NPV 法”，即以“内部复利收益净现值 NPV”的个别的部分的剩余价值，当成整个投资项目的全部总价值，带来的对于各类投资商品及资产的实际价值判断上的误导是难以想象的，甚至影响整个项目投资决策。而影响企业全部生产经营或给国民经济整体运行带来损失则是难以估量的。

进一步讲，而由“内部复利净现值 NPV”定义出来的“内部复利收益率 IRR”，也只是项目收益率的一部分，如果当成全部收益率，则同样是与实际收益率之间相差甚大。要得到投资项目全部收益率，即总收益率，则只能使用收益总现值 TPV 来定义。

定义：

$$TPV\ (i)\ =0 \tag{20}$$

时的折现率 i 称为“总收益率”。

显然，它是整个投资项目总产出/总投入的剩余价值率，是项目的经济效率指标，不但包括项目内部的收益率，而且还包括项目外部的收益率。

由单利的收益总现值 TPV 定义出来的总收益率 i 是“单利总收益率”，由复利总现值 TPV 定义出来的总收益率 i 则是“复利总收益率”。

单利或复利总收益率是对传统的“内部收益率 IRR”概念的进一步完善与发展的结果，同收益总现值 TPV 是对收益净现值 NPV 的进一步完善与发展一样。

对于总收益率方程（20），展开后是一个高次方程，用手工方法一般难以完成，所以只能使用计算机专业技术方法来计算。而对于求“总收益率”的计算方法目前还是欠缺的。

总之，收益总现值 TPV 是一个关于投资项目总价值的量化分析结果，而总收益率则是一个关于项目投入产出之比的效率指标，体现的是资源投入与产出的比例，也就是剩余价值率的体现。

$$总收益率\ i=总收益/总投入\times100\%。 \tag{21}$$

根据公式（21）不难看出，在分母总投入一定时，分子总收益越大，则总收益率越大。反之，总收益率越大，表示在同样的总投入情况下，总收益越大，项目的经济效益越好，也就是剩余价值率越大的投资项目，经济效益越好。同样，分子总收益一定时，总投入越小，总收益率即剩余价值率越大，效益越好。

注意，这里的剩余价值率是整个投资商品总价值的剩余价值率，而此前一些经济学理论中谈及的剩余价值率，如《政治经济学》中谈及的剩余价值率，只是关于“劳动工资”单个方面的剩余价值率。而其他片面价值论下的剩余价值率，也只是某一个方面价值的剩余价值率，都不是对于投资商品经济效益全面化的揭示。

案例 2-2

铁路动车项目的全面价值分析

随着中国铁路动车的出现，标志着中国铁路发展进入了新阶段。由于它的速度快、安全性高，已经为众多旅客所青睐。但是，就在动车大力发展的同时，业界为动车的运营亏损却大声疾呼，似乎它拉动了铁路经济效益的下降，是为了形象不得已而为之，而只有老式火车及货运可带来利润增加。

那么动车要不要发展，动车项目是不是真的亏损了，现在我们来分析一下：

总地来说，动车项目是亏损还是盈利，要站在全面价值角度来分析。如果单独从内部直接投入产出比较上来看，确实投入大于产出，是亏损了。大量的维护费却无法通过票价得到弥补。

但是，如果站在全面价值观角度来看，动车项目的投入与产出，不只是存在内部的投入产出关系，而且还包括外部的投入产出关系。

从外部的投入产出来看，外部投入几乎为零而只有外部产出。这个产出是多方面的：一方面是拉动铁路沿线各城市的经济发展，通过商务流带动当地经济发展。比如沧州市，过去是一个放逐犯人的地方，人烟荒芜。而随着沧州火车站的设立，因离北京只有一小时路程，而这里的土地价格便宜，这样，就吸引了大量的商人前来置地发展商业形成一个新城市。全国动车带动各站的城市发展，外部效益是巨大的。甚至从上海到厦门各城市连在一体了。而对比直接的内部亏损来说，简单是九牛一毛。

这样，从国民经济全面价值角度来分析，动车拉动整个国民经济发展的贡献是巨大的，此外，还带来国家形象的品牌价值，也是一笔重要财富。

这样，单独从一个侧面进行价值分析，得出的结果是亏损的，而从内外综合经济效益的全面价值来看，是盈利的。所以片面价值判断会将动车项目停止，而丢掉了动车对整个国民经济的拉动作用，因小失大。而从内外综合效益上来看，动车是盈利的，能够带动整个国民经济的发展，从而做出正确的投资决策或总价值评估结果。

案例 2–3

化工厂项目的全面价值分析

化工厂项目一般都被认为是能够挣大钱的项目。因为通过化学的分解或化合作用，能够生产出大量的化工产品，用于农业，形成化肥、农药、医药等产品。

然而，事实果然是这样的吗？未必。

化工厂生产经营过程中，总是要向外界排放大量的化工废弃物，带来空气污染、江河水流污染，导致整个农田的荒芜、江河生物的灭绝，威胁人类生存，这样，在化工企业挣大钱的同时，社会环境要付出沉痛代价。

对此，近年来国家开始征收排污费，而如果将排污费加到项目的成本中，项目就不再是挣大钱的机器了，其收益价值就没有原来那么大了，甚至是亏损的。这种对污染企业排污收费做法符合商品价值核算原理，即难给社会外部环境带来“负效用”就由谁承担，谁带来多少“负效用”就要承担多少“负效用”价值。还有对各种汽车尾气收费也是合理的。

这样，从上面的两个例子中可以看出，单独从内部来看是亏损的；总价值有可能是盈利的项目，单独从内部来看是盈利的项目，全面价值分析结果却很可能是亏损的，而正确的项目决策，总是要站在全面价值分析基础上才可以。

当然，内部价值与外部价值的享有主体不同，内部价值是投资人享有，而外部价值是国家和社会享有。但这只是总价值的分配关系，而总价值是必须内外加总的结果。不论谁分配哪部分价值，客观上的总价值就是内外之和，与分配无关。

这样，对内部亏损而国家盈利的项目，如文化创意投资项目，政府就要出面支持，使之为促进社会经济发展作出更大贡献；而对内部盈利外部亏损的项目，就要向项目征收损失费，这样，能够促进项目在全面价值分析基础上作出正确的决策。

如果用 V 表示投资项目的总价值，使用 C 表示项目投产日为止的生产要素投入，则有：

$$V=C+TPV$$

该公式表示的意思可以通过图 2-8 直观表示出来。

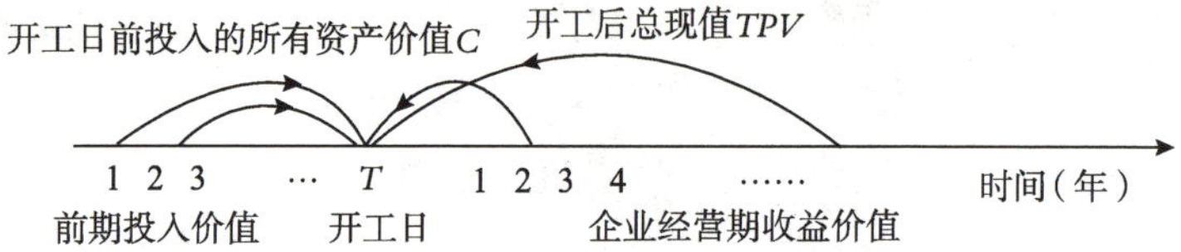

图 2-8 项目开工日动态总价值

综合以上，投资项目总价值分析的内容，见图 2-9。

内部价值	内部静态价值＝内部静态投入价值+内部静态产出价值（粗略）
	内部动态价值＝内部动态投入价值+内部动态产出价值（精确）
外部价值	外部静态价值＝外部静态投入价值+外部静态产出价值（粗略）
	外部动态价值＝外部动态投入价值+外部动态产出价值（精确）
总价值	静态总价值＝静态总投入价值+静态总产出价值（粗略）
	动态总价值＝动态总投入价值+动态总产出价值（精确）

图 2-9 投资项目价值分类

各种投资类商品实际上都是投资项目，即任何一个投资项目的商品投入加产出这一总价值及剩余价值的模型都是一样的。所以，上述投资项目总价值及剩余价值分析评估方法，可以直接作为投资项目、企业、资产、矿业权、工程、土地、房地产、汽车、各种证券（股票、债券、基金等）及各种知识产权（工业产权、版权等）的价值评估理论奠基。

第十四节 投资项目实时价值分析评估

所谓投资项目的实时价值评估，就是使用“全球经济一网通系统——投资项目每日总价值实时评估显示系统”对投资项目每时每刻的投入加产出的价值进行的评估。为了方便起见，一般以日单位来确定价值。

在实际操作中，通过系统每天实时显示的总价值、剩余价值、总价格、利润的数字显示及动态变化曲线的显示，实时看到投资项目客观上的实时变化中的价值。

通过对投资项目的实时价值评估，可以对投资项目进行实时管理，及时将风险控制在萌芽状态。而以这个评估为基础形成的项目经营与管理，正是符合商品全面价值的价值规律的管理，从而带来实实在在的管理效益。

最后，我们还要指出，对于所有投资项目形成的投资类商品的全面实时价值评估问题，由于不同行业投资类商品生产要素投入的差异性、各年收益的差异性，特别是外部带动其他行业的正面或负面影响的个性化特点，需要具体情况具体分析。

第十五节　一切商品价值的统一评估计算公式

一、一切商品价值的统一评估计算公式

前面我们介绍过，一切商品的全面统一价值等于生产要素投入加上效用，并且我们指出过，一切商品的效用都可以统一使用商品的利润来表示，当消费品时，利润是一次的，当投资商品时，利润是多次的，并且就是收益总现值 TPV。这样，我们可以通过取 $n=0$ 的收益总现值 TPV 统一作为商品的价值增值部分。得到一切商品的全面统一价值计算公式。

$$一切商品的全面统一价值=生产要素投入+收益总现值\sum_{n=0}^{m} R_n \frac{1}{1+in} \quad (22)$$

或

$$一切商品的全面统一价值=生产要素投入+收益总现值\sum_{n=0}^{m} R_n \frac{1}{(1+i)^n} \quad (23)$$

其中：

R_n 表示各年的税前总利润。

现对（22）或（23）式分别讨论如下：

当上式中的 n 取零时，则有

$$商品总价值=生产要素投入+R_0$$

生产要素投入就是成本加费用，R_0 是税前利润，这就是一切消费品的统一价值计算公式。

当上式中的 n 大于零时，就是投资项目或投资商品的总价值计算公式，n 是项目期，如项目期 5 年，n 就取 5，等等。

这样（22）式（23）就是一切商品的全面统一价值计算公式。

设商品的价值用 V 表示，生产要素投入用 C 表示，我们就得到包括投资类商品和消费品在内的全部商品的统一价值评估计算公式为：

$$V=C+TPV \tag{24}$$

（24）式是一切商品的全面统一价值评估计算公式，而离开这一公式所计算出来的商品的价值结果，都不是商品的全部的价值所在，甚至不是商品的“价值”所在。而目前的传统的教材中，如工程价值评估中所给出的价值计算公式，工程价值 V=功能 F/成本 C，并不是工程商品的“价值”所在，充其量只是工程的投入产出的效率分析，而当成工程价值结果来用，就会误导对工程的商品的价值判断。

公式（24）就是世界千百年来所有经济学界专家学者们以及世界所有的人们“众里寻他千百度”的世界一切商品的全面统一实时价值计算公式，而且也只有使用这样的一个公式，对于各种投资类商品及消费品所评估计算出来的价值，才能体现“一切商品的全部共同抽象的本质”的具体数量。

这样，我们从一切商品的全面统一价值的内涵、外延以及统一具体计算上解决了商品的价值的统一性问题，并且使用计算机技术实现实时总价值、剩余价值的自动化计算问题，这样，存在于大千世界的各种数不清的商品，都可以用同一个公式统一实时计算它的价值。这样，以商品的全面实时价值计算的经济学理论就能够包罗万象地揭示了一切商品的全部共同抽象的本质以及统一的计算与度量。如果采用 1 克黄金的纸币价格作为一个价值单位“黄金价值单位”，则世界一切商品的价值都可以通过纸币价格换算为固定重量的黄金，对比出价值不等或相等。价值问题变得简单直观实用化，不再是几百年来的“雾里看花”了。变成可使用的了。按商品的全面实时的价值的价值规律自觉地创造商品的价值与剩余价值。作为“世界一切商品的价值评估计算统一模型”的应用，可以说适用于市场经济社会的一切经济现象，下面我们列举一些常见的应用方面。

二、一切商品价值统一评估计算公式应用举例

1. 能够计算世界一切商品在任何时点的“总价值”及“剩余价值”

市场经济社会，就是商品经济社会，一切商品都存在统一的价值，并且每种商品都对应具体数量的价值，通过商品的价值具体计算与使用，按商品价值规律办事，才能做出符合商品经济规律的经济行为，才能形成整个经济学理论的科学性和系统性。

然而，到目前为止，关于商品的价值计算问题，由于受各种片面价值论的影响，无法具体找到全面统一的价值计算公式，商品的价值问题就一直处于空喊当中。由于缺少商品的全面统一价值评估计算，导致各种投资商品、资产的价值评估方法的多样性，导致商品的价值无法加以实际使用。如投资项目、企业、资产、矿业权、房地产、汽车、土地、工程、各种证券、各种知识产权……价值评估计算上的“成本法”、“收益净现值NPV法”以及“市场法”的三种方法任选其一进行评估，带来困惑无法得到解答。所评估出来的结果，也无法在投资类商品之间以及消费品之间进行价值对比，因为评估的方法不同，就没有可比性。即使结果正确，由于使用了含有通货膨胀率或通货紧缩率的纸币价格来表示，在无法正确找到通货膨胀率或通货紧缩计算方法之前，并不知道纸币价格对应的实际价值是多少。

作为投资商品，是国家全部财富的基本“家底”，对于一国的全部财产的基本家底的各种资产的价值无法得到正确评估，则整个国民经济就会运营在盲目的状态之中，就会严重误导整个社会经济。

由于缺少一切商品的全面统一价值评估计算公式及价值单位度量，对

于平时随时的消费品买卖上，也不知道它的价值是多少，随便上街购买一塑料袋商品，或消除一次服务，也不知道消费了多少价值的商品，导致盲目消费。

当有了“世界一切商品全面价值统一评估计算模型”之后，这些问题就会迎刃而解，所有投资商品之间，所有消费品之间以及所有投资商品与消费品之间都可以通过这个公式进行统一计算与度量，并且使用黄金价值单位以后，就可以换算为固定克数的重量的黄金直接进行价值对比，找到不同商品之间的价值的相同或不同，而确定出价格进行等价交换，并且可以直观看到。

通过使用“全球经济一网通系统”系列软件，可以对各种商品进行实时的总价值、剩余价值评估计算及度量，如同 K 线图一样，直观看到各种商品的动态变化中的总价值及剩余价值的变化规律，商品的全面实时价值的价值规律被大白于天下，从而整个社会经济活动可以具体按商品的全面实时价值的价值规律办事，按商品的价值规律从事经济活动不再是空喊的口号，而是可以具体计算与使用。

2. 能够计算各种商品之外的社会资源的价值

作为“世界一切商品全面统一价值评估计算公式”，不但适用于商品的全面统一价值评估计算，而且对于商品以外的其他资源也可以进行全面统一价值评估计算。如自然界生产长的森林及矿藏及大海，在没有用于买卖上的时候，虽然不是“商品”，但也是一种社会财富，有它的“效用”价值存在，只不过是没有生产要素投入而已，即没有投入价值而已。此时，这些天然资源的生产要素投入价值为零，而效用价值仍然存在，可以进行计算。具体数可以按当时的这种资源的社会销售平均价格计算，得到公允价值。通过计算出来价值以后，可以用于产权转让，如对于地下的某些矿藏，可以按一段的平均价格乘以数量得到它的价值结果。尽管生产要素投入为零，但并不影响效用价值的存在以及总价值的存在。而生产要素投入为零，本身也是二元总价值的存在方式之一。这样，我们就结束了长期以来的矿业权价值评估理论中对于埋藏在地下的自然矿藏是否有价值的争论。

3. 建立国民经济总价值判断指标新体系，正确指导各国国民经济全面协调发展

对于传统的西方经济学理论中的“国内生产总值 GDP”的国民经济指路明灯的片面性，经济学家们纷纷加以指出，那么全面正确的国民经济核算指标体系在哪里呢？

有了一切商品的全面统一价值评估计算公式以后，一国的全部财富加上资源的总价值都可以统一计算出来，建立起整个国家的国民经济全部财富总价值统计核算指标体系，通过“全球经济一网通系统——国民经济总价值、剩余价值每日实时评估计算显示系统”进行全面化的总价值评估核算，实时化地核算一国的国民经济总价值，并且以此为依托，实时正确计算纸币发行量，根本治理通货膨胀、通货紧缩社会金融“皮肤病”，甚至根本治理金融危机。

当将 GDP 片面性国民经济核算指标完善化以后形成的国民经济总价值实时核算指标体系以后，GDP 就是该指标当中的一个组成部分了。这样，GDP 的全面化指标我们就找到了。

不但如此，由于能够做到对整个世界的一切商品进行全面统一价值计算评估，整个世界的全部财富的价值也可以进行核算加总，使用互联网技术支持下的各国国民经济总价值的实时汇总，整个世界的全部财富，包括商品及资源都可以实时核算显示出来，类似于动态变化的 K 线图，整个世界经济的变化走向以及发展变化规律的价值规律，可以一目了然地展现在世人面前。由于是根据过去多年的社会经济变化规律推测出来的未来社会经济变化走势，所以，在此基础上形成的国民经济五年或十年计划，是根据社会经济的价值变化规律得出的结果，从根本上消除国民经济规划脱离实际带来的盲目性，从而从根本上保障了一国的整个国民经济运营的安全性以及健康态，是全面化、动态化的国民经济“指路明灯”，消除 GDP 片面性“指路明灯”带来的社会经济的片面性发展以及社会经济运行中的所谓的“周期性”。

4. 建立“政府执政业绩考核价值评价指标新体系”

作为市场经济社会的政府，是服务于社会经济的，是靠社会纳税人税

收养活的，并且为社会提供公共服务的使者，这样，政府为社会提供公共服务就要进行量化考核，只有量化考核政府的工作业绩，才能确定政府人员，特别是政府首脑的执政能力，作为奖罚、去留的基本依据，如同企业家对企业保值增值业绩确定企业奖罚去留一样。

如果缺少全面价值观下的社会全部财富的商品价值的统一评估计算，则无法建立政府考核的方法，人为制订一些片面零散指标，难以实现考核的公平性。

有了这一公式以后，通过对一届政府执政期间带来的社会全部财富的总价值、剩余价值的增减情况，确定综合工作成果，建立奖罚去留的根据，如同学生考试一样，这样，就能够鞭策政府公务人员励精图治，在发挥政府公务人员经济人本性的同时，造福于社会，按执政期间的社会财富总价值量增加量的一定比例奖励政府人员，足以实现政府人员的公开、公平、合理的高收入，而从根本上消除弄权勒卡现象，建立政府公务员与社会的共赢的激励机制。

5. 根本治理通货膨胀、通货紧缩的基本依据

前面已经介绍过，所谓“通货膨胀”、“通货紧缩”，就是纸币印发数量偏离社会财富的总价值带来的结果，要使纸币还原为实物货币的价值上的不折不扣的表示功能，只能是实时发行与社会财富价值相同的纸币数量。对于一个国家或社会的全部财富的总价值、剩余价值要实时掌控与把握，才能根据社会的财富的总价值、剩余价值实时变化情况实时调整纸币发行量。通过一切商品全面统一价值计算公式原理制作而成的“全球经济一网通系统——国民经济总价值、剩余价值每日实时评估显示预测系统”能够实时反映整个国家的全部社会财富的总价值、剩余价值，进而实时调整发行与之相同的纸币数量，这时，纸币就充当了实物货币的价值表示功能，消除了通货膨胀率或通货紧缩率带来的纸币价格偏离实际价值的现象。也可以人为设定通货膨胀率或通货紧缩率，使通货膨胀、通货紧缩可根治，可调节，不再如洪水猛兽一样肆虐危害人类社会，带来长期的社会金融“皮肤病”，带来整个社会的经济的经常性的“感冒”和“发烧”。

这样，作为纸币货币，就能扬长避短，既便于携带与流通，又不至于带来商品的价值表示上的变形。奠定了整个市场经济社会经济运行的基本基础，也是构成整个健康态的社会经济的基奠。

6. 按商品“价值规律”进行企业的生产经营

作为企业，不论生产什么样的有形产品或无形服务或有形产品加无形服务，归根到底，都是一个商品流与现金流的互动过程，或者说，归根到底是通过商品流带动现金流的过程。现金流是一切企业的共同本质，现金的增值，就是企业的利润剩余价值所在，从一切企业的统一的现金流中发现商品的价值流及价值规律，能够从根本上化解投资风险，也就是通常所说的，按商品价值规律经营企业的具体实施过程。通过这一模型，能够找到一切企业的统一的价值规律模型，把按商品的价值规律的企业家理想变成实际行动。

此前的各种传统的价值理论中，只是把价值规律束之高阁，并没有具体应用到实际当中，主要是由于缺少对商品的价值的全面计算，无法具体计算各种商品的价值，也无法统一度量商品的统一价值。具体通过“全球经济一网通系统——企业总价值剩余价值每日实时监控预测系统”来实操。该系统能够实时显示出一个企业每天每时每刻的总价值、剩余价值及变化规律。根据总价值、剩余价值的实时变化情况进行动态应对管理，及时改进管理，就能够带来管理上的经济效益，从根本上消除大企业的管理难题，如同行驶中的汽车有了“方向盘”、“导航仪”及“测速仪”一样。目前的企业管理，不知道企业每天的总价值、剩余价值是多少以及变化规律，是一种盲目的管理。企业商品生产经营没有目标，带来盲目性。

7. 实现会计价值核算的理论基础

纸币价格的会计核算结果，包括通货膨胀率或通货紧缩率，并不是商品的价值结果，难免误导企业的商品生产经营。这样，就需要建立商品的全面实时价值单位基础上的价值会计核算。而这就要通过使用一切商品全面统一价值评估计算公式计算所有商品的全部价值，进行价值核算。

8. 税收计算依据

“增值税”、“所得税”是对商品的利润的一定比例征收的税。国家确定出来利润的百分比作为税率。要想知道征税数量，首先要确定商品的利润是多少。通过这个公式，能够找到一切商品完全统一的利润，进而确定税率。

9. 建立世界各国企业总价值实时排名活动。

在企业全部财富总价值实时排名当中，任何企业任何时候都有排名上下的机会，实时体现企业的经济综合实力。这个排名带来企业的品牌效用，而目前的世界 500 强企业排名，只是按商品的“销售收入”来进行的，并不包括企业的固定资产以及利润等经济指标。销售数量的体现，并不是企业综合实力“强”的体现。

10. 保险理赔中的合理价值判断

由于“投资商品”和“消费品”的性质上的差异，带来了价值计算上的结果不同，比如对于消费品的价值只是成交价格体现的价值，所以按价格的价值单位进行赔偿就可以了，因为这类商品没有再生的“剩余价值”。对于投资商品来说，情形就完全的不同了，除了有“投入”部分的“成本”价值以外，还有投资商品带来的未来收益也是价值中的一部分，虽然是一种机会收益，也因投资商品的损坏而无法获得。要计算整个投资商品的价值，不但要计算投入的成本部分的价值，还要计算“收益总现值TPV”价值，目前保险公司所使用的只是对财产的商品的投入的“成本”价值进行赔偿，丢掉了投资商品的“收益”部分的赔偿，少给了投保人的赔偿。作为投资类商品，如汽车、房地产、设备等，其价值的主要部分不是投入的资产，而是“收益总现值 TPV”，这样，保险费支付上就出现了不合理、不公平现象。

建立“收益总现值 TPV”下的投资商品总价值的赔偿制度。通过一切商品全面统一价值计算出来收益总现值 TPV 或净现值 NPV，能够带来保险赔偿上的公平与合理性，也会增加保险业务。

11. “国际贸易原理”“之谜”得到破解

由于传统的经济学理论的商品价值论的片面性，带来国际贸易原理理论之谜。目前的国际贸易原理，只是建立在劳动价值、要素价值的比较上，所以，出现了“里昂惕夫之谜”。作为国际贸易是跨越国境的商品贸易，但作为商品的贸易上的价值及价值规律与国内没有什么不同，这样就要建立商品的全部成本加全部利润的全部价格的全面价值的国际贸易理论，在操作上也同样要使用一切商品全面统一价值评估计算公式来比较各国间的商品利润大小，看是否有超过国内的利润或扩大市场的可能性。使用一切商品全面统一价值评估计算公式得出的国际贸易价值优势原理，能够轻易破解里昂惕夫之谜。

12. “价值悖论”破解

价值悖论是历来的经济学理论中难解之谜。指的是，水是人类生命不可或缺的商品，而黄金不是生活必需品，为什么黄金的价格大于水的价格，即黄金的价值大于水的价值？

这个问题，在“一元价值论”下，是根本无法破解的，而在成本加利润或投入加效用的“二元的全面价值论”下就容易破解了，可以通过对黄金和水的投入加效用对比得到简单的答案。

水是天然的产物，江河湖泊都有，即投入价值很小，可买可不买，利润较低，拉动总的价格下降，即价值变小。

黄金不能随便得到，只能通过购买得到。开采黄金的投入价值很大，所有黄金生产厂家都要从成本加一部分利润，这样拉动黄金利润增加带来总价格上升，价值增大。生产同样重量的黄金和水，黄金的价格大于水的价格，因而黄金的价值大于水的价值。

当然，这也是在通常的情况下。如果条件变了，假如全世界只剩下一滴水，并且可以救人命时，则同样重量水的价值肯定大于黄金的价值。因为只剩下一滴水，则其购买成本加大，并且因为能够救命，所以，给价就有人购买，因此利润无穷大，在这种情况下，水的价值大于黄金的价值。

不管哪种情况，商品的投入加效用或成本加利润决定其价值是不变的，而检验所有商品的价格价值，只能通过这两方面来进行。

13. 消除技术经济分析中的理论难点

在技术经济学“投资项目国民经济效益分析”当中，通常是使用其“影子价格”及“影子汇率”来计量的。然而，使用“影子价格”及“影子汇率”不但理论上复杂，使用了大量的高等数学计算，在实际上也难以操作，如劳动力的“影子价格”，就很难把握。其他方面也很难确定其供求关系。使用一切商品全面统一价值计算公式，通过直接计算商品的价值，就消除了影子汇率、影子价格、影子工资带来的理论难解之谜。

14. 一切商品的本身的“效用”的统一测度

按传统的西方经济学观点，消费品的“效用”只能因人因时因地不同而无法统一测度，因而有了基数与序数度量下的“边际效用”、“无差异曲线”等难点理论，在商品的实际消费中也无法使用得上，出现了经济学理论研究中的困境。事实上，当我们大家坐在同一个教室里，其温度效用是一个固定的数，是否会因人不同而温度不同？同坐在一个车上，车子的速度能否因某一个人急或不急而出现差异？每种商品本身的效用，包括产品的消费效用及服务的效用甚至是投资商品的投资效用——收益等都是固定不变的，怎么能说是商品（本身）的效用会“因人”“而变”？现实社会中不会存在，除非在神话世界中任意想象出来。

所以，“边际效用”理论或“无差异曲线”理论只是从商品的消费数量上的“适度性”上揭示的商品总效用最大化，并不是一切商品本身的统一效用的揭示。这样的理论只能说是“消费者行为”，而不是商品本身的“效用”的揭示。实际上，消费者行为是商品本身的固定的“效用”与消费者的“个性化”消费之间动态结合的结果。

当我们有了“全面商品价值论”下的“世界一切商品价值评估计算统一模型”之后，不但一切消费品本身的效用可以统一测度，而且一切投资商品本身的效用也可以统一测度，体现了经济学理论的“统一性”之美。

……

总之，我们无法一一列举“世界一切商品全面价值统一评估计算模型”在现实社会经济运行中的“无所不能性”，也无法一一列举它在经济、管理、财务、会计、金融、保险、统计、国际贸易……整个经济管理类各门学科专业研究上的“无所不能性”以及在培养“实用人才”上的“无所不能性”，甚至对整个社会科学各门学科专业理论奠基上带来的“无所不能”发生。

“全面商品价值论”如同一把“‘万能’的‘金钥匙’”，可以“简单”

而“直白”地解释市场经济社会的一切经济现象的全部共同抽象的本质。在人类离开全面商品的价值计算的年代里，诸如“为什么要花钱买商品”，“为什么不同商品会出现不同或相同价格”这样的生活常识都难以得到正确解释，有了“世界一切商品价值评估计算统一模型”之后，通过具体计算商品的价值，类似于“为什么公鸡要下蛋”这样的难题也会迎刃而解。因为公鸡只有下蛋，才能够给主人带来鸡蛋的收益净现值 NPV，提升自己的价值，才能够活命。

第十六节 影响商品价值的基本因素

通过商品的价格影响商品的价值，其内外因素是多方面综合的，甚至是因时因地因人不同。下面列举一些。

一、商品本身的生产成本、费用

生产同一种商品，由于企业使用的生产技术及经营管理水平不同，带来成本费用不同，影响到商品的价格价值。但是，在市场上，对于完全自由竞争市场上的商品，都是按市场来定价的，这时会影响到企业的商品的剩余价值。

商家是商品的生产者及流通者。在商品生产、经营及流通的各个环节都带来了商品的成本、利润及税的增加，形成商品的投入价值。每类商品都有社会的平均生产成本的生产要素投入。作为企业，为了获得剩余价值，通过管理、技术创新降低生产要素的成本投入，形成厂家的个别成本，在相同的市场价格情况下，获得格外的利润剩余价值，也就是个别生产成本。现代社会中，特别是由于网上交易的实现，导致商品的销售范围扩大，物流及信息费的节省，使商品的成本价格有所下降。当然，通货膨胀带来的成本增加是另外因素。

商家的个别生产成本、费用的生产要素投入差异，带来了同类商品的市场上的价格的差异。所以，在市场上，相同的商品，其价格大不相同，原因是生产成本、费用投入差异带来的结果。科技创新与应用，使商品的成本大为降低，带来商品的投入价值的降低，是长期的发展趋势。使用人工制造弹簧，速度慢，成本大，而使用机器流水线生产，速度快，质量好，使弹簧的成本下降，导致价格下降。在现代社会中，很少或基本找不到没有科技含量的商品，甚至是城市环境卫生这种看起来不需要技术的行业，也是机械化、自动化了。科技的发展及管理水平的提升也带来了社会商品的总的成本下降的基本趋势。经过科技及管理带来的成本的下降，通过商品买卖中的讨价还价，给企业带来了剩余价值，还造福于社会的商品消费者或投资者。

从生产环节来看，决定商品的成本价值包括项目投资决策过程、项目建设、企业生产当中的人、财、物、产、供各个环节管理上的成本的减少或质量的提高上，只有纳入全面价值管理的企业，才能按商品的全面价值及剩余价值形成规律创造剩余价值。

此外，作为厂家对于商品的成本价值的决定作用不但体现在生产经营环节上，还体现在商品的流通环节上。商品的流通过程的中间环节的多少，是决定商品的成本价值的又一重要因素。商品从厂家到买方手里，最终到了消费者手里，如果经过的环节越多，带来的成本价值就越大；流通的环节越多，税也越大，受益的是国家。因为商品每转手流通一次，成本、利润和税等就增加一次，带来价值的大幅度提高，最终都由商品的购买者来承担。

作为厂家如何少投入资金、多产出商品，是整个企业生产经营管理所要研究的问题，当然也离不开围绕全面价值的价值规律来进行。有关的详细内容可参看本系列书《企业价值管理学》分册的介绍。

二、商品本身的效用

在市场上购买同种商品，总是要货比三家，同样价格下看哪家的质量更好或功能更全。质量好的商品，功能全的商品，因效用大价格较高，提升价值。如现实手机市场上的各种手机，功能质量五花八门，带来了不同的价格与价值。

商品的效用决定了价值的一部分，企业也纷纷通过技术更新改造，通过知识产权的开发或购买，创新产品，提升质量，带来超额剩余价值。这也是市场经济社会能够促进商品的生产经营、提升商品的质量及性能的具体表现。

反之，生产“大路货”的商品，质量及功能没有特色，商品购买者不屑一顾，商品销售困难，企业的利润难以生成，甚至长期的流动资金无法收回，带来企业经营的终止。

所以，市场经济社会是知识产权以及先进管理理念支撑下的社会经济。

三、商品的市场供求关系

商品的生产要素投入与效用决定的价值是内部价值，并且是公允价值。商品买卖成交才最后确定了价值。商品买卖除了商品自身的好坏因素以外，还受市场的供求关系影响。即供大于求时，价格小于公允价值；供等于求时，价格等于公允价值；供小求时，价格高于公允价值。

“物以稀为贵”是由效用增加拉动的利润增加，带来总价格的价值增加。当市场供应过剩时，效用相对减少，因此价格下降，带来总价格的价值下降。比如中国的万里长城、秦始皇陵墓及埃及的金字塔，由于其世界上的独一无二性，所以其他任何商品的效用无法替代，因效用价值的不可替代性拉动其价值巨大，甚至是“无价之宝”。一些古物、名人字画、集邮品等，年代越久远，存放的数量越少，越是稀缺与难得，所以考古中对时代越久远的商品，给出的价值越大。考古商品的价值与时间成正比，就是这个道理。

此外，一些稀有金属也会因为稀缺性，价格高，价值大，这也是常见的社会现象。

不论一种商品供求关系怎样变化，从理论上讲，都是商品之外的影响因素。商品本身的投入加效用决定了市场上的不同商品的不同价格及价值。如一艘轮船的投入价值与一条毛巾的投入价值相差很大，不论轮船的市场供求怎样变化或毛巾的市场供求怎样变化，二者价格始终不相等，其价值也不会相同。当然，由于比较相同的投入价值及相同的供求关系，也会导致不同商品的相同价格的价值，这完全属于巧合。

商品的购买者，包括消费者及投资商，是决定商品利润的重要因素，在实际上，往往都是商品的购买者认定价格来认定利润的。于是在市场上，就出现了同样的质量型号的商品，各地价格不同的现象。甚至是同一市场，同一商品，销售价格也不同是十分常见的现象。

对商品的价值的价格的决定作用，主要来源于对商品的购买能力即收入水平上。不同国家或不同地区的消费者收入不同，形成各地市场的不同的价格指数，对于投入商品也是投资商根据市场对于投资类商品的收益判断作出决定的。

此外还取决于对某种商品的效用需求的欲望上，人们喜好的商品，愿意出高价格购买，形成高价格，带来更多的利润，总价值大；反之，利润较少，总价值少。

这是需求环节决定的商品的价值。

商品购买者不但具有购买能力，还具有个人的心理、喜好如追求时髦、新潮等。

不论是厂家还是商品的购买者所决定的商品的价格及价值，都是通过市场来实现的，特别是市场供求所影响的，这就是同一种商品的价格不同，除了厂家及购买者因素以外，商品的市场供求关系是非常重要的方面。

最后，垄断市场对于商品的价格具有决定作用，因此带来商品的价值的上升。对于完全自由竞争市场，因商品的市场竞争性，带来价格下降，只能获得长期的平均利润为零的价格的价值。

所以，通过商品技术独到性以及政府的垄断许可，可以增加商品的价值。

四、通货膨胀、通货紧缩

这是由政府以脱离社会财富的实际价值量增发或少发纸币带来的整个社会的通货膨胀率或通货紧缩率为具体幅度的整个社会的全部商品的价格上涨或下降的结果。在通货膨胀或通货紧缩的社会中，所有商品都要经历通货膨胀率或通货紧缩率的价格上涨或下降。长期的通货膨胀率或通货紧缩率是多少，整个社会的全部商品的价格就会以通货膨胀率或通货紧缩率的幅度上升或下降。

五、政府宏观经济调控政策与法律影响

政府可以通过税收影响商品的成本价格，影响商品的成本部分的价值。如果鼓励某个行业发展或某个地区发展，就制订较低的税率，这时，商品的成本部分减少了，总价格降下来了，其价值也降低了；反之，政府要限制或个行业或某个地区的经济发展，也会制订相反的政策，提高税率，带来商品成本增加，价值提升了，如房地产中提高土地费及各种附加费等，就会增加房地产成本，提升房地产价格，从而提升房地产的价值。

此外，政府还可以直接通过制订鼓励和限制影响商品的成本或价格进而影响整个商品的价值。

所以，商品的价值及剩余价值形成是一个上述各因素的多方面的综合作用的结果。

六、商品的可替代性

商品的可替代性，决定了商品的价格的高低。根据消费者“经济人”“自我利益最大化”的原理及成本节省的经济性要求，一种商品的可替代性越大，则价格弹性越大，同一效用的商品可以有多种购买选择性，这时只看价格了，因而决定了价值的不同；反之，可替代性越小，价格弹性越小，这种商品，是垄断性商品，买也得买，不买也得买，对于商家确定的高价格，买方只有被动接受，所以体格高，价值大。

对于技术含量低的传统商品，因其可替代性强，当价格很高的时候，人们就会转身购买替代品，使其价格提升不上去。对于一些科技含量高、技术独到的垄断商品来说，具有不可替代性，对于商品购买者来说，不论价格高或是低，都不影响购买量，这时，商品的价格容易上升，带来价值上升。再如文化创意产品，每一个创意产品都是一个技术独到的商品，具有不可替代性特点，所以，拉动商品的价格上升，带来价值上升。所以，

文化创意产业成为当代社会及未来社会经济发展的方向，是由其产品的技术独到性，或独家垄断性而带来较高的价格，带来巨大的商品价值及创造出相关行业的社会价值。

替代性又与垄断性相联系，垄断商品大都是不可替代的商品，因此才形成垄断，而完全自由竞争的商品，往往也是可替代性强的商品，销售价格较低，如同样的白菜，味道都差不多，就只能看价格了，这时只有通过降价才能促销；对于IT行业的高科技产品，或大学的奇缺专业，由于供应者少，可替代性小，价格高一点也必须购买。

七、商品的价格弹性

商品的稀有性、可替代性具体体现在商品的价格的弹性上，有以下五种情况。

一是商品的价格变化区间小于需求量变化区间，就称这种商品在需求价格上“富有弹性”。价格上富有弹性的商品，是一些技术含量低的商品，因其商品的质量上差别不大，作为购买者在购买时，货比三家，关键看价格决定是否购买，所以这类商品难以卖上高价格，难以提升价值，只能以量取胜。对于一些农贸商品在销售表现上具有这种特点，同样的玉米，质量差不多，就看价格决定是否购买了。

二是当价格变化区间为零，需求曲线成一条平行于平面直角坐标系的横轴时，称为“无限弹性”。商品需求价格富有弹性的极端情况。此时，价格提升多少，就会带来百分之百的需求量的增加或减少多少。

三是价格变化区间等于销售量变化区间，则称为“单位弹性”。

四是价格变化区间大于需求量区间，则称为“缺乏弹性”。这种商品的价格变动很大，对于需求量影响不大，容易提高商品的价格，带来商品的价值的提升。对于IT等科技含量高的行业的商品，由于技术的独到性，带来销售上的不可替代性，形成销售价格上的“缺乏弹性”。所以，科技是拉动社会经济发展的原动力。当然，这种因技术独到对商品的价格的拉动作用带来的价值的提升，完全是建立在商品的独到的效用上，如某些先进的医疗设备，因其能够有效治病，通过治疗效用的增加，带来了设备的价值上升并使设备的价值上升。

五是当需求曲线垂直于平面直角坐标系的横轴时，变成“完全无弹性”了，不论价格多高，购买者都没有一点讨价还价的余地。

也可以同样定义商品供给的“富有弹性”、“无限弹性”、“单位弹性”、“缺乏弹性”、“完全无弹性”，是从商品的供给角度研究的供给量随价格变动而变动的敏感程度的，通过供给的价格弹性影响甚至决定商品的价格，从而决定商品的价值。

消费者收入，也是影响商品购买的因素之一，所以，形成需求收和弹性，也分成需求收入上的“富有弹性”、“无限弹性”、“单位弹性”、“缺乏弹性”、“完全无弹性”，影响和决定商品的价格，影响和决定了商品的价值。

不同商品之间价格对比，也带来了价格弹性，称为“交叉弹性”，也是构成商品的价格变化因素，因而也影响和决定了商品的价格及价值。

“需求”价格上“缺乏弹性”的商品，消费者被迫购买，带来价格上升，导致价值较大，如一些高科技创新产品，政府垄断资源的商品。“供给”价格上“缺乏弹性”的商品，供给增加或减少很大一块，对于商品的价格影响很小，容易导致价格上升，带来商品价值较大，如石油商品，通过欧佩克组织的产量调节，而不断提价，社会也得接受。而“收入”价格“缺乏弹性”的商品，如粮食商品，不论有钱没钱，都要购买，从几角钱1斤涨到几元钱1斤，没有因此减少多少需求量，所以，收入缺少弹性的商品价格高，价值大。

对于一些需求、供给或收入价格“富有弹性”的商品，单价上往往难以提升，带来价值较小，这时，只有通过以量取胜获得经营利润。

总之，凡是能够影响到商品的生产要素投入及效用大小的所有因素，都是影响商品的价格的因素，也就都是影响到商品的价值的因素。凡是影响商品的价值的因素，也同时是影响商品的生产要素或效用之一的因素。

要想获得商品的剩余价值，只有从影响商品的利润的因素进行研究。

八、国际贸易

由于当代世界经济一体化特点，一种商品的价格都是国际对比的结果，形成商品总是流向价格较高的国家。当出口价格高于国内时，就会出现商品的出口，带来价值增值；反之，当进口商品的价格低于国内时，商品就进口。进出口围绕价格价值变动。

国际贸易影响商品的价值的内在深层次原因是社会资源在世界范围内组合，使生产同一种商品，资源优势的地区投入成本较小，而影响到价值较小。当然，这只是从理论上讲的，实际上，国际贸易受各国政策及关税的影响，使资源带来的价格价值优势变成扭曲。

第三章　筹　资

第一节　筹资

经营企业，归根到底都是在搞“钱”。怎样搞钱，用财务管理的专业术语来说，就是筹资、投资、分配的问题。

所谓“筹资”，就是上哪找钱来进行生产经营或项目投资，这也就是财务管理中“筹资”所要研究的问题。筹多少钱为宜？多了，成本变大，减少企业利润；少了，不能满足企业生产和经营的正常进行，影响市场销售和利润目标实现。如何恰到好处，就是财务管理中所要研究的资金成本问题。筹到的“钱”怎样花，是投放到生产商品上，还是放到对外直接投资获利上？这就是财务管理中所要研究的投资问题。作为财务管理的核心内容就是研究如何筹资、使用和投放资金等问题。

一、企业筹资目的

企业筹资的目的主要是满足项目投资、生产经营及扩大企业规模等需要，也包括为了特殊还贷需要等。

1. 新建项目和企业

新建项目和企业时，要购置各种固定资产，购买各种生产要素，如土地购置、劳动力招聘、购买专利、聘用企业家等，还要留有一定的流动资金，这些都需要进行筹资。在计划经济条件下，新建项目和企业，往往都是通过国家划拨资金来筹资，实际上是投资；而在市场经济条件下，企业是自主经营、自负盈亏的经济组织，这样，国家以外的项目投资和企业创建，都需要自己进行筹资，企业以筹集到的这些资金进行固定资产和流动资产的配合运作，生产出商品，然后通过销售卖出比投入更高的价格，获得价差，这时，企业通过商品生产使筹集到的资金实现了增值，也就是通常所说的企业获利。反之，如果筹到的资金，经过生产环节运作，回报收入小于筹资，该企业则出现亏损。导致资本金价值贬值。

2. 扩大企业规模

当企业的市场前景看好，经过对财务杠杆进行分析，认定需要扩大企业规模或增加产量时，原固定流动资金不足，便需要格外筹资。一般来讲，一个行业的企业总有一个相适应的规模，对达不到规模要求的企业，就要通过扩大规模来实现规模效益。如纺纱厂，一般以年产三万锭为最佳规模，小于这个规模时，企业的固定成本就相对较大，这时要使生产成本及各项管理费用、财务费用、销售费用等降下来，就要扩大规模，进行筹资。

3. 维持再生产

企业经营经常会遇到流动资金周转不灵的现象，这时就要考虑筹集资金来维持正常的生产经营。

二、筹资的类型

筹资的类型多种多样，主要有以下三种方式：

一是通过向社会发行股票，向国家申请投资，利用自有未分配利润等进行筹资，称为权益筹资；

二是向银行进行贷款、发行债券等，称为债务筹资；

三是通过租赁方式，获得设备、厂房等使用权，称为租赁筹资，也是一种变相筹资。

1. 权益筹资

即企业通过发行股票或利用剩余利润等所筹集到的资金。

企业利用股票筹资时，股东购买企业发行的股票，企业筹集到了现金，而购买股票的股东（组织或个人）就按股份的多少比例，成为该企业相应比例的所有者之一。这里涉及企业资产的所有权变化，根据《公司法》相关法律规定，占多数股票的股东对企业的经营决策拥有控制权，相应地，其他小股东处于服从地位，这样就形成了大股东变相向小股东筹资的情况。

对未分配利润的再投资，关系到资金的时间价值变化与再投资的对比问题，只有当自有资金筹资（再投资）所回报的资金价值大于资金本身的时间价值回报，这种再投资才是有意义的，否则，就没有必要再投资，等待其自然升值就可以了，也就是按“实际折现率”折现所得到的净现值（NPV）大于零时，才有意义。

在权益筹资过程中，投资者所注入的资金就是企业的注册资本，通过企业家的运作，产生企业或项目的盈利或亏损，形成对利润分配的多少问题，大股东因其投入多，所承担的风险也较大，因而获得的利润多，反之，小股东因其投资数额小，投资的风险和利润则都相应降低。

2. 债务筹资

债务资金是企业向外所筹集的资金，如银行直接贷款、向其他企业或单位借款、向社会发行债券等。

银行贷款，是指项目或企业向银行通过实物或资金的抵押贷款来进行筹资。一旦偿还不上贷款，银行可以抵押物或资金来补偿。所以，通过这种贷款筹集的资金数额是有限的。

我国计划经济下的国有银行由于产权不明确，较少对项目投资进行项目投资决策评估，往往通过行政权力进行投资，形成国有银行大量的呆账、坏账和死账。而完全市场经济国家中，银行是公司化、私有化经营的，银行的项目贷款以银行的生存与发展为前提进行担保，银行的项目贷款都要经过项目评估。而目前国际社会缺少商品全面实时价值及价值规律下的项目投资决策评估理论，同样会误导项目投资决策。为此“价值经济学新体系”理论首次给出了商品全面实时价值及价值规律下的投资决策理论，读者可通过参看《项目投资决策全面实时统治评估》分册来了解。

债券筹资，是企业或政府通过证券机构在法律规定的范围内向社会发行债券的筹资方式。

通过这种筹资方式所筹集到的资金是在证券交易所进行的，国家有一整套的法律约束。

债务筹资的偿还方式是还本付息，债权人不承担企业的生产经营风险，当企业不能按期偿还到期债务时，债权人有权要求企业破产还债，以保护债权人的利益。

上市公司的股票筹资和债券筹资都可以在国家证券交易所进行，其作为一种向社会进行筹资的行为，投资者往往并不了解投资企业的生产经营情况，这便需要国家专门的部门进行规范化管理，以保证投资者的投资安全，防止上当受骗。近年来，发生过多起假账丑闻，诱骗社会投资者进行投资。在我国，国务院所属的国家证券监督管理委员会实施证券市场的监督与管理工作，并对企业在进入证券市场方面做了大量的法律、法规的规范活动。我国的证券市场目前主要有两家证券交易所，分别为深圳证券交易所和上海证券交易所，两个交易所下属各个分支机构遍布各大城市。股份有限公司达到证券交易所规定的一定注册资本和经营状况及信誉等标准要求，可以申请进入，方便筹集到投资项目及企业生产经营中所需要的各种资金。同时，国家还制定了很多有关证券的法律、法规，筹资相关活动必须在这些法律规范下进行。

在证券交易所进行股票或债券的筹资活动，最大好处在于企业能在较短的时间内及时筹集到所需要的资金。而对于企业来说，没有永远挣钱的行业和商品，也没有永远不挣钱的行业或商品，受市场经济基本规律的影响及商品生产周期的影响，抓住市场时机比什么都重要。所以，企业非常愿意能够在证券交易所挂牌上市，这样就等于给企业的经营发展上了一个保险的平台。为什么国家要实行严格的证券市场准入制度呢？这主要是为了偿债的安全，即保护投资者的利益。同时，通过对企业经营状况进行要求，也对上市企业筹资行为提供一种安全保障。如果一个企业的经营业绩不佳，则可能是行业商品供给过剩，或者企业经营管理不善，容易给投资者造成资金回报上的风险；如果是商品市场供给过剩，应予减少生产与供应，调整整个社会的产业结构，使之合理化。反之，对于一个行业好或经营管理好的上市公司，一定是这种商品在市场上出现了缺口，或因为管理有方，能够保证投资者的资金回报，并通过生产这种商品来及时满足社会市场上消费者的需求，发挥资金的使用效用，进一步自动调整国民经济产业结构，使之合理化。

因此，证券交易所是调整社会资金的一个大水库，是反映一个社会经济冷热的“温度计”。

3. 租赁筹资

这种筹资方式近年来十分盛行，特别是在我国市场经济初期阶段，企业在经济底子薄、筹资难的情况下，这是一种非常有效、易行的筹资方式。

这种方式的主要做法是通过合约的方式，向社会市场的租赁公司租赁厂房、设备等“使用权”，使企业减少一次性投资支付，变相筹资。这样，筹资方节省了厂房的建设时间和设备的一次性购置费用，能及时面对市场生产对路的商品，而通过自建或筹到资金后再进行项目研究决策及建设，往往需要大量的时间，造成市场商品过时，失去筹资意义。

实践中，究竟采取上述三种筹资方式中的哪一种，要根据项目或企业的实际情况和发展目标来决定。如果出于扩大项目或企业规模的目的，宜采取权益筹资的吸股方式，包括发行普通股或优先股等。上市或非上市方式，采用权益筹资方式将涉及企业所有权的结构变化及企业重大决策权的问题。对于小股东来说，尽管没有控股权，但如果企业经营效益较好，跟着大股东坐收一部分利润，并不是坏事，当发现大股东不符合自己意愿时，也可撤出股份。因此，要把握好对大股东经营水平及信用的判断，因时因地制宜，审慎做出决定。如果不是出于扩大企业或项目规模的需要，可以采用债务筹资方式，这种方式区别于权益筹资，其最大优点在于债权人无权参与企业的生产经营决策，只有向筹资的债务人按期索要利息及本金的权利。当筹资方出现资不抵债时，债权人有权向筹资方提出破产来还债的要求，并得到法律的保护，可以直接通过法院对筹资方（债务人）进行破产清算，以减少债权人（投资人）的经济损失。由于破产还债对筹资方往往是一个致命性的打击，或者无法偿还部分对债权人也是一个损失，在企业的商品市场前景看好的情况下，企业如果能度过这一暂时难关，也许还会有起死回生的可能，这样就会出现“双赢”的局面，所以，也不会到期还不上时企业就按时破产。我国法律规定对在特别情况下即企业有起死回生可能性的时候，可以暂缓还贷，“只有到期不能偿还所欠债务时，债权人才可以申请债务人破产还债”，即在出现资不抵债后再给一个宽限期，超过这个宽限期后，再不能还债，再破产。具体的宽限期要根据双方的约定，当然要根据对企业的发展前景的判断来决定，这是一个复杂的过程，要具体情况具体分析来做出决定。

这里还要说明的是，还债问题中还有一个谁来还的问题，是只以公司的财产来还债，还是由公司所有者的家庭财产来还债，或者是包括公司及股东的家庭财产来还债呢？我国《公司法》明确规定，有限责任公司“只以公司的财产对所欠债务承担责任”，这就意味着超过公司财产以外的债务可以不用偿还，这样，就把有限责任公司股东的个人家庭财产与公司所有财产有效地区分开来，这正是有限责任公司的“有限性”所在。

由此可见，作为有限公司的筹资额一般不能超过其公司所拥有的财产，否则就会造成一开始的资不抵债情况。如何有效地防止筹资人出现资不抵债？根据《会计法》相关规定，筹资的贷款人要定期向债权人申报会计报表，不得弄虚作假。这样，就保证了债权人随时监督筹资人（债务人）的企业经营状况。另外，由于公司财产时刻涉及还债的清算问题，法律规定公司财产不得随意挪用或占用，即使作为企业所有者的股东所占的比例再大，也要内外有别。这样也是为了保障债权人的债务安全。

租赁筹资一般适合于创业企业或新产品开发企业，可以减少启动资金，并灵活应对市场变化，在我国市场经济初期阶段，有着十分重要的作用。

三、筹资原则

企业筹资中的原则就是企业在筹资中要遵守的基本要求，主要有合法性原则、保障及时使用原则、成本最小化原则和适度举债原则等。下面我们就来分别说明一下这些原则。

1. 合法性原则

合法性原则，就是要在法律规定的范围内进行筹资。从国家的角度上来看，国民经济运行是一个整体系统，政府要对整个国民经济计划进行宏观指导调控，包括对金融在内的宏观调控，并制定了一整套的金融、财政法律、法规，因此，企业在进行筹资时，就要首先保证在法律的范围内进行，才不至于受到法律的制裁，使企业得以正常地运行并保证筹资目标的实现。请看下面一个案例。

案例 3-1

亿霖集团非法传销骗取 16 亿 9 名高管已被刑拘①

在剥下了画皮之后，以一句“合作造林首选亿霖”广为人知的亿霖木业集团有限责任公司终于露出了“传销”的真容。今天上午，北京市公安局经济侦查处向媒体通报，公安机关已经于昨天依法查封了亿霖集团在北京的经营场所，扣押、冻结了该集团部分非法所得和资产。警方还将全力追缴涉案赃款、赃物，以最大限度减少投资者损失。最大传销案 2 万人受害，“‘亿霖集团’案是北京有史以来最大的传销案件。”市公安局副局长傅政华上午对记者说。据统计，受到“亿霖木业”广告宣传的诱惑之后，全国共有 2 万余人缴纳了购买林地款，这当中北京人达到 1.7 万人。从 2004 年起的两年多时间内，该集团的非法经营额达到 16 亿元。从去年开始，逐渐发觉上当的受害者纷纷向北京警方报案，举报亿霖集团以传销方式进行非法经营。北京市公安局经济犯罪侦查处立即展开侦查。

经过调查，警方现已查明，2004 年 4 月，亿霖集团实际控制人赵鹏运和法定代表人屠晓斌等多人纠合一处，成立了亿霖集团及多家关联企业。

① http. //news. qq. com. 2007 年 2 月 9 日 .

而赵鹏运本人曾于2002年8月因传销被辽宁省沈阳市皇姑区人民法院以非法经营罪判处有期徒刑一年十个月，刚刚出狱就立刻重操旧业。

经营方式纯属传销

警方在调查中发现，亿霖集团的经营方式属于传销的模式。该公司在全国多个省市低价收购林地，在各销售分部下设部长、经理、主管、销售代表等四级销售人员，形成上下线关系。上线根据下线销售业绩获取提成，同时采用集体授课，一对一贴身帮教，收取入门费等手段，吸引投资者高价购买林地。在销售林地的同时，赵鹏运等人以管护林地为名，向投资者收取了3亿余元的“林地管护费”，但既未按与投资者签订的合同将这笔资金真正交银行监管，也没有作为管护费用专项管理，更没有用于林地管护的专项支出，而是被混入销售林地款，用于给各级销售人员发放提成和挥霍。仅国企销售分部负责人，36岁的辽宁鞍山人黄金辉一人提成就高达5000多万元。黄金辉将这笔钱大肆挥霍，先后购买了4处高档住宅和3辆高级轿车。

公司骨干多人落网

根据《中华人民共和国刑法》第225条之规定及《最高人民法院关于情节严重的传销或者变相传销行为如何定性问题的批复》等相关司法解释，对于从事传销活动，扰乱市场秩序，个人非法经营数额在五万元以上，或者违法所得数额在一万元以上的，应依法追究刑事责任。赵鹏运等人进行传销活动，扰乱市场秩序，情节严重，已涉嫌非法经营罪。经北京市人民检察院第二分院批准，北京市公安局已于2006年12月1日将主要犯罪嫌疑人赵鹏运、赵代红、屠晓斌、黄金辉、迟宏刚、许春满、刘凤财、叶龙、田亚临9人依法执行逮捕。近期，北京市公安局又抓获了谷某等9名高级管理人员和传销骨干，目前这9人已被刑事拘留，初步统计他们共获取了2000余万元的违法所得。

警方加紧追缴非法所得

目前，公安机关已经依法扣押、冻结了亿霖集团的部分非法所得和资产。公安局副局长傅政华表示，警方今后将继续全力追缴涉案赃款、赃物，同时依法追究所有涉案犯罪嫌疑人的刑事责任。目前，警方还在全国范围内继续对亿霖集团“部长级”以上的人物加大追捕力度。

公安机关敦促，存在违法犯罪行为的亿霖集团高管人员及各级传销骨干，尽快主动向公安机关投案自首，并立即退回违法所得，以争取从轻、减轻或免除处罚。

傅政华表示，希望所有受害者积极揭发检举相关犯罪。同时，不要采取任何法律以外的途径“解决问题”。警方将在案件全部侦查结束后，尽全力顺利完成诉讼，最大限度为受害者追回损失。

这个案例告诉我们，在筹资中，要不断地学习和了解国家有关的金融财经法律。近年来，我国随着市场经济体制的不断完善和法制的健全，不断出台了各种金融、财经、经济方面的法律、法规，并会不断进行调整和修改。要经常注意这方面的法律、法规和案例的学习，以免出现违法现象。

对于企业筹资实践中的合法性问题，首先要注意筹资主体和投资主体的合法性问题。作为一个企业，只有独立法人才有权开展对外筹资业务，法律责任由法人代表承担，也就是在履行筹资手续时，要由法人代表本人签订，或法人代表委托别人凭法人代表委托书才可以履行，而一个企业内部的分公司或部门是不能独立代表企业对外开展筹资业务的，如近年来我国兴起的国际融资热，其国外银行或投资机构在中国设立的各种代表处、办事处很多，这些办事处或代表处本身不具有法人代表地位，只有获得这些办事处或代表处本部有法人地位的委托手续才是合法的。

此外，筹资中要提供一些相关的手续，如营业执照、商业计划书、可行性研究报告、贷款协议等，这些都是法律行为的一部分，不能有所疏忽。

2. 保障及时使用原则

保障及时使用原则是筹资中最基本的原则要求，是企业所有者及财务经理的基本工作职责要求。如果企业不能及时保障经营所需要的流动现金，企业的经营就难以维持下去。

“保障及时使用”的含义，并不是表示企业所筹集到的资金越多越好，也不是越少越好，而是不多不少，按正常生产经营流动资金的需要量用多少筹多少，不多不少，留有余地，在企业商品的市场前景看好或企业实力较强的情况下，适度举债。

作为一个企业，开办的目的是获利并向社会市场提供一定的商品，从企业的利润目标来看，是从企业生产经营的人、财、物、生产、供应、销售各方面来节省资金成本，做到“少投入、多产出”。而作为财务管理方面对企业利润的贡献，既要从资金成本方面予以考虑，也要从投资收益上考虑，把钱用在刀刃上。

资金的使用总是要付出一定的代价，如权益资金中的股票筹资，其筹资的结果中要付给股东的股利分红就是公司的经营成本之一，虽然企业的财产最终属于股东，但股东财产与企业财产毕竟有别，从企业的角度看，企业所属的剩余利润就少了，会对企业家的经营业绩造成影响。再如债权筹资中的利息，到银行贷款或发行债券总要以支付一定的利息为代价，而要从企业的总利润中支出。如果债券或贷款过多，就要额外支付大量的利息，这便造成一定的损失；如果过少，就会影响企业的正常经营。所以，从这一点上来说，企业的运行，千头万绪，错综复杂，归结到资金实质上的运行过程，即生产营运中需要多少资金就筹集多少，当商品销售完成以后，及时补充上来，处于资金循环流通状态下的企业，才是健康而有活力的企业。

3. 成本最小化原则

企业可以通过各种方式来进行财务筹资，在多种方式并存的情况下，如何组合才能使总成本最小化，这些就是直接关系到筹资成本的问题。只有通过优化组合，才能达到筹资成本最小化。

4. 适度举债原则

从财务管理的实践及经验上来看，适度举债并不可怕，但这要有一个前提，只有在企业商品销售顺畅、经济实力较强时，适度举债才可以保证及时扩大市场，抓住市场机遇，增加企业的利润，这时要确保销售利润率大于筹资支付的成本比率如利率或股利才有意义。

适度举债原则是运用资金的杠杆原理来为企业利润服务。当企业所生产的商品市场销售不畅，或企业偿债能力差的时候，其举债筹资会使企业雪上加霜。

四、企业筹资量的预测

由于筹资往往是用于项目投资或扩大企业规模或企业的正常运营在亏损时补充，所以，筹资也要根据不同情况做出不同预测。其方法有多种，下面分别来介绍一下。

1. 经验判断预测

对于正常营业中的企业，当出现资金运营缺口时，缺口部分的资金需要量一般有一个规律，可根据以往同期资金周转需要量来确定并加以特别调整，或参照同类企业同期的流动资金需要量加以特别调整。

2. 定性分析预测

也称集中专家意见法，或称德尔菲法。其做法是应用一种系统程序，采用匿名和反复发函信件调查专家的一种做法。在咨询专家意见的过程中，让专家背对背地回答问题，便于客观公正，不受名人观点影响。最后得出多数人的意见，作为结论。

3. 定量分析预测

定量分析预测筹资量的方法，也称数量分析方法，通常是运用现代数学方法对有关数据进行科学加工整理，并建立数学模型的方法。通过数学模型来反映数量之间的关系。

新建项目的总投资包括项目期初的建设投资和流动资金之和及建成后转化为固定资产和流动资金之和。而在实践上，流动资金不一定要求一下子筹齐，因为如果不能马上用于生产，则会形成筹资中的资金浪费，扩大筹资成本。其建成后的资金需要量可纳入企业正常经营资金的需要量来考虑。比如通过销售回报—再投入—再回报的滚动式发展以及另外再注入资金来筹资。

我们给出一个公式来计算项目总投资。

新建项目总投资估算最低额＝固定资产总投资+铺底流动资金

式中，

固定资产总投资=固定资产静态部分投资+固定资产动态部分投资

固定资产静态部分投资=建筑工程费+设备及工器具购置费+安装工程费+工程建设其他费+基本预备费

固定资产动态部分投资=涨价预备费+固定资产投资方向调节税+建设期利息

铺底流动资金是启动项目的最低资金额，根据国家规定，不得低于全部流动资金的30%。

例：某投资项目固定资产总投资额为1000万元，流动资金估算为400万元，则该投资项目最低投资额应为：

$$1000+400\times30\%=1120\text{ 万元}$$

总投资如果低于1120万元，国家不会批准该投资项目。国家这样规定的目的是为了保证项目投资的安全。此时，企业去掉已有的资金外，不足部分，就是项目要向外贷款或租赁资金额。对于自有部分资金实际是再投资，也要计算资金时间价值，确保再投资的回报大于社会时间价值，即按实际折现率折现计算的净现值大于零。

另外，对于扩建投资项目的情况也可参照新建投资项目情况来考虑。

（1）销售百分比法预测筹资量

销售百分比法是根据销售额与资产负债表、利润表的有关项目的比例关系，预测各项目短期资金需要量的方法。

该方法有两个基本假定，一是假定某项目与销售额的比率已知并固定不变；二是假定未来销售预测已经完成，从而未来销售额已知。

销售百分比法包括以下几个步骤：

企业首先确定某一年为“基期”，然后分析基期资产负债表各项目与销售额总额之间的关系。

其中：

资产类项目包括：货币资金、应收票据、应收账款、存货等。与销售收入关系密切，会随着销售额的增加而增加。

其他短期投资、其他应收账款、长期投资、无形资产及递延资产等项目，其增减变化一般不会对销售收入产生重要影响。

负债及所有者权益项目包括：应付票据、应付账款、应付税金等，一般会随着销售额增加而增加。

根据对上面的分析，列表计算基期资产负债表各项目占销售的百分比，预测计划期外部筹资需求量即：

$$筹资需求量=(A/S_0-B/S_0)(S_1-S_0)-S_1P(1-R)$$

式中，

A 为随销售量变化的资产；

B 为随销售量变化的负债；

S_0 为基期销售总额；

S_1 为计划期销售总额；

A/S_0 为随销售变动的资产占基期销售额的百分比；

B/S_0 为随销售变动的负债占基期销售额的百分比；

P 为销售净利润；

R 为 股利发放率。

（2）线性回归法计算筹资量

此种方法又称资金习性预测法，是假定资金的需要量与业务量之间存在着线性相关关系，根据有关资料数据，通过建立数学模型，用回归方程确定参数来预测资金需要量的一种方法。

预测数学模型为：

$$Y=A+BX$$

式中，

Y 为资金需要量；

A 为不变资金；

B 为单位业务量所需的变动资金；

X 为业务量。

不变资金是指在一定的营业规模内，不随业务量增减的资金，主要包括为维持营业而需要最低数额的现金、原材料的保险储备、必要的成品或商品贮备以及固定资产占用的资金。

变动资金是指随着业务量变动而同比例变动的资金，包括在最低储备以外的现金、存货、应收账款等所占用的资金。

例：某企业2004年至2006年销售量与资金需要量的历史资料如表3-1所示，假定2007年的销售量为8万件，试确定一下2007年的筹资量。

表3-1　某企业销售量与资金需要量历史资料

年度	销售量（X，万件）	资金需要量（Y，万元）
2004	7	600
2005	9	800
2006	3	400

解：

第一步：列表

第二步：根据上表计算回归方程的有关数据，见表3-2所示。

表3-2　某企业销售量与资金需要量相关数据

年度	销售量（X，万件）	资金需要量（Y，万元）	XY	X^2
2004	7	600	4200	49
2005	9	800	7200	81
2006	3	400	1200	9
n=3	$\sum X=19$	$\sum Y=1800$	$\sum XY=12600$	$\sum X^2=139$

第三步：将表中数据代入下列方程组：

$$\sum Y=nA+B\sum X$$

$$\sum XY=A\sum X+B\sum X^2$$

解方程组得：

$$1800=3A+19B$$

$$12600=19A+139B$$

得：

$$A=201$$

$$B=63$$

建立线性回归方程：

$$Y=201+63X$$

据题设，2007 年销售量为 8 万件，则预测筹资量就为：

$$Y=201+63\times 8=705\text{ 万元}$$

运用线性回归方法要注意的两个问题，一是筹资规模与业务量之间的确存在线性关系，才可使用此法，因为这个数学模型前提就是销售额与筹资额存在相关关系，否则如果二者之间不存在这种相关关系，计算出来的结果必然偏离实际。在销售量与筹资量之间不存在线性关系时，需改用多元回归分析法。二是历史资料选择应大于 3 个年份，年份取得越多，其计算结果准确度越高。

由于筹资中最常用的两种方法是权益筹资中的股票筹资和债务筹资中的债券筹资，而这两种方法的筹资是有一系列的规律和内容的，所以在下面的两节中，专门介绍一下这两种方法。

第二节　权益筹资

权益筹资指的是在投资项目或企业生产经营中资金出现缺口时，在自有资金不足时，经过计算预测之后，对不足部分再向外进行的筹资。

这种筹资的实质是一种出让企业所有权换取项目及企业经营不足部分的资金，从而形成企业规模的壮大，有利于形成最优化的企业生产经营规模，更好地适应市场需求及企业的发展目标。而权益筹资一旦成功之后，企业原有所有权出现变化，增加的投资者成为企业内部的所有者。所以，所谓企业的对外权益筹资本质上是内部筹资。

权益筹资主要包括直接吸收投资和股票筹资两种方式。

一、直接吸收投资

是指企业直接吸收国家、法人、个人、外商投入资金的一种筹资方式。

直接投资，无须通过中间机构，投资人直接将其资金、实物、工业产权、土地使用权、专利权等有形或无形财产投入本企业。其中：实物包括厂房、设备、器具等，属于企业的有形资产部分。而工业产权、土地使用权、专利权、商誉等，属于公司的无形资产组成部分。

1. 工业产权

工业产权又称工业所有权，国际通用的法律术语，是发明专利、实用新型、外观设计、商标所有权的统称，有些国家的法律和国际条约还将服务标记、厂商名称、产地标记和原产地名称以及制止不正当竞争（最常见的是以专利为依据的专利权）的权利包括在内。此权利不仅适用于工业本身，也适用于商业、农业、矿业、采掘业以及一切制成品或天然品，如酒、谷物、烟、水果、牲畜、矿产品、矿泉水、花卉和面粉等。它是一种“独占权”，具有严格的地域性和时间性，即根据一国法律取得的权利，只能于一定期限内在该国境内有效。如要在别国境内得到承认和保护，必须通过该国的法律程序才能实现。为了巩固工业产权的权利和维护独占权的利益，国家可用商标法来规定工业产品及其他任何商品的登记。

2. 土地使用权

土地使用权是指一定社会主体对土地利用的权利，是从土地所有权中分离出来的相对独立的土地物权，包括对土地的占有、使用，取得一定的收益和一定意义上的处分权。

注意，土地使用权并不等于土地的所有权，二者有原则上的区别。

土地所有权是指土地所有人对其土地占有、使用、收益和处分的权利，它是土地所有制的法律体现。我国土地所有权的特征是：所有权人只限于国家或者农民群众集体经济组织（或村民委员会）；土地所有权和土地使用权一般是分离的；所有权与使用权的分离要受国家的计划管理和行政监督；严禁土地所有权的买卖和商品性流转，虽然国有城镇土地实行有偿使用制度，但有偿转让的是土地使用权，而非所有权。

3. 专利权

“专利权”是国家专利机关依照有关法律授予某项技术的发明人或其

权利受让人在一定期限内对其发明创造所享有的一种专门权利，包括发明专利权、实用新型专利权和外观设计专利权等。

当某一合法专利权获得以后，其他人如果要使用这一专利生产产品或提供服务，必须事先取得专利权所有人的同意及付出报酬，这个报酬也可看成是资金，所以，专利权也是一种筹资或投资方式之一。

专利权的所有权和使用权都可以转让。

4. 商誉

商誉也是企业用以增加销售和筹资的无形资产之一。

上述工业产权、土地使用权、专利权、商誉等都属于企业的无形资产，一个企业就是通过有形资产和无形资产的共同运作来达到获利目的。根据我国《公司法》的规定，使用无形资产投资时，不能超过有限或股份公司注册资本的20%。

在直接筹资中，可以是面向国内的筹资，也可以引进外资。在引进外资的筹资中，要根据国家宏观调控中规定的在每年的引资额度内进行申请，超过额度，国家将不予批准。国家这样规定的原因是，在引进外资时，国家充当了担保人，另外也要与国家总的宏观调控投资计划结合在一起。

根据我国加入世贸的承诺，我国将逐渐放开金融市场。从2006年开始，外资银行全面进入我国金融市场，这样，为我国引进资金及企业其他筹资带来了极大的有利条件。这是一个有利于中外双方的经济互利活动，通过这项活动的开展，外资方找到了金融投资的市场，而我国也解决了筹资的渠道。因为在发达国家，市场趋于饱和，而我们发展中国家市场需求潜力又特别巨大，这样通过积极地直接向国外直接筹资，就能有力地解决我国现有工业企业数量少、质量差的问题，推动我国再就业工作向积极方向发展。

当一个国家证券市场不够规范和发达时，证券投资就难以进行，而直接投资就成为筹资的一种重要方式。

直接投资筹资应具备良好的硬件设施和软件环境。一个地区要发展一方经济，必须有大量的新建投资项目，或扩建现有企业的规模，才能促进当地的经济发展，有效解决再就业问题。要做到这一点，就要由政府积极打造投资环境，在政府营造的社会大环境下，企业才能顺利地筹集到资金。政府营造投资环境，就要从全方位来改善营造投资环境，使投资人感到在这地方投资能够使资金和回报安全可靠。同时，大量吸收外部资金之后，企业获得了发展，政府税收增加，就可以用这些钱提供更多的社会公共服务，从而形成一个良性循环，政府职能得到充分发挥。我国各地经济发展不平衡，除了客观原因以外，与能否营造一个开放的良好的投资环境有着直接的关系。比如一个地区有着良好的交通、旅游环境或工业基础好，就能吸引投资。经济发达地区，一般也是投资环境较好的地区，这些地方就容易吸引投资，从而这些企业的直接吸收投资就容易些，如我国的上海、广东、北京等地。

政府营造的投资环境主要包括硬件环境和软件环境，硬件环境包括交通、港口、城市基础设施等；而软件环境包括政策、法律、信用等。此外还有当地的人文观念也影响着投资的成败。

二、股票筹资

股票是对股份公司的所有权的凭证。由股份公司发给股东，证明其股权，并作为分配股利和剩余财产的凭证。它可以自由买卖或作抵押品，也是一种商品。

对于股票信息，一般注明以下内容：

(1) 股份公司名称；(2) 批准发行机关；(3) 股票持有者名称；(4) 发行股票总额及每股金额；(5) 本股票股权数及股金金额；(6) 公司法人代表；(7) 发行日期；(8) 股票编号；(9) 收益分配方式；(10) 投资者责任；(11) 转让过户记载等。

股票有多种分类：按股东的权利和义务，可分为“普通股”和“优先股”；按票面是否记名，可分为“记名股票”和“不记名股票”；按票面是否标明金额，可分为“有面额股票”和“无面额股票”。

在我国，股票还有以下分类：

按投资主体，可分为国家股、法人股、个人股、外资股；按股本募集方式，可分为公开股、内部股；按发行和交易范围，可分为A、B、H、N、S股等，其中：

A股是人民币股票，只供我国境内机构、组织和个人认购和交易，不向外国和我国港、澳、台地区投资者出售。

B股、H股、N股、S股均属于人民币特种股票，指以人民币标明面值，以外币认购和交易，专供外国和我国港、澳、台地区的投资者买卖。我国境内的居民和单位不得买卖。从2001年2月19日起，我国境内的居民和单位可以持外币买卖B股。

B种股票在上海、深圳证券交易所上市，H股在香港联合交易所上市。

S种和N种股票是分别在新加坡交易所和纽约交易所上市挂牌的的企业股票。

股票的发行，分为设立公司时发行的股票和增加筹资发行的股票。要根据国家有关规定和国际惯例来进行操作。根据《公司法》的规定，我国股票发行的条件是：

1. 公司的生产经营符合国家的产业政策；

2. 公司发行的普通股仅限于一种，并且同股同权、同股同利；

3. 在募集方式下，在公司设立时，公司的发起人认购的股本数不少于公司拟发行股票总额的35%；

4. 发起者在3年内没有重大违法行为。

股票发行的基本程序：

根据国际惯例，各国股票发行都有严格的法律规定程序，任何未经法定程序发行的股票都不具有法律效力。

设立发行股票与增加筹资发行股票的程序也不同，《公司法》都有明确规定。

公开发行股票的基本程序：

1. 公司先做出发行股票的决议，并做好发行的准备工作，同时编写必要的文件资料及获取有关的证明材料；

2. 提出公司股票的申请并经有关机构审核批准；

3. 签署承销委托发行协议;

4. 公布招股说明书;

5. 按规定程序招股、认股、缴纳股款，交割股票;

6. 必要时改选董事、监事。

股票发行方式:

1. 不公开直接发行

指股份公司只向少数特定筹资对象直接发行。例如，股份有限公司采用发起设立方式发行的新股。

2. 公开发行

公开发行包括两种情况，一是股份公司通过证券经营中介机构——证券公司承销，公开向社会公众发行股票，例如股份有限公司采用募集设立或增发新股。二是上市公司直接在证券交易所公开发行股票。企业具备一定经济实力，成为股份有限公司或上市公司后，经过合法程序批准，公开发行股票，对企业的经营和发展将带来更多有利条件，是一般中小公司所不能比拟的。股份有限公司和上市公司公开发行股票的好处是能够直接快速筹资到企业所需要的资金。这时的企业已经是社会公众作为所有者的公司，而企业的管理人员，即以总经理为代表的经营班子，也称职业经理人，是受作为股票所有者的公众通过公司股东大会和大会选举的董事会聘用或解聘的，此时的企业家班子，便充当为股东所投入的股本，通过注册资本转化为企业的资产，通过资产生产出来商品，再通过商品销售获得比股东投资的股本更大的回报，这也就是企业家为股东投入企业资产保值和增值的义务。从中不难看出，股份公司、上市公司也和一般有限公司企业在性质上是一样的，即股东对企业的所有权与企业家对企业的经营权是分离的，并且要通过一整套法律来规范这种投入与分配及工作中责、权、利的关系，这就是现代企业法人治理制度的由来。

通过股票上市来筹集资金，是现代企业快速发展的必要形式，只有通过这种形式，企业在筹资和分配上实现了社会化、市场化，使社会资金、商品等各种资源实现市场自动调节和配置。

例如，某种商品在市场上出现一时短缺，则这种商品就会供小于求，从而出现价格大于价值，加之企业的经营管理得当，这时企业就会以很高的价格将商品卖出去，并获得很大利润。而当企业有了利润之后，股利分红就多了起来，会吸引更多原有股东或新加入的股东，使企业在短期内迅速壮大，更多的资金流入企业和行业中，当代企业的发展更多的是采用这种方式。经过商品供求相等或供小于求后，商品的市场价格就会等于或小于价值，这时，企业利润变少，股利也变少，股东就会转让或退出企业，资金由这个企业或行业退出，再到别的新的社会急需商品的企业及行业中，这样，通过证券市场及公开发行股票，就能时刻调节社会资金的流向，使之流向于商品短缺的商品或行业，使社会资金能够为发展社会经济作出及时的重大贡献。

普通股票上市条件：

关于普通股票上市的条件，我国《公司法》做了详细的规定，包括以下几点：

1. 股票经国务院证券监督管理部门批准，已经向社会公开发行；
2. 公司股本总额不少于人民币5000万元；
3. 公司开业时间在3年以上，最近3年连续盈利；
4. 持有股票面值1000元以上的股东不少于1000人，向社会公开发行的股份达股份总数的25%以上；公司股本总额超过人民币4亿元的，其向社会公开发行股份的比例为15%以上；
5. 公司在最近3年内无重大违纪行为，财务会计报告无虚假记载；
6. 国务院规定的其他条件。

股票的作用一是体现筹资企业与股东之间的所有权关系，另一个是公开发行的股票可以作为一种有价证券的商品，可以转让，形成股票差价，这就是证券交易所交易的商品之一，这种交易成为一种投机性的活动。而股票内含的价值是由企业的利润决定的。这里要把股票本身的内在利润所创造的价值与证券市场上的转让差价区分开来，正像房地产市场中每套房屋本身有一个价值，是由生产这套房屋时投入的成本、费用、税等再加上效用一起构成其内在真实价值，但一些人把房屋买了再卖出，获得差价，获得盈利或亏损，需要将这二者分开，并不是一回事。

此外，还存在一种介于普通股与债券之间的一种股票，称为“优先股”。之所以称为优先股，是指与普通股相比具有一些优先性。主要指分配股利上的优先性和优先分配剩余财产。优先股没有表决权，除优先股股利被拖欠时除外。

优先股的优点：

1. 没有到期日，不用偿还本金。发行优先股筹集到的是自有资金，不用偿还，可供企业长期使用。

2. 股利固定，又有一定弹性。虽然优先股都采用固定股利，但固定股利支付并不构成公司的法定义务，在公司暂时无力支付的情况下，不能迫使公司破产还债。

优先股的缺点：

1. 资金成本高，支付的优先股股利不能从税前扣除，因此，筹集成本较高。

2. 筹资限制多，发行优先股通常有许多限制条款，如对普通股股利支付的限制，对企业借款的限制等。

3. 财务负担重。优先股要支付固定股利，当公司经营不利时，便会加重公司财务负担。

股票销售方式：

1. 自销方式

指发行公司直接将股票销售给认购者，从而实现筹资的销售方式。

2. 承销方式

指发行公司委托证券经营机构——我国深圳、上海证券交易所下属的各大中城市的证券机构来销售股票。根据我国《公司法》的规定，股份有限公司向社会公开发行股票，必须与依法设立的证券经营机构——证券公司签订承销协议，由证券承销机构承销股票。

承销又分为包销和代销两种方式。

包销，是由发行者与证券机构签订承销协议，全权委托证券承销机构代理股票的发售业务。证券机构是买进股票再卖出股票，对于剩余部分的股票，要自己购买，故称为包销。证券机构挣股票的买卖中的差价并承担由于卖不出去所带来的损失风险。

代销，是由证券经营机构替发行公司销售股票，并从中收取手续费。对销售剩余部分的股票，可以退还给发行者。中介机构不承担发行风险，但其也不像包销那样获得买卖差价。

由于股票筹资而形成的股份制企业，包括有限公司、股份公司和上市公司，其最大优点是能够发挥社会资金的资源配置作用，是市场经济下集中社会闲散资金办大事、做大做强企业的一个重要途径，这也是发达国家市场经济体制成功根本的一条。在当今世界各国中，没有几家著名企业和公司不是股份制的。股份制企业及股票筹资方法，有效解决了资金的个人占有与社会化生产的矛盾，与计划经济下集中国家资金办大事不同的是，计划经济的资金集中是国家所为，是凭借国家行政权力来实施的，或者说是政府所为；而市场经济的股份制企业是建立在自愿合作基础上的，是建立在对市场资源自动配置基础之上的，通过商品的供求规律发挥作用。比如2005年世界500强企业排名第一的沃尔玛公司，就是职工占80%份额的股份公司，区别于我国计划经济下的国有企业的职工在于沃尔玛公司职工是以自己具体的股份多少享有对公司多少所有权而成为企业的主人之一。这时，职工在劳动中就会感到是在为多次获自己工作，所以，沃尔玛公司是全球唯一一个没有产业优势或行业优势的世界500强企业之首的企业。这不能不说是一个奇迹，其原因还是来自体制上的成功，同时也是筹资中的成功。筹资不仅带来了资金，还带来了职工、技术、责任心、创造力等。

在我国目前市场经济初期社会中，资金往往是分散的，这时也需要发挥股份制企业的优势，通过股票筹资来快速做强做大企业，实现规模经济效益。

第三节 债务筹资

债务筹资是向债权人（外借方）支付利息作为报酬，并接受债权人对企业财务状况的监督，按财务规定定时向债权人呈报财务报表的一种筹资方式。

债务筹资包括直接借款和发行债券两种，上文对发行债券已作相关阐述，下面就具体介绍一下直接借款这种筹资方式。

一、银行短期借款筹资

在企业生产经营过程中，不可避免地要遇到资金临时短缺的情况，如商品销售旺盛时，需要临时扩大生产；企业经营状况不好，临时出现资金周转不灵时，就需要向外筹资短期借款，以保证企业生产经营的持续性。

银行短期借款筹资是指企业向银行借入的资金还款期在一年以内的筹资。

银行短期借款的种类包括以下三种：

1. 按偿还方式不同，可分一次性偿还和分期偿还借款；

2. 按利息支付的方式不同，可分为收款法借款、贴现法借款和加息法借款；

3. 按有无担保可分为抵押贷款和信用贷款。

二、商业信用借款筹资

商业信用的类型包括应付账款、应付票据和预收贷款等形式。

应付账款，是企业购买了供货方的商品但暂时未收款的款项，即赊欠商品，延期支付款项，是一种变相的筹资。

应付票据，是卖方向买方开具的或承兑的商业票据。由于商业票据需要一段时间的传递过程，所以也变相缓解了买方现金交付的时间。

预收账款是指筹资方作为卖方先向买方收取部分或全部账款，这就相当于筹资方的卖方提前收到了款项，实现了变相筹资。

三、长期借款筹资

长期借款筹资是指偿还期在一年以上的筹资。长期借债筹资主要发生在新上投资项目或扩大企业规模或增加固定资产等方面。

长期借款的种类：

1. 按提供贷款的机构划分，可分为政策性银行贷款、商业性银行贷款和非银行金融机构的贷款。

政策性银行贷款，一般由执行国家政策性银行贷款业务的银行向企业提供贷款，如国家开发银行，就是专门为承建国家基础设施、基础产业和支柱产业的大中型基建和技术改造项目及配套工程提供所需资金的贷款。

商业性银行贷款，指各商业银行向工商企业提供的贷款，如中国工商银行对企业的贷款等。这种贷款经常发生在满足企业生产经营的需要方面。

非银行金融机构的贷款，是指企业从保险公司、信托投资公司、财务公司等非银行金融机构取得的贷款。该类贷款较商业银行贷款的期限要长，要求的利率较高，对借款企业的信用和担保品的选择也比较严格。

2. 按贷款有无抵押品划分，可分为抵押贷款和信用贷款。

抵押贷款是指以特定的抵押品为担保的贷款。

抵押的目的是借款时保证贷款人有权处理借款人抵押品以偿还本息，以防范贷款风险。

抵押贷款的利率比信用贷款的利率高。

抵押贷款的抵押品往往是企业的不动产、机器设备、车辆实物等，还有股票、债券等。如果贷款到期时，借款人没有偿还其款项，则银行就有权以抵押品作为偿债品。

信用贷款是指银行或非银行金融机构无须企业提供抵押品，仅凭其信用或担保人信用而发放的贷款。

3. 按贷款用途划分可分为固定资产贷款、更新改造贷款、科技开发贷款和新产品试制贷款等。

银行长期贷款的程序：

1. 企业向银行提出申请

申请的内容包括贷款的原因、贷款期限、贷款数额、贷款的时间及贷款的计划及还款期、还款计划等。

2. 银行审核申请

银行接到企业的贷款申请后，要求借款企业提供必要的财务信息及其他信息，并进行实际调查，了解企业的还款能力及信誉。

在市场经济条件下，银行是自负盈亏的公司化经营的经济实体，其项目贷款决定了银行的生存与发展。而银行以外的非金融企业，也是一个自主经营、自负盈亏的经济实体，对所投资的项目也要承担投资风险，所以，在企业新上投资项目或要扩建项目时，如果企业经营需要，也会向银行借款。由企业出示《项目可行性研究报告》，内容包括项目中市场需求的商品的缺口情况、规模情况、项目的生产、技术状况、总投资额、资金筹资方式、财务经济效益分析、国民经济分析及风险分析等，贷款银行对这样的可行性研究报告逐条进行分析评估，并由一名经济学家负责把关。当项目评估通过以后，就可以进行贷款，否则就不予贷款。当银行把自己的款项投放在项目之中时，银行的资金就与项目的经营命运息息相关了。

3. 签订贷款合同

银行经过审查或项目评估以后，对同意贷款的业务，双方签订贷款合同，规定双方的权利与义务。一般大型款项采用分期付款较多，以减少企业贷款方的资金占用和银行投资方的资金安全。

4. 企业取得资金

银行贷款的目的是为了获取一定贷款利息，是现金投资企业，为企业的生产经营提供服务而获得报酬。而项目或企业向银行贷款的目的是为了获得比利息更高的投资回报。深入理解是能获得高于实际利率的终值的回报或实际折现率的现值的回报，或以实际折现率计算的净现值（NPV）大于零时的回报，此种投资是值得的。但这一切首先建立在企业商品的市场供求关系的缺口之上，或供求相等时的情况。在银行利率的确定方面，也会受到货币供求关系及国家宏观调控政策的影响。

四、发行债券

债券与股票是证券市场上两种主要有价证券。债券又分为政府债券和企业债券。政府债券是政府用以缓解宏观调控资金需要而实行的一种筹资方式，而企业债券同样也是企业长期筹集资金的一种工具。由于债券筹资不涉及企业所有权的变更，所以，对于债券筹到的资金进行分配时就比较简单，即只需还本付息即可。

企业通过在证券市场上公开发行债券，就能及时向社会筹集到所需要的生产经营所用资金。但并不是任何企业都可以在证券市场上发售债券来筹集资金，只有国务院证券监督管理委员会依法批准的公司企业才可以在证券市场上发行债券来筹资长期资金。国家这样规定的目的是保护债权人的债权安全，降低还款中可能产生的风险。

第四节 筹资成本

一、资金成本

资金成本，是企业筹集、使用资金所付出的代价，如同购买其他商品要支付利润一样。

$$资金成本=\frac{年用资费}{实际用资额}=\frac{年用资费}{筹资总额-筹资费用}$$

另外，在筹资成本中，需要研究资金成本率。

资金成本率 K，是用资费用与实际筹得资本的百分比。

$$资金成本率（K）=\frac{每年用资费用}{筹资数额（1-筹资费用率）}\times100\%$$

二、个别资金成本

1. 长期借款资金成本

长期借款成本，是指各种筹资方式的成本。主要包括银行贷款成本、债券成本、普通股成本、优先股成本和留存收益。其中，银行借款成本、债券成本属于债权资金成本，优先股成本、优先股成本和留存收益属于权益资金成本。

长期借款成本计算公式为：

$$K_l = I_l(1 - T)/[I(1 - F_l)]$$

式中，

K_l 为长期借款成本；

I_l 为长期借款年利息；

T 为企业所得税税率；

1 为长期借款总额；

F_l 为长期借款筹资费用率；

I 为长期借款年利息率。

2. 债券筹资成本

债券成本包括债券利息和筹资费用。企业利息可以在企业缴纳所得税前支付，所以，债券筹资成本中的利息与长期借款的利息处理方法相同，即依据税后债务成本计算。

债券筹资费用中主要包括手续费、债券注册费、上市费、推销费等。

债券筹资成本计算公式如下：

$$K_b = \frac{I_b(1 - T)}{B(1 - F_b)} \times 100\%$$

式中，

K_b 为债券筹资成本；

I_b 为债券年利息；

B 为债券发行总额；

F_b 为债券筹资费用率。

债券的发行可按面值、溢价、折价三种价格发行，计算债券成本时，应当以实际的发行价格作为债券的筹资总额。

3. 普通股筹资成本

普通股的收益是随企业的经营状况而改变的。由于普通股承担收益的风险较大，要求收益率高，所以，普通股的融资成本相对债券也要高些。

债券是定期还本付息，是一次性的支付利息。而股票是永续地支付股利，这样，普通股的融资成本也就大于债券融资成本。当然，如果企业经营不好，普通股的股东也要承担相应的投资风险，所以，对于经营不景气的企业，使用普通股融资，相对支付的股息成本也较少，这完全是建立在股东利益割舍的基础上。

另外，股利作为经营利润，要缴纳所得税，而作为债券的利息不缴纳所得税，这也是普通股对比普通股融资的优势所在。

总之，在通常情况下，普通股的融资成本较高于债券。

普通股收益的复杂性决定了普通股融资成本的多样性，下面介绍两种计算普通股融资成本的计算方法。

第一种方法：股利增长模型法

这种方法也称折现现金流法，计算方法是将股票的各年股利折现到购买股票时期初的现值加总。这部分是将股票在期初的总利润按一定的分红比例分配给股东的股利部分，就是普通股每股融资的成本。分成以外的利润，成为公司的利润，从理论上来说，这部分钱归股东所有，但实际上是由公司管理者来支配，作为企业运营中的筹资方法之一，只有当公司遇到破产清算或终止时才能还给股东。

第二种方法：资本资产定价模型法（CAPM 法）

普通股股东对某种股票期望收益率 K 为：

$$K = R_F + \beta(K_m - R_F)$$

式中，

R_F 为无风险收益率；

β 为股票的系统风险系数；

K_m 为证券市场预期收益率。

此方法的关键是在市场预期的基础上，估测无风险收益率、市场预期收益率和公司股票的 β 值。但要获得投资者的预期信息是比较困难的，所以，实践中可采用国库券利率作为 R_F、K_m 和 β，可采用历史数据进行分析。

4. 优先股融资成本

由于优先股的股息通常是固定的，没有固定到期日，所以，可按永续年金现值计算优先股的股票价格作为筹资总额。即：

$$P_r = \frac{D_r}{K_r}$$

式中，

P_r 为优先股股票价格，就是优先股筹资额；

D_r 为优先股年股利；

K_r 为优先股股东要求的收益率，即优先股成本。

5. 留存收益资金成本

留存收益是企业的留用利润，等于股东对企业追加投资，这部分留用的股利就是企业留存收益的资金成本。

三、综合资金成本率

综合资金成本率是以各种资金所占的比重为权数，对个别资金成本进行加权平均计算出来的，故也称为加权平均资金成本。其计算公式为：

$$K_w = \sum_{n=1}^{n} K_j W_j$$

式中，

K_w 为综合资金成本，即加权平均资金成本；

K_j 为第 j 种个别资金成本；

W_j 为第 j 种个别资金成本占全部资金的比重。

第五节　筹资中的杠杆原理

自然科学中的杠杆原理，是指通过杠杆的使用，只用一个较小力量便可以产生更大的效果。财务管理中的杠杆原理，是指由于生产经营或财务方面固定成本（费用）的存在，当业务量发生较小的变化时，利润会产生更大的变化。

企业经营总是要付出一定的成本、费用和税金，需要一定商品的销售量或销售额才能补偿，在这个销售量以下，企业的生产经营是亏损的，也就是投入大于产出，而达到这个销售量时，恰好收支相等，而在超过这个销售量时，才有盈利，则这个盈亏平衡的销售量是决定企业经营盈亏的一个关键性数量指标，为此我们给出计算企业盈亏平衡销售量的计算公式，并给以推导。

$$\text{企业盈亏平衡的销售量}=\frac{\text{固定成本}}{\text{单位价格}-\text{单位变动成本}}$$

下面我们来推导一下这个公式。

设

Q 为产品销售量；

$Q_{(保)}$ 为保本点销售量；

P 为单位产品价格；

VC 为单位产品变动成本；

FC 为固定成本总额；

企业在盈亏平衡点时，总收入=总支出

$$QP=QVC+FC$$

$$QP-QVC=FC$$

$$Q\ (P-VC)\ =FC$$

$$Q_{(保)}=\frac{FC}{P-VC}$$

从这个盈亏平衡的销售量公式可以看出，固定成本对盈亏平衡数量要求有直接关系，因固定成本 FC 在分子上，则固定成本 FC 越大，则对盈亏平衡所要求的销售量越大。现实中大型或特大型企业，因其投资过大，需要相当大的销售量才能弥补亏损，如大庆油田是以亿元为单位来投资建设的，需要相当大的销售量才能保本，然后才是盈利。对于这样的特大型企业，投资大，需要很大的销售量来收回投资，当销售量超过盈亏平衡点时，其回报的盈利也是非常大，这就是投资的风险大、利润大，风险小、利润小的原理，也就是投资的杠杆原理。

例：某企业销售收入、成本及利润变化，如表 3-3 所示。

表 3-3 某公司销售收入、成本及利润变化数据

项目	基期销售收入 t（元）	预期销售收入 t+1（元）
销售收入	300 000	360 000
减		
可变成本总额	180 000	216 000
固定成本前收入	120 000	144 000
减		
固定成本总额	100 000	100 000
息税前利润（EBIT）	20 000	44 000

请根据此表中的数据，作出如下计算：

（1）从 t 期到 t+1 期的的销售收入变化%；

（2）从 t 期到 t+1 期的息税前利润变化%；

（3）利润增长%/销售量增长%；

（4）将固定成本增加 10 000 元，再计算（3）中的比率。

解：

（1）从第 t 期到 t+1 期

$$销售收入变化（\%）=\frac{360\ 000-300\ 000}{300\ 000}=20\%$$

（2）从 t 到第 t+1 期

$$息税前利润变化（\%）=\frac{44\ 000-20\ 000}{20\ 000}=120\%$$

可见，从 t 到 t+1 期时，销售收入增加或减少 20%，而利润却跟着增加或减少 120%，即一个小小的销售量增加，带来了一倍利润的增加，显然，此时投资的资金成了获利的杠杆，在盈亏平衡点销售量以后，能带来超额的收益，而在没有达到盈亏平衡时，成了亏损的杠杆。

（3）息税前利润增长（120%）/销售收入增长（20%）= 6

这表明利润增长是销售收入增长的 6 倍。

（4）当固定成本增加 10000 元即 110000 元时，t 期息税前利润为 120000－

110000 元=10000 元，t+1 期预期销售收入为 144000−110000=34000 元。

$$此时息税前利润变化（\%）=\frac{34000-10000}{10000}=240\%$$

息税前利润增长 240%/销售利润增长 20% =12

这表明，当固定成本增加时，利润增长超过销售收入的增长。

这就是说，固定成本决定了这个比值的情况，固定成本越大，这个比值越大。反之，固定成本越小，以上比值也会越小。

另一方面，在固定成本不变（10 000 元）时，销售收入增加了一点点（20%），便带来了息税前利润的一个很大的增加量（120%），说明给企业一个小小销售量百分比的增加（20%），便会带来一个很大的息税前利润百分比的增加（120%），或者说，120%/20% =6 的这个比值，表示出了销售收入增加很小的一个百分比所带来的是息税前利润增加一个很大的百分比。反之，如果销售收入降低一个很小的百分比（20%），也会带来息税前利润的同样比例的下降（120%）。而比值 120%/20% =6，也表示了收入减少一个很小的百分比，便会带来息税前利润的一个很大的下降。

故比值 120%/20% =6 称作该公司的经营杠杆度，用 DOL 来表示。

$$经营杠杆度（DOL）=\frac{息税前利润变化（\%）}{销售收入变化（\%）}$$

1. 经营杠杆度（DOL）

随着公司销售收入超过盈亏平衡保本点，并保持增长，经营杠杆度呈下降趋势。如图 3-1 和表 3-4 所示。

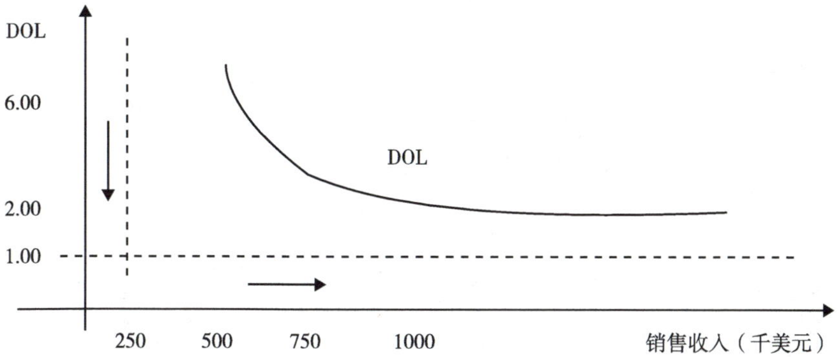

图 3-1 经营杠杆度

表 3-4　M 公司不同销售水平下经营杠杆度

销售量（个）	销售收入（美元）	DOL
25 000	250 000	不存在
30 000	300 000	6.00
35 000	350 000	3.50
40 000	400 000	2.67
45 000	450 000	2.25
50 000	500 000	2.00
75 000	750 000	1.50
100 000	1000 000	1.33

$\frac{\text{息税前利润 EBIT 变化\%}}{\text{销售收入变化\%}}>1.00$，存在经营杠杆度，即图 3-1 中水平虚线以上部分存在经营杠杆度 DOL，且随横轴销售收入增加，纵轴 DOL 下降，导致 DOL 曲线下降，表明销售量过大以后，经营杠杆度 DOL 作用减弱。

2. 财务杠杆度（DFL）

$$DFL=\frac{\text{每股收益变动（\%）}}{\text{EBIT 变化（\%）}}$$

3. 经营杠杆与财务杠杆联合度（联合杠杆）（DCL）

$$\text{联合杠杆}=\text{经营杠杆度}\times\text{财务杠杆度}$$

或记为：

$$DCL=DOL\times DFL$$

案例 3-2

可口可乐公司销售收入与净利润的增长

1996 年，可口可乐公司的实际销售收入比 1995 年公布的计划额增长了 2.9%，而同期净利润却增长了 16.9%，净利润的增长幅度是实际销售收入增长的 5.83 倍，(16.9%/2.9%)。销售收入变动幅度与净利润变动幅度之间的这种差异并不是可口可乐公司的所特有的，是公司一般财务规律的杠杆规律作用的结果。

1993 年，菲利普斯石油公司的销售收入仅增长 3.2%，而净利润却增长了 35%。另外，阿彻旦尼尔斯米德兰公司的销售收入与净利润则分别增长了 6.3% 和 12.7%。

另一方面，1992 年至 1993 年间雪佛龙石油公司（Chevron）的销售收入下降了 3.6%，而其净利润却下降了 19.4%。

第六节 筹资的资本结构

资本结构问题，是研究企业在使用多种方式进行融资时，如何使使用资金的成本最小化，从而使企业股东收益最大化或每股收益最大化。

研究资本结构问题，要使用加权资金成本的计算和进行关于息税前利润（EBIT）与股东每股收益（EPS）之间关系的讨论。并结合实际解决筹资决策问题。

此外，还要简单了解资本结构的理论问题，包括传统资本结构理论和现代资本结构以及最优资本结构的确定。

一、初始资本结构决策

该方法适用于企业创立时使用。

例：某企业初创时需要资金 100 万元，可从以下 3 个方案中选择一个，如表 3-5 所示。

表 3-5 初始资本结构决策资料表

筹资方式	方案 A		方案 B		方案 C	
	数量（%）	成本（%）	数量（%）	成本（%）	数量（%）	成本（%）
长期借款	8	7	10	7.5	16	8
债券	20	8	30	9	24	8.5
优先股	12	13	20	13	10	13
普通股	60	16	40	16	50	16
合计	100		100		100	

A 方案

加权平均资金成本 = 8% ×7% +20% ×8% +12% ×13% +60% ×16% =13. 32%

B 方案

加权平均资金成本 = 10% ×7. 5% +30% ×9% +20% ×13% +45% ×16% =12. 45%

C 方案

加权平均资金成本 = 16% ×8% +24% ×8. 5% +10% ×13% +50% ×16% =12. 62%

对比 A、B、C 方案，B 方案综合资金成本最低，故选 B 方案。

二、追加资本结构决策

例：若企业需要追加筹资 50 万元，有两个方案可供选择，试通过计算最低资金成本来做出决策。

解：

怎样优化筹资结构，是一个关系到筹资成本的大问题，只有筹资结构合理，其筹资中成本才能最小化。现将筹资结构的 3 种方法介绍如下：

1. 比较资金成本法

是指对不同的资本结构的综合成本进行计算和比较，以综合成本最低的方案为入选方案，并做出筹资决策，如表 3-6 所示。

表 3-6　追加资本结构决策资料表

筹资方式	追加筹资方案 A		追加筹资方案 B	
	数量（万元）	成本（%）	数量（万元）	成本（%）
债券	25+25	9	30+30	9. 5
优先股	10+10	14	10+10	14
普通股	15+15	17	10+10	17
合计		50		50

表中 A 方案，债券增加 25 万元，优先股增加 10 万元，普通股增加 15 万元，共 50 万元。

直接比较各追加方案的边际资金成本

A 方案的综合资金成本率为：

追加 50 万元的边际资金成本 = 50% ×9% +20% ×14% +30% ×17% =12.4%

B 方案的综合资金成本率为：

追加 50 万元的边际资金成本 = 60% ×9.5% +20% ×14% +20% ×17% =11.9%

故选 B。

2. 每股利润分析法

即求息税前利润的值，并以此来判断使用债券或股票哪个更有利，能使股东每股收益（EPS）最大化。以息税前利润为横轴，以股东每股收益为纵轴，先从中找出一点 EBIT，使之在这一点上，能使负债与股票筹资的结果给股东带来每股收益是相等的，再以此点为中心，讨论在什么情况下，选择债券或股票能使 EPS。详见图 3-2 所示。

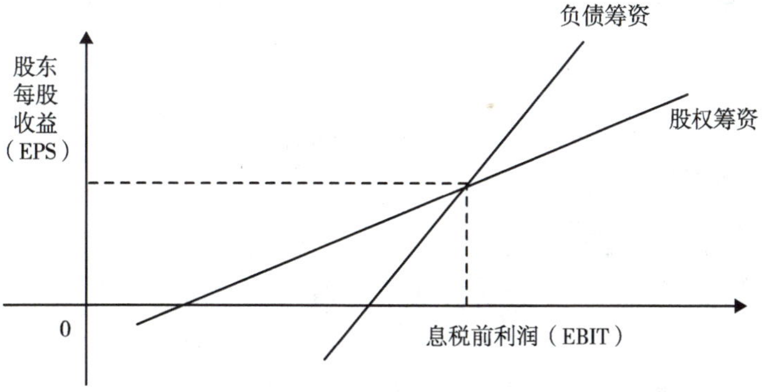

图 3-2　每股利润分析法

因这种方法是讨论 EBIT 与 EPS 之间的关系，所以，也将这种方法称为 EBIT—EPS 分析法。

关于 EBIT 的找法，可根据下面的公式来计算：

$$\frac{(\mathrm{EBIT}-I_1)(1-T)-D_1}{N_1}=\frac{(\mathrm{EBIT}-I_2)(1-T)-D_2}{N_2}$$

式中，

I_1、I_2 为两种方式下年利息；

D_1、D_2 为年优先股股利；

N_1、N_2 为普通股股份数。

公式的一边表示债券，另一边则表示股票。这时两种筹资给股东的每股收益是相等的。

从图像上来看，当在 EBIT 点右边时，利用负债筹资比用股权筹资所带来的 EPS 大，故此时选债券筹资。反之，当企业的 EBIT 处于点左边时，采用股权筹资能给 EPS 带来更大的效果。

3. 定性分析法

上述的 1、2 两种方法均为定量分析法，均存在一定的局限性和假设条件，这与现实会有一定的差异。而按辩证唯物主义观点，任何事物总是表现为一定的量和质的统一，没有离开一定量的质，也没有离开一定质的量，而且任何事物都是互相联系着的，所以，对于如何确定筹资结构问题，也必须进行定性分析进行综合考虑，才能做出正确的决策。

所谓定性分析，就是指认真考虑影响资本结构的各种因素，并根据这些因素综合考虑，做出合理的资本结构的筹资决策。

影响企业资本结构的因素很多，包括可见的和不可见的，静态的和动态的，现实的和未来的。主要介绍以下 10 种：

1. 企业成长与销售稳定性

如果未来销售会以较高速度增长，宜使用债务筹资。债务筹资其资金成本低，能增加企业的利润，使股东每股收益（EPS）增加。

另外，销售稳定时，也可以采取负债筹资。

2. 企业的风险状况

企业风险 = 经营风险 + 财务风险

其中的一个大了，另一个就要小一些。

3. 企业获利能力

获利能力强，内部积累可以解决筹资。

4. 企业筹资灵活性

正常或负债时，随时按较低的利率来发行债券或长期借款。

5. 企业的资产结构

资产中实物性比例较高（或总资产变现能力强的资产所占比例高），企业的破产成本就低。负债能力强时，负债比率可高些。反之，负债要低些。

资本密集型企业可长期抵押贷款，技术密集型企业宜短期借款。

6. 企业管理者态度

稳健型企业少用财务杠杆。风险型、追求业绩的企业，可适当增加财务杠杆的使用。

7. 企业的控制权

借债，不影响企业的所有者权益，而股权筹资会削弱原有股东的所有者权益，分散决策。

当市场前景看好时，采用负债对企业较为有利，因为此时利息是固定的。反之，当市场前景不好，企业面临经营困难时，使用股票能使企业化解风险，股东承担了更多的风险，因此，股价也要高一些。

8. 企业的信用等级与债权人态度

过高负债筹资，会使企业的信用等级下降。

9. 政府税收

负债可以减税，是因为借债利息算企业的经营成本，企业的应纳税利润额减少，所以，税率越高，越容易使用负债。

10. 其他

国民经济发展前景。社会经济无论处在哪个阶段上，通货膨胀率（或紧缩率）、银行利率（折现率）、税率等金融政策都会给筹资带来不同的影响，需要综合研究才能做出决策。

第七节　最佳筹资量

下面我们使用“边际分析法”找到恰当的流动现金需要量。

例：一家车床加工企业，一个车间有10台车床，每人一个车床，不多不少，每人月薪1000元，则合计是10 000元/月的综合资金成本。

当然，企业也可以使用9个人生产，或少于10人的任何一个数，这时，工人平均月工资仍为1000元；比如8个人生产，则职工的月平均工资是8000/8=1000元；用9个人生产，工人月平均工资9000/9=1000元……这样，小于10个人生产的情况下，每个工人的工资量虽然都是1000元，但是，以小于10人来生产，总成本也降下来了，只是由于有闲置设备没有开动，没有满足生产要求，这样也会带来生产上的损失，甚至是更大的损失。

另一做法，增加到12个人来生产。这样就会多余2个人没有活干，但照样需要支付工资，月总工资总额不是10 000元，而是12 000元，分摊到10个车床上，每个车床上分摊的人工成本不是1000元，而是1200元，这多出的200元，就是因增加用人而带来的用工上的成本，称为“边际成本”。而此前只有10个人时，每个人的边际成本为0元，这样，因额外增加工人，而带来了每个车床上200元成本的增加，企业产生了“窝工”现象，投入大，产出少。所以，企业在用工上，由于有用工成本的存在，不能随意减少或增加人，而要“一个萝卜一个坑”，这样，才能不至于出现人手不足导致生产无法进行或随意多用人带来“窝工”现象。这就是企业用工上的节省问题，实际上是经济学上的边际问题。

同样的，企业筹资总是要支付一定的融资成本，比如利息或股息等，并且利息或股息与筹资数量成正比，筹资越多，支付的利息或股利的数量越大。如筹资100万元，按5%的利息，则需要5万元的利息成本；筹资1000万元，5%的利息，则需要支付50万元的成本……实质上，资金的利息是货币资金作为商品属性上的利润。对于股票也是一样，本来发行100股够了，每股利息10%，设100股的股利成本为10万元，结果发行1000股，需要支付的股利为100万元。这样，多筹资的900股，就带来了90万元的浪费，这对很多企业是难以承受的。因此，企业不能不加节制地任意增加筹资数量，需要寻找一个既能够满足企业资金足够使用，又不至于因过量筹资带来筹资成本增加的最佳筹资量。实现筹资总数量上的“少投入、多产出”的节省方案，为企业总利润的剩余价值形成作出贡献。

不难看出，寻找或确定最佳筹资量的问题，实际上是一个随着筹资量不断增加，带来筹资收益与成本比较的问题。

1. 边际资金成本 MC

定义1：增加一个单位的筹资带来成本的增加量，称为边际资金成本。

边际资金成本由边际资金成本率表示，即边际资金成本越大，对应的边际资金成本率也越大，反之越小。如车床例子中，超过10人后，每增加一个人，带来的亏损就增加，如果增加到20人，边际成本增大，边际资金成本的比率也相应增大。

2. 边际资金收益 MR

定义2：每增加一个单位的筹资带来收益的增加量，称为边际资金收益。

边际资金收益也由边际资金收益率表示，边际资金收益越大，则边际资金收益率也越大。

对于成本与收益的同时增加，可以通过成本与边际收益的比较上看出来。如果增加一单位成本带来的收益增加量大于成本增加量，则增加成本带来了额外收益；如果相等，则增加成本没有带来额外收益，增加是没有意义的；如果增加一个单位成本带来的边际收益小于边际成本，则成本的增加是亏损的。这就是关于成本与收益的动态分析方法。通过这种动态分析，找到合适的成本增加量，从而做出产出大于投入的筹资数量。

受市场以及各种资源的限制，增加的成本带来的收益不可能无限大，而会在超过适当的数量之后呈现下降的趋势。如前面的车床工人数量整合的例子，小于10人时，增加工人能够带来收益增加，能够保证生产满负荷的运作，带来较高的总收益；到了第9个人时，离满负荷就近一些，增加的收益相对减少；到了第10个人时，增加的收益就到头了；而到了第11个时，增加的成本超过收益，形成亏损。这样，随着工人数量一个一个增加，带来的收益一点一点减少，直到第10个时，收益增加量为零，此时边际收益等于边际成本，而到了第11人时，支出大于收益，形成边际成本大于边际收益，即收益曲线是负数情况。随着工人数量一个一个地增加，边际收益曲线一点一点地下降，经过零转为负数值。

3. 最佳筹资额

最佳筹资额发生在边际资金成本与边际资金收益曲线交点处所对应的资金数量，如图3-3所示。

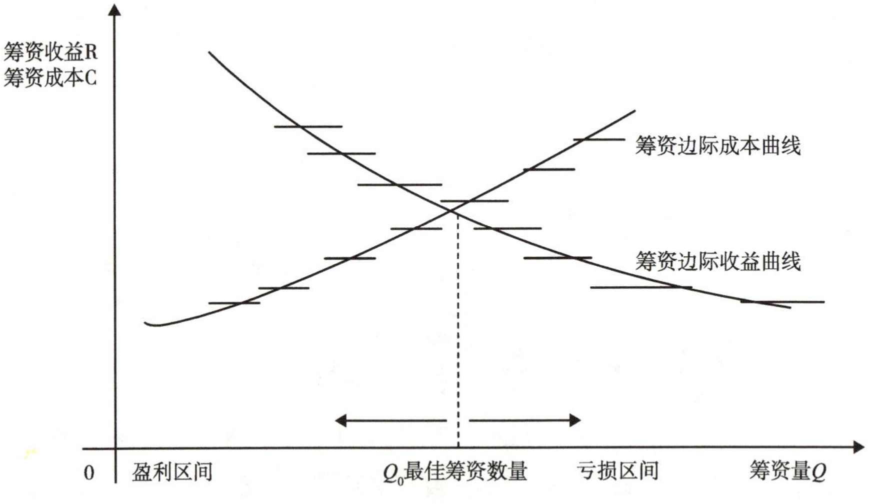

图3-3 最佳筹资量确定

从图3-3中不难看出，当筹资量小于Q_0时，筹资所带来的边际收益大于筹资所带来的边际成本。即筹资边际收益曲线在上，筹资边际成本曲线在下，此时应增加筹资量，箭头向左所示，表示要继续增加筹资，才能带来更多的筹资收益，当然越往右的数量，所带来的曲线差越小，直到筹

资量为 Q_0 时，两曲线交于一点，此时就要见好就收，获得收益大于成本的筹资量。而超过 Q_0 的筹资量以后，筹资边际成本曲线在筹资边际收益曲线之上，这时如果再继续筹资，所带来的亏损要由以 Q_0 以前所获得的筹资净收益来补偿，使筹资总收益减少。这正像是一首古代儿童诗所描绘的情景：牧童骑黄牛，歌声振林樾；意欲捉鸣蝉，忽然闭口立。在 Q_0 时就要“忽然闭口立”，如果继续走下去，肯定会捉不到，必定丢掉以前努力所带来的盈利。

这样，可以通过寻找边际资金成本率曲线与边际资金收益率曲线的交点，确定最佳筹资数量。

确定公司最优资本结构计算过程：

1. 确定个别资金成本；
2. 计算筹资总额分界点；
3. 计算边际资金成本；
4. 计算边际资金收益；
5. 画出边际收益曲线与边际成本曲线；
6. 找到边际收益曲线与边际成本曲线的交点，确定最佳筹资量。

例：某企业拥有长期资金 400 万元，其中：

长期借款 60 万元，资本成本 3%；

长期债券 100 万元，资本成本 10%；

普通股 240 万元，资本成本 13%；

平均资本成本为 10.75%。

由于扩大经营规模的需要，拟筹集新资金。经分析，认为筹集新资金后，仍应保持目前的资本结构，即：

长期借款占 15%；

长期债券占 25%；

普通股占 60%。

并测算出了随着筹资增加各种资金成本的变化，如表 3-7 所示。

表 3-7 某企业资金成本构成

资金种类	目标资本结构（%）	新筹资额（元）	资本成本（%）
长期借款	15	45 000 以内	3
		45 000～90 000	5
		90 000 以上	7
长期债券	25	200 000 以内	10
		200 000～400 000	11
		400 000 以上	12
普通股	60	300 000 以内	13
		300 000～600 000	14
		600 000 以上	15

试寻找最佳筹资数量。

解：

（1）计算筹资突破点

因为花费一定的资金成本率只能筹集到一定限度的资金，超过这一限度多筹集资金就要多花费资金成本，引起原资金成本的变化，于是就把在保持某资金成本的条件下可以筹集到的资金总限度称为现有资本结构下的筹资突破点。在筹资突破点范围内筹资，原来的资金成本不会改变；一旦筹资额超过筹资突破点，即便维持现有的资本结构，其资金成本也会增加。

应用上，可以通过一个公式找到筹资突破点。计算公式为：

$$筹资突破点=\frac{某一特定成本筹集到的某种资金额}{该种资金在资金结构中所占的比重}$$

根据本公式计算的本例筹资突破点计算过程如下：

在花费 3% 资金成本时，取得的长期借款筹资限额为 45 000 元，其筹资突破点便为：45 000/15% = 300 000 元。

而在花费 5% 资金成本时，取得的长期借款筹资限额超过 90 000 元，其筹资突破点则为：90 000/15% =600 000 元；

……

按此方法，资料中各种情况下的筹资突破点的计算结果如表 3-8 所示。

表 3-8 某企业筹资突破点列表

资金种类	资金结构（%）	资金成本（%）	新筹资额（元）	筹资突破点（元）
长期借款	15	3 5 7	45 000 以内 45 000 ~ 90 000 90 000 以上	300 000 600 000
长期债券	25	10 11 12	200 000 以内 200 000 ~ 400 000 400 000 以上	800 000 1 600 000
普通股	60	13 14 15	300 000 以内 300 000 ~ 600 000 600 000 以上	500 000 1 000 000 元

（2）计算边际资金成本

根据上一步计算出的最右边一列的筹资突破点，从小到大数量区间重新排序，可以得到 7 组筹资总额范围：

① 30 万元以内；

② 30 万 ~ 50 万元；

③ 50 万 ~ 60 万元；

④ 60 万 ~ 80 万元；

⑤ 80 万 ~ 100 万元；

⑥ 100 万 ~ 160 万元；

⑦ 160 万元以上。

对以上 7 组筹资总额范围分别计算加权平均资金成本，即可得到各种筹资总额范围的边际资金成本。计算结果如表 3-9 所示。

表 3-9 某企业资金成本

筹资总额范围（万元）	资金种类	资金结构（%）	资金成本（%）	加权平均边际资金成本率
30 以内	长期借款 长期债券 普通股	15 25 60	3 10 13	3%×15%=0.45% 10%×25%=2.5% 13%×60%=7.8% 10.75% （上面 3 个数相加结果）
30～50	长期借款 长期债券 普通股	15 25 60	5 10 13	5%×15%=0.75% 10%×25%=2.5% 13%×60%=7.8% 11.05%
50～60	长期借款 长期债券 普通股	15 25 60	5 10 14	5%×15%=0.75% 10%×25%=2.5% 14%×60%=8.4% 11.65%
60～80	长期借款 长期债券 普通股	15 25 60	7 10 14	7%×15%=1.05% 10%×25%=2.5% 14%×60%=8.4% 11.95%
80～100	长期借款 长期债券 普通股	15 25 60	7 11 14	7%×15%=1.05% 11%×25%=2.75% 14%×60%=8.4% 12.2%
100～160	长期借款 长期债券 普通股	15 25 60	7 11 15	7%×15%=1.05% 11%×25%=2.75% 15%×60%=9% 12.8%
160 以上	长期借款 长期债券 普通股	15 25 60	7 12 15	7%×15%=1.05% 12%×25%=3% 15%×60%=9% 13.05%

这样，增加筹资以后，筹资成本率分别上升，边际资金成本率为：

区间（万元）	30 以下	30 ~ 50	50 ~ 60	60 ~ 80	80 ~ 100	100 ~ 160	160 以上
边际资金成本率（%）	10.75	11.05	11.65	11.95	12.2	12.8	13.05

不难看出，最小筹资量 30 万元以下时，边际资金成本率为 10.75，整个边际资金成本率随着筹资量的分段增加而不断上升。如第一段为 0 ~ 30 万元筹资区间时，对应的边际资金成本率为 10.75%；第二段筹资 30 ~ 50 万元时，对应的边际资金成本率为 11.05%……直到最后一段筹资数量 160 万元以上时，边际资金成本率最高，为 13.05%。总体上，超过筹资突破点以后的数量越多，则筹资的边际资金成本率越高，带来的企业筹资成本越大。根据上表再画出的图像如图 3-4 所示。

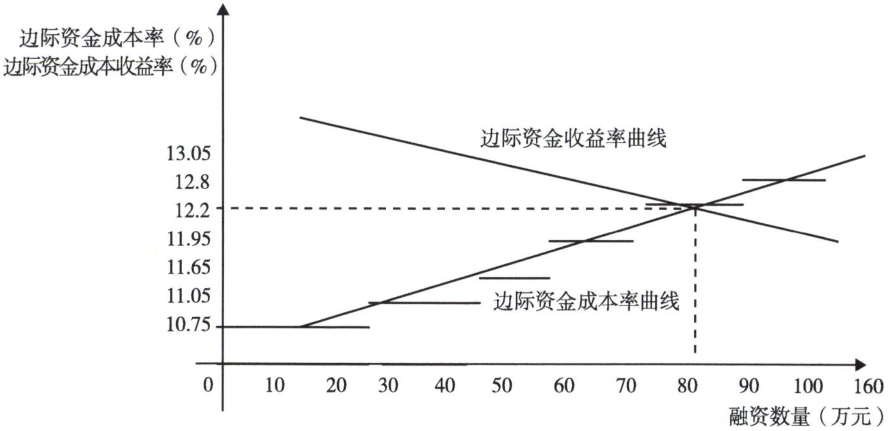

图 3-4 最佳筹资数量确定

（3）确定边际资金收益率

同样，可以找到每个区间上的边际资金收益及边际资金收益率。

定义 1：边际资金收益是每增加一段筹资带来收益的增加、不变或减少的情况。

总边际收益 = 总销售收入 - 总变动成本

单位边际收益 = 单位销售收入 - 单位变动成本

边际资金收益率：

定义 2：边际资金收益率是反映销售收入后所得到的利益比率。

总边际资金收益率=总边际收益/总销售收入

单位边际资金收益率=单位边际收益/单位销售收入

边际资金收益可以用来补偿生产中的固定成本，甚至超过固定成本，为企业带来利润，边际收益可以分为以下三种情况：

当销售收入低于保本点时，收益不足以补偿固定成本；

当销售收入等于保本点时，收益刚好补偿固定成本；

当销售收入高于保本点时，收益除补偿固定成本外，产生利润。

边际收益递减律是指在技术水平不变的情况下，当把一种可变的生产要素投入到一种或几种不变的生产要素中时，最初这种生产要素的增加会使产量增加，但当它超过一定限度时，增加的产量将会递减，最终还会使产量绝对减少。这一法则，如果不断添加相同增量的一种投入品（且若其他投入品保持不变），这样所导致的产品增量在超过某一点后将会下降，也就是说，边际产品将会减少。

各种生产要素都要按一定的比例投入，才能形成最佳的边际收益。

本例中，通过计算画出边际资金收益率曲线，从中不难看出，边际资金收益率是一个不断下降的曲线，即随着一段一段地增加边际资金成本，带来的边际资金收益是一段一段地下降，形成总的下降态势的边际资金收益率曲线。在原理上与边际资金成本率曲线成段上升成对应关系。

这样，每增加一段筹资，带来边际资金成本率不断上升，同时带来的边际资金收益率不断下降。从图 3-4 可以看出，边际资金收益率与边际资金成本率在 70 万元到 100 万元一段时相交，这时的筹资区间就是最佳筹资量。其中 80 万元就是最佳筹资量。此时为边际资金收益率与边际资金成本率相等的边际投入产出量，也就是只有在筹资 80 万元时，增加一个单位的筹资带来的收益与成本相等，小于这个 80 万元的筹资量，筹资不足，增加了企业生产成本；大于 80 万元时，筹资支出大于带来的收益，增加了企业的筹资成本。

总之，筹资中的边际分析是一种寻找恰到好处筹资量的问题，在寻找中使用了数学分析的导数方法。

注意概念区别：

最低资金成本率，是从不同种类的筹资方式上获得最低成本。而最佳筹资量是从筹资总量上确定的总成本最少。通过计算边际资金成本率，可以找到最佳筹资量。

作为边际筹资量的具体应用，就是在企业商品生产经营过程中，根据企业固定资产规模，确定日常商品生产经营中的流动现金量，即边际资金成本率与边际资金收益率相等时对应的筹资量。

如一个纺纱厂，正常生产情况下，每个月需要消耗100吨的棉花。这时，就要围绕100吨的棉花购买量筹集资金，100吨棉花的原料款，就是大概的最佳筹资量，小于这个数，则带来生产原料供应不足，造成部分停产，大于这个数，库存积压。增加筹资部分需要支付额外的筹资费用，造成单位棉纱总成本的增加。

企业日常商品生产经营过程中库存原料的最佳数量，也称经济采购批量，意即最低采购批量。计算公式如下：

$$\text{经济采购批量 } Q=\sqrt{(2\times A\times B/C)}$$

式中，

A 为某种存货年度计划进货总量；

B 为平均每次进货费用；

C 为存货的年度单位储存成本。

最后，从通货膨胀、通货紧缩带来资金时间价值的贬值与增值角度，要适当调整筹资量。当通货膨胀发生时，纸币时间价值贬值，这时保存现金带来纸币价值贬值，不能存放过量的现金，可以多借现金，只要通货膨胀率大于利率，就能带来通货膨胀率的借款收益。而通货紧缩时，则要多保留一些现金，这时可以带来保留现金时间价值的增值。

当然，这只是从企业商品生产经营角度考虑的最佳筹资量，实际中，还要加上企业日常流动现金的需要，如管理费用、销售费用的日最低需要量，适度备用一点。这要通过长期的实践总结找到经验数据。

第四章　投　资

第一节　投资项目

一、投资

投资是社会行为主体的自然人或组织为了实现一定目标，把资金投入到某个项目之中的现象或过程。

二、项目

对于什么是“项目”，目前学界也是众说不一，为此，结合前述一些观点，本书给出关于项目含义的解释为：我们把“某个事物”称为一个项目。

显然这是一个无所不包的定义，世界上大大小小的事物都可以看成是一个项目。比如，小到做一次饭、打一场球，是一个项目；大到修建万里长城、南水北调工程、西气东送工程、地铁工程、绕月工程等都是一个事物，因此也都称作“项目”。

三、投资项目

投资项目是指社会主体的自然人或组织，为了实现一定目标把资金投入到某项目的现象或过程。

由此可见，“投资”与“投资项目”在含义上是一样的。因此，有时把“投资”也称为“投资项目”，或反过来把“投资项目”也简称为“投资”。

四、项目分类

- 按性质划分
  - 基本建设项目
  - 更新改造项目
  - 工业投资项目
    - 钢铁投资项目
    - 煤炭投资项目
    - 石油投资项目
    - 电力投资项目
    - 机械投资项目
    - 建材投资项目
    - 轻纺投资项目
    - 有色金属投资项目
    - 农业投资项目
    - 林业投资项目
    - 水利投资项目
    - 铁路投资项目
    - 公路投资项目
    - 民航投资项目
    - 邮政投资项目
    - 电信投资项目
    - 公用事业投资项目
- 按用途划分
  - 生产性投资项目
  - 非生产性投资项目
- 按主体划分
  - 外商投资项目
  - 国内投资项目
- 按生产能力划分
  - 大型投资项目
  - 中型投资项目
  - 小型投资项目
- 按投资目的划分
  - 竞争性投资项目
  - 社会公益性投资项目

图 4-1　投资项目分类图

五、项目决策分析指标

项目决策分析，是通过一系列财务经济效益指标来进行的。依据是否考虑资金时间价值分为静态指标和动态指标，并形成一个指标集合，如图 4-2 所示。

六、财务分析评估指标体系

- 盈利能力指标
  - 静态指标
    - 净利润
    - 投资利润率
    - 投资利税率
    - 资本金利税率
    - 资本金净利润率
    - 静态投资回收期
  - 动态指标
    - 收益净现值（NPV）
    - 收益总现值（TPV）
    - 内部收益率（IRR）
    - 总收益率
    - 动态投资回收期
    - 动态投资收益率
    - ……

图 4-2　财务经济效益分析指标体系

作为企业财务价值管理，要把纸币价格指标实时换算为价值单位。

第二节　项目投资决策分析

市场经济条件下，资本的运转是通过投资项目转换为企业，再通过企业的商品生产经营、商品效用的增加带来商品的剩余价值，转化为投资资本增值的过程。这样，项目投资决策分析，就是对商品全面实时价值的价值规律分析做出的决策。只有建立在商品全面实时价值分析评估计算基础上的投资决策分析，才符合商品的价值规律，而一切离开商品全面实时价值的价值规律的投资决策分析，会在实际中带来各种风险。

当我们看到各种各样的投资项目时，不管它是哪个行业，在商品价值与剩余价值的本性上完全一致，换句话说，所有不同形式的投资项目的共同点都是通过项目生成商品，通过商品还原货币的货币价值。

具体来说，项目投资决策分析，就是将商品的全面统一价值计算公式与技术经济分析结合起来进行，即包括对项目投资的必要性、市场供求、规模、选址、生产技术以及财务经济效益的总价值、剩余价值分析以及风险分析等。研究在这些过程中的少投入、多产出，最大限度防范风险和带来剩余价值的过程。

除了直接的项目投资以外，在企业的财务管理当中，还经常使用证券的方法进行投资。证券投资是证券融资的反向运动，即在证券融资中强调总成本最小化，而在证券投资中，则要求收益最大化。下面我们来分析研究一下证券投资中的问题。由于证券是商品的一种存在形式，证券对应的货币数量带来证券的价值，证券的投资分析也完全离不开一般商品的价值规律分析。

第三节　证券投资分析

证券是商品的一种存在形式，是类似于货币的形式存在的价值，比如在一个证券上标明多少元时，就表明这张证券的价值是多少钱，尽管它的价值与其他任何商品价值本质上一样，但是，由于它的载体与其他有形产品、无形服务、有形产品加无形服务不同，属于金融类的商品，所以，有其特殊性，也就是证券可以投向任何其他实业项目上，类似于货币投资，又有其特点与规律，是现实社会中企业理财的重要方式之一。

证券投资主要有“债券投资”和“股票投资”等。

一、债券投资

（一）债券投资的特点

是指企业购买政府或其他企业发行的债券的行为，并形成对出卖债券企业或单位的债权。

债券投资的特点：

1. 债券购买者无权参加债券发行单位的经营与管理；

2. 到期收回投资的本金和利息；

3. 投资回报率固定、无风险，但不参加企业利润分配；

4. 投资风险较小，发行单位遇到清算时，有优先收回债权的权利。

（二）债券投资目的

1. 获得高于银行存款利息的固定收益；

2. 积存资金，以便于未来投资大型项目；

3. 分散有价证券投资风险，化解各种投资组合中总的风险。

（三）债券价值估算

债券是用于投资并获得回报的商品，因此债券的价值也符合一般商品价值的计算方法，即购买债券的价格投入和债券的投资效用（投资回报）之和。

债券价值=债券购买价格+收益总现值 TPV。

其中，购买价格是债券投入价值，收益总现值 TPV 是总剩余价值。

（四）债券投资收益

1. 影响债券投资收益的因素

债券投资收益率的大小，受债券“票面利率”、“债券的认购价格”、“兑付期限”三个因素影响。

票面利率

票面利率决定了各期债券利息收入的大小。

$$票面利率=\frac{债券利息收入}{债券面值}$$

债券的认购价格

如果债券的票面利率高于资金市场实际利率，债券溢价发行、则需“溢价”购买；如果债券的票面利率低于资金市场实际利率，债券需“折价”购买。

当债券票面利率低于资金市场实际利率时，投资者以低于市场的价格认购债券，市场价格与购买价格二者的差额即“折价”。

反之，当票面利率大于资金市场实际利率时，投资者需溢价认购债券。

因此，在“折价”或“溢价”认购情况下，各期债券投资收益与各期债券利息不一致，债券投资收益率与债券的票面利率也不一致。

债券的兑付期

因为债券的“折价”、“溢价”要在兑付之前按期分摊到各项投资收益中，因此，债券兑付期的长短将影响各期折、溢价摊销额，从而影响债券的投资收益和收益率。

2. 债券投资收益计算

（1）“折价”购买情况下，各期债券投资收益的计算公式为：

债券投资收益=各期债券利息收入+折价摊销额

例：A 公司 1993 年 1 月 1 日以 950 000 的价款购入 B 公司 12% 的公司债券 1000 张。每张面值 1000 元，该债券 2 年到期，每年支付一次利息。

A 公司每年的投资收益如下：

各年债券投资收益=各年利息收入+折价摊销额

=1 000 000×12%+（1 000 000-950 000）/2

=120 000+25 000

=145 000（元）

在“溢价”购买情况下，各期债券投资收益=各期利息收入-溢价摊销额。

假设上述 A 公司是以 1 090 000 的价款认购 B 公司债券，则每年该债券的投资收益为：

各年投资收益=各年利息收入-溢价摊销额

=1 000 000×12%-（1 090 000-1 000 000）/2

=120 000-45 000

=75 000（元）

由此可见，折价时各期收益多于溢价时各期收益。即 145 000>75 000。

（五）债券投资策略

相对股票而言，债券投资属于风险小、收益低的有价证券。企业在进行债券投资管理时，一般应注意以下几点：

1. 因债券投资收益率较低，且债券投资者没有参加债券发行单位经营管理的权利，因此，企业对外长期投资组合中，债券的比例不宜过大。

2. 在通货膨胀率较高且持续上升时，企业一般不宜进行债券投资。因为债券的利率固定不变，不断加剧的通胀将使债券投资的实际收益率不断降低。

3. 当企业积存现金准备进行较大项目投资时，在资金积存阶段，选择合适的债券进行债券投资则是明智的。因为债券有固定的收益和固定的偿付期，企业在需要资金时，便于按预定的时间和金额收回投资本金及利息。

二、股票投资

这里所说的股票投资是指股份有限公司发行的可在证券市场交易的法人股或个人股。不能在证券市场交易的股票不在本节讨论的范围。

三、股票投资的特点和目的

1. 股票投资的特点

（1）股票持有人有权参加被投资企业生产经营的重大决策，是企业的所有者之一，以股份的多少享有所有权比例；

（2）股票没有到期日，企业想收回投资，就只能在证券市场上进行交易，将股票转让卖给他人；

（3）投资收益不确定，投资收益大小既取决于被投资企业经济效益的好坏，也受证券市场诸多因素的影响；

（4）投资风险主要表现为价值变动风险。

2. 股票投资目的

（1）获取股利收益；

（2）利用证券市场股票价格变动，获取差价收益；

（3）参与被投资企业的经营管理，便于获取竞争对手的经营信息，监督被投资企业。

特别是，通过控股可以成为该企业的母公司，控制该公司的业务及经营管理，可以方便利用原有公司的业务渠道和生产技术等，快速适应市场变化。被投资企业作为子公司，也获得了生产经营上资金的帮助。

四、股票价值估算

股票是投资商品，与债券及其他任何投资商品一样，都有其内在价值，所以，股票的内在价值遵守一般商品的价值计算公式，股票价值=购买价格+收益总现值 TPV。其中，购买价格为投入价值，收益总现值 TPV 为总剩余价值。

五、市盈率

下面介绍一种粗略衡量股票价值的方法——市盈率法。

市盈率是每股市价与每股盈利之比，即每股市价相对于股利的倍数。

1. 利用市盈率对股票估价

$$\text{市盈率}=\frac{\text{每股市价}}{\text{每股盈利}}$$

每股市价=市盈率×每股盈利

2. 利用市盈率进行股票风险评价

一般说来，股票的市盈率比较高，表明投资者对公司的未来充满信心，愿意为获得每股盈利付出较高代价，这种股票风险小。

但是，当股市受到不正常因素影响，某些股票的市价被哄抬到不应有的高度时，市盈率会表现得异常高。通常认为，超过 20 的市盈率是不正常的，很可能是股价下跌的前兆。反之，市盈率低，投资者不积极。市盈率在 5 以下的股票，前景比较悲观。

市盈率在 5～20 之间变化，标准值在 10～11 之间。这是看公司资料时要注意的数据。

投资者应分析投资股票市盈率的长期变化趋势，估计其正常值作出判断。

各行各业的市盈率是不同的。预计发生通货膨胀或提高利率时，市盈率会普遍下降。预计公司利润增长时，人们对公司有信心，故市盈率往往会上升。公司资金结构中负债比重过大，市盈率一般比较低。

总之，上面所介绍的是特殊情况下的股票价值分析。

下面我们来介绍一下所有商品全面价值的股票价格计算公式。

1. 股票价格

开盘价——当天开始时的价格；

最高价——股票当天最高时的价格；

最低价——股票当天最低时的价格；

收盘价——当天结束时的价格。

股票价格=股票期初购买价格+各期股利

2. 股票价格指数

股票价格指数是反映股票市场上股票价格平均变化状况的指标，通过一段时间来反映股票综合价格变化情况。如时间段取年，则表示本年的股票平均价格变化情况；取天，则表示当天股票市场上股票的平均价格变化结果。由于股票是商品中的一种，所以，商品的股票价格指数与其他商品的价格指数计算上没有什么不同。而目前国际证券市场上，使用的股票价格指数偏离了股票作为一般商品意义上价格指数的定义。

3. 股票收益率

股票收益率也与其他各种商品的收益率完全相同，即

$$股票收益率=\frac{收益额}{购买价格}\times 100\%$$

如某股票购买价格为 200 元/股，收益为 20 元，则股票收益率为 20/200=10%。

4. 股票清算价值

企业清算时，资产/股份的每股价格价值。

5. 股票交易价格

股票买卖的价格，如每股 10 元买入，12 元卖出，10 元是买入价格，12 元是卖出价格。

6. 股利计算

三种情况：

第一种是每年股利全部分配出去，则按收益总现值 TPV 除以股份数，得到每股股利，是税前的结果；

第二种是每年股利全部不分配，留用到下一年，则形成企业的净利润；

第三种情况是按股利的一定比例分配现金，此时将收益总现值 TPV 按比例分配。

六、股票投资应注意的问题

企业在进行股票投资决策时，除了要充分考虑股票的价值、收益与风险外还应特别注意以下方面：

1. 不能将生产经营资金投资于股票市场，以免影响正常生产经营对资金的需要，使企业主营业务受到损失。这不仅对企业未来的发展无益，也为国家有关规定所不允许。

2. 不能用信贷资金投资于股票，即不能向银行贷款买股票。用信贷资金购买股票的风险是显而易见的，一旦资金到期需归还时，不论股价如何，必须将股票变现。目前，国家也规定企业不能用信贷资金投资股票。

3. 根据国家有关规定，企业不能在股票市场进行短期炒作。

第四节 投资组合分析

投资组合分析，就是在多种投资情况下如何寻找收益最大化的投资方案，也是为了防止投资风险或最大限度占领市场而形成的投资。它是企业多元化发展战略在理财上的体现。

组合投资带来了综合投资的收益率。下面我们具体来研究一下。

1. 第一种情况：不考虑资金限制

操作程序

（1）将各可行项目按“现值指数”大小排队；

（2）从上而下选择满足资金总量等于或略小于企业投资总额的项目组合；

（3）计算各项目的净现值 NPV；

（4）净现值 NPV 最大的项目组合为最优组合；

（5）将选出的项目按净现值 NPV 进行排队，再确定优先考虑的项目顺序。

2. 第二种情况：资金总额有限制

采用“现值指数法”和“净现值法”相结合的分析方法。该法决策的标准为：

在资金不超过限量的基础上，净现值 NPV 之和最大的项目组合为最优的项目，即所取的项目。

例：某公司现有 5 个可供选择的投资项目，公司能够提供的资金总额为 250 万元，有关资料见表 4-1：

表 4-1

投资项目（万元）	初始投资	现值指数	净现值
A	100	1.5	50
B	200	1.55	110
C	50	1.4	20
D	150	1.53	80
E	100	1.7	70

A 项目初始投资额为 100 万元，净现值为 50 万元

B 项目初始投资额为 200 万元，净现值为 110 万元

C 项目初始投资额为 50 万元，净现值为 20 万元

D 项目初始投资额为 150 万元，净现值为 80 万元

E 项目初始投资额为 100 万元，净现值为 70 万元

请选择公司最有利的投资组合。

解：列出在资本限量范围内所有可能的项目组合，并比较各种组合的净现值之和。由表 4-1 中数据可知，满足总资金额（初始投资）为 250 万元的各种组合有：

E+D=250　　B+C=250

D+A=250　　C+E+A=250

将上述项目按“现值指数”的大小顺序排队，计算上面组合中的（净现值 NPV）之和。表 4-2 为按现值指数排序后的表格。

表 4-2

投资项目（万元）	初始投资	现值指数	净现值
E	100	1.7	70
B	200	1.55	110
D	150	1.53	80
A	100	1.5	50
C	50	1.4	20

E+D=70+80=150

B+C=110+20=130

D+A=80+50=130

E+A+C=70+50+20=140

由此可见，E+D=150 万元，为最大，故投资组合选 E+D。

现实中，无风险的投资几乎没有。这是由于投资的环境，包括社会环境、市场环境及企业内部环境总是在不断变化。项目建设前决策的分析，只是通过专业部门对过去或同类型投资项目进行可行性研究和项目评估，这些都还只是预测，在项目长期实施过程中，有太多看不到想不到的客观因素左右着项目或企业的生产经营，最直接的是市场的变化。

所以，项目决策研究，只能解决投资发展的大方向问题，而在实践中，要充分进行市场和环境的调查研究及项目管理的研究，才能不断使项目或项目下的企业随着市场和社会环境的变化而变化。

风险投资作为一种新兴的投资方式，源于 20 世纪的 50～60 年代。

“二战”后，科学技术迅速发展，新技术、新发明不断涌现，许多科学家凭借自己的科技发明创办了自己的小公司。这些公司人才、技术均属一流，却难以克服因资金匮乏而带来的不足。一些有远见的投资者敏锐地注意到了这一点，他们纷纷聚集资本，组成专业从事风险投资的公司，瞄准那些可能有发展前途但缺乏资金的中小型高科技企业，用资本渗入的方式成为这些企业的新股东。就主观而言，风险投资者是为了让现有的资本高速增值；在客观上，它加快了高新技术成果商品化的进程，起到了促进科技进步、快速发展社会生产力的作用。

风险投资，作为一种特殊的投资工具，主要有以下五个特点：

1. 它是一种“有风险的投资”

风险投资主要是支持创新技术与产品，技术、经济及市场等方面的风险都相当大，其成功率平均只有30%左右。

2. 它是一种“组合投资”

风险投资之所以能够获利，因为它是组合投资，投资于一批项目群。有人说过风险投资是“投十，成三，败七”。坚持长期运作，多半发达。

3. 它是一种“长期投资”

一般要经过3~7年才能取得经济效益，而且在此期间通常还要不断地对有成功希望的项目进行增资。

4. 它是一种“权益投资”

其投资目标不在于企业短期经营的利润，而在于企业资产的增值。风险投资企业一般来说，在其成长阶段，其现金流是负的，从其经营业绩来看是亏损的，因为有一个开拓市场的过程，一般投资者是不会投资的，但作为风险投资者来说，从所有者权益考虑，只要企业能增值就行。如雅虎上市时还亏损200万美元，最近美国股市上很热的亚马逊网上书店也是一度连续亏损，但投资者看好的是企业的增值能力。

5. 它是一种“专业性投资”

风险投资者与一般的投资者不同，他们不仅提供资金，还利用其经验、知识和广泛的社会联系去帮助创新者创业，花很大精力帮助其改造组织结构，制订业务方向，加强财务管理，配备领导成员等。

投资于风险事业的资本，可以在企业成长的不同阶段进入企业，并采取不同的经营战略。这些经验和战略可以概括如下：

1. 种子战略

它是企业最初形成阶段的战略。从产品的研制、计划到发展成初具效益的产品，这一阶段一般持续不到一年的时间。

2. 开办阶段战略

它是对产品发展和最初的市场营销提供融资的战略。公司已经在该产品上经营了一个较短的时间，但还没有使其产品商业化。这个时期企业对风险资本有很强的依赖性。企业往往需要大量的资金来开拓市场和完善生产技术。而企业尚处于创业阶段，没有什么以前的记录可供参考，是风险资本高风险时期。这一时期一般要半年或一年不等。

3. 扩张阶段战略

这是风险资本为已经有短期经营记录的企业扩大市场而进行融资的战略。所投资金可用于扩大生产能力，开拓市场或增加流动资金。在这一阶段，风险资本往往要多次为企业融资。

4. 最后阶段战略

这是企业成为公共公司以前最后的融资阶段战略，这一时期的融资规模一般不大。

5. 全部买入股权战略

风险资本管理者为了控制企业，有时需要买入全部股权或大部分股权，这种战略多是企业发展较后一些阶段采取的战略，往往需要大量的资金。

投资于企业成本的早期阶段——种子阶段，存在着相当高的失败率。作为补偿，风险资本在企业创建初期的投资回报率通常也是相当高的。

投资小企业的风险要比投资大企业大得多，这就使得小企业在长期资本投入方面处于非常不利的地位。于是一些风险资本就尽量避开新企业发展过程中的种子阶段和创办阶段，集中于企业发展后面的三个阶段。一般来说，风险资本的管理者不会在企业成长期始终持有企业股份，他们往往只是持有一段时间，在美国平均持有时间是 5 年，在德国大约是 7 年，在日本大约是 4 ~5 年，在英国大约是 3 ~4 年。

风险资本投资主要集中在高新技术领域，在美国由风险资本提供的资金占技术投资总额的比例大约为77%，在加拿大这个比例是50%，在德国是19%，在日本是35%，在英国是18%。

风险投资使许多高科技技术创新者的创业梦想成真，为风险投资者取得丰厚的回报，同时，也为推动社会经济发展及技术进步作出了巨大贡献。

总之，前面两章中我们介绍了企业财务管理的融资、投资的一些基本方法，实践中，要以“全面价值观”为指导，在融资、投资过程中，“少投入、多产出”，最大限度获得财务管理上的剩余价值。

第五章　利润分配

当企业获得商品利润的剩余价值之后，要在不同投入主体之间进行分配。而这个分配，不但关系到要素投入主体之间的利益瓜分，而且还关系到整个企业的产权，影响整个企业的商品生产经营，抓住了企业利润分配这个“牛鼻子”，也就抓住了企业财管理以及整个企业管理的关键。

企业的利润分配，根据不同的社会制度具有不同的分配方式。在资本主义市场经济社会中，主要是按“资本”这一种生产要素分配商品的利润，而资本往往是通过股票的比例即股份而形成的。这样就形成了股票分配制度的一整套理论和方法。而按市场经济社会的基本原则就是商品买卖的等价交换的原则，消费品是一次性等价交换，而作为生产要素是投资商品，具有多次分配利润的权利，这样就形成按生产要素投入比例分配利润的标准市场经济社会。而不论是按资分配还是按生产要素投入分配，都是以股份制形成出现的。对于按资分配下的股利分配问题，传统理论介绍的很多，这里不再说了，本章中我们在剖析按资分配本质以后，进一步给出按生产要素投入比例分配的具体分配方法。而两种不同的分配方式的实现，都是通过相应的会计核算规则来完成的。

第一节　按资分配

按资分配，就是按“资本”一种生产要素进行企业商品利润剩余价值分配的一种分配方式。由此形成资本主义市场经济社会。

人类社会自资本主义市场经济社会形成以来，创造了超过此前所有社会的经济奇迹，但同时也带来了两次世界大战，并且形成上百年的计划经济社会制度，最终又回到市场经济社会上来。

按资分配是以企业资本投入的股份来确定的，即对于企业商品的净利润除以股份数，得到每股股利。在执行上，根据《公司法》规定来执行。

对于股利的分配方式，传统的财务、金融管理理论介绍了许多，这里不再复述了。

下面着重介绍一下按生产要素投入比例分配的问题。它是根据全面价值论原理，根据市场经济社会的生产要素投资商品与企业利润回报的等价交换原理形成的，并且正在世界范围内方兴未艾，将构成未来市场经济社会的主要分配方式。

第二节　按生产要素投入比例分配

一切商品都可以统一使用货币来表示它的抽象价值。不论在实物货币社会，还是纸币社会，对于各种生产要素的投资商品都是以一定的价值投入参与企业商品生产经营当中，这样，可以将各种生产要素以货币价值形式计入总股份当中，形成生产要素的土地股、资本股、劳动股、科技股以及企业家股，这些生产要素根据行业商品生产经营特点的不同，投入的比例不同，分享的股份也不相同。而当确定出每种生产要素总股份以后，再根据每种生产要素内部参与的多少，平均计算股份。这样，土地、资本、劳动、科技以及企业家等生产要素就可以平等地参与企业商品利润分成，从而实现各种生产要素共同投入、共同分享商品利润剩余价值的协作生产。如某房地产企业，注册资金投入 1 亿元，其中土地投入占 30%，资本投入占 30%，劳动投入占 20%，科技投入占 10%，企业家投入占 10%。把每种生产要素当成一个股，按每种生产要素所投入比例在各要素之间进行分配，如果全部净利润为 5000 万元，这样，土地股分配结果为 5000 万元×30% =1500 万元，资本股 1500 万元，劳动股分配 1000 万元，科技股分配为500万元，企业家股分配为500万元。而对于每种生产要素内部，也是多方投入的结果，如土地有三家投入，则1500万元三家分，每家500万元，资本有2家投入，每股分配750万元，而劳动有500人，则1000万元/500=2万元/人，而科技、企业家也同样。作为企业家的分配，可以为职业经理人年薪，也可以是管理者按人均分或按职位高低分配。

而如果按资分配的话，则只按注册时的注册资本股东分配，这时，职工是被排除在商品利润分配之外的。

不但如此，每种生产要素以其享有的股份拥有企业相应比例的产权，即所有权，这样，在企业股东大会上，以其相应的股份行使表决权。按《公司法》运营企业，而企业职工的劳动者以企业的产权人之一的身份行使法律意义上的当家做主。资本主义社会职工是被雇佣而来的，以帮工者身份参与企业商品生产经营。在计划经济社会中，职工当家做主也只是名义上的。某种生产要素有多大贡献，就拥有企业生产经营决策大会或股东大会多少比例的表决权。如某企业劳动股占总股份的59%，职工为100人，则应从中选出59人代表职工参加企业决策大会或股东大会行使经营决策的表决权。

这样通过建立按生产要素投入比例的生产要素股份分配以后，不但保障了各种生产要素与企业之间的等价交换，而且还实现了企业当家做主的社会地位。职工在为企业工作创造商品价值的时候，同时也是在为自己创造财富价值。当工人成为企业的“产权人”之一时，就不再是打工者，从而走出“无产阶级”的境界，消除社会的战争、饥饿、流血、死亡等现象，而是建立在“经济人”自我利益最大化的剩余价值追求下的和谐生产经营社会，一个超过资本主义市场经济社会更大的加速度的经济社会，也就是创造超过资本主义市场经济社会经济奇迹的更大奇迹的社会。

关于按要素投入比例计算股份的分配方式，北京市工商局关于合伙企业注册做出了相应的规定：“合伙人可以货币、实物、知识产权、土地使用权或其他财产权利出资，也可以劳务出资。但有限合伙人不得以劳务出资”。指明了合作企业的合伙人把属于自己拥有的土地使用权、资本现金、科技知识产权及劳动等按比例投入到企业当中时，就可以按上述的投入比例计算法分配相应的利润，实现土地、资本、劳动、科技及企业家要素的平等分配企业利润的剩余价值的权利。

而实施按要素分配的分配制度，就要根据上面提到的要素等比例、投入分配等比例的利润的原理，形成全新的价值会计学原理。可以通过本系列书的《价值会计学原理》来详解。这里给出简单的流程图，如图 5-1 所示。

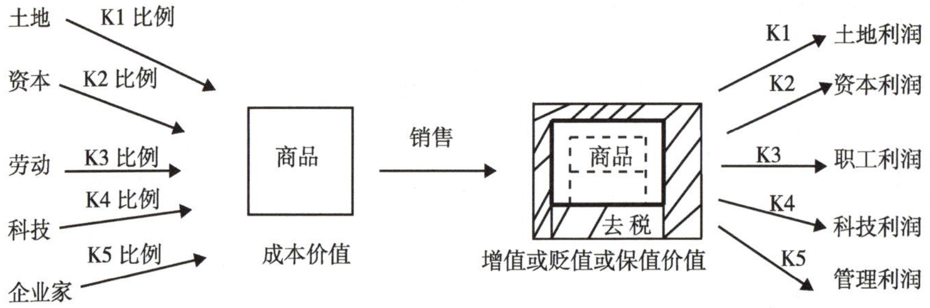

图 5-1　商品价值及剩余价值形成及按要素分配过程

从图 5-1 中可以看出，左侧的各种生产要素以相应的 K1、K2、K3、K4、K5 不同比例投入到商品当中，形成商品的成本价值，此时也就有了公允价值，但还不是真正的实际价值，实际价值是需要经过过程获得利润或亏损来完成的。右侧的商品价值是销售后的结果，包括三种情况，一种是盈利情况，图中阴影部分的价值，去掉增值税当中 17% 利润，再去掉所得税 33% 部分，在各要素之间按 K1、K2、K3、K4、K5 比例进行分配，这时就实现了生产要素作为商品对于企业生产的具体某种商品（消费品或投资商品）的投入与产出的等价交换，某种生产要素占投入的比例大，则得到的分配利润大；反之，某种要素投入的生产要素比例小，相应地分配到的利润也小。具体根据行业生产不同特点来决定，如科技企业，主要以科技要素投入为主，这时，科技企业的科技分配比例就要大；而对于纺织等劳动密集型企业，由于劳动投入占的比例较大，所以，劳动分配比例也较大，也就是主要靠人工劳动创造的商品的价值及剩余价值；而对于汽车、房地产等综合投入比例较为均匀的行业企业，各种要素投入及分配的比例则比较均匀些。按资分配（按股份分配），则只按股份资本这一种要素进行风险利润分配，其他生产要素处于被支配的生产地位及排除在风险利润回报的大门之外，一次性或固定的工资、利息、科技费或管理费购买行为，实际上把这些生产要素看成消费品了。

对于商品销售的保本情况，如果各生产要素分配的利润是零，企业则是保值的。而对于商品销售的亏损情况，即中间虚线小方框情况，则根据公司的性质不同而有所不同，对于有限公司，即只以公司的全部财富承担债务的企业，超过资产部分的债务，则不需要偿还，而对于无限责任公司来说，则需要以公司或企业注册时登记的全部家庭财产承担债务。

作为按生产要素投入比例分配商品利润剩余价值的标准市场经济社会基本经济制度，已经纳入中国新一届政府治国理政的基本方略当中，成为振兴中华民族的基石。

当整个社会实施按生产要素的标准市场经济社会基本经济制度以后，就会形成整个社会的生产要素资源的最大化利用，即形成整个社会经济的系统化链条下的商品剩余价值形成机制。当整个社会对于某种商品，即消费品需求产生缺口时，就会带来这种商品的利润上升，带来企业的增加生产，带来这类商品及行业的生产要素的价格的上升，这时这个行业或商品的土地、资本、劳动、科技及企业家生产要素需求就会增加，带来这些生产要素的价格上涨，生产要素纷纷投入到这个行业或这种商品的生产经营当中，这种生产要素收到了最大化的收益，而实现少投入、多产出的剩余价值。如某个阶段，IT 业市场需求缺口大，这时，IT 行业就要增加生产，这时拉动对 IT 行业生产要素的需求的增加，拉动相应的土地、资本、劳动、科技及企业家的价格上升，带来土地、资本租金的高价格，带来 IT 专业毕业生以及社会专业人员的工资或利润分配比例上升，带来 IT 行业的企业家管理年薪以及股票期权的上涨，这样，促进这些生产要素的开发与使用，如大学 IT 专业招生学费上涨，形成以 IT 业的商品需求为导向的生产要素的供给的增加，而这些生产要素也只有在最大化收益上，才能体现它的资源的最大化利用，也就是最“节约”和“经济”的，也就是剩余价值形成的基本体现。其他行业也都一样，在整个社会各个行业的商品需求拉动下，带动相应的生产要素的最有效利用。相反，如果社会的某种消费品社会需求过盛，这样，就会导致价格下降，这样，这些行业的企业就要缩小生产规模，而减少对这些生产要素的使用，使这些商品或行业的生产要素供给减少，转向其他商品或行业。

这样就形成了整个社会围绕消费品生产与经营拉动下的生产要素的均衡供给，每种生产要素总是要用在最大化收益上，即实现生产要素的剩余价值形成，体现市场经济社会资源配置上的节约和效率上。

而按要素分配，最终要形成相应的会计核算规则，可以根据这个原理制订详细规则。

案例 5-1

国务院批转收入分配制度改革意见

2013 年 02 月 05 日 19：30

来源：中国政府网

国发〔2013〕6 号

国务院同意发展改革委、财政部、人力资源社会保障部《关于深化收入分配制度改革的若干意见》，现转发给你们，请认真贯彻执行。

关于深化收入分配制度改革的若干意见（节选）

发展改革委 财政部 人力资源社会保障部

为贯彻落实党的十八大提出的“实现发展成果由人民共享，必须深化收入分配制度改革”要求，深入推进“十二五”规划实施，完善收入分配结构和制度，增加城乡居民收入，缩小收入分配差距，规范收入分配秩序，现提出以下意见：

一、充分认识深化收入分配制度改革的重要性和艰巨性

改革开放以来，我国收入分配制度改革逐步推进，破除了传统计划经济体制下平均主义的分配方式，在坚持按劳分配为主体的基础上，允许和鼓励资本、技术、管理等要素按贡献参与分配，不断加大收入分配调节力度。经过三十多年的探索与实践，按劳分配为主体、多种分配方式并存的分配制度基本确立，以税收、社会保障、转移支付为主要手段的再分配调节框架初步形成，有力地推动了社会主义市场经济体制的建立，极大地促进了国民经济快速发展，城乡居民人均实际收入平均每十年翻一番，家庭财产稳定增加，人民生活水平显著提高。实践证明，我国收入分配制度是与基本国情、发展阶段总体相适应的……

当前，我国已经进入全面建成小康社会的决定性阶段。深化收入分配制度改革，优化收入分配结构，构建扩大消费需求的长效机制，是加快转变经济发展方式的迫切需要；深化收入分配制度改革，切实解决一些领域分配不公问题，防止收入分配差距过大，规范收入分配秩序，是维护社会公平正义与和谐稳定的根本举措；深化收入分配制度改革，处理好劳动与资本、城市与农村、政府与市场等重大关系，推动相关领域改革向纵深发展，是完善社会主义市场经济体制的重要内容；深化收入分配制度改革，使发展成果更多更公平惠及全体人民，为逐步实现共同富裕奠定物质基础和制度基础，是体现社会主义本质的必然要求。

二、准确把握深化收入分配制度改革的总体要求和主要目标

1. 总体要求。

全面贯彻落实党的十八大精神，以“邓小平理论”、“三个代表”重要思想、科学发展观为指导，立足基本国情，坚持以经济建设为中心，在发展中调整收入分配结构，着力创造公开公平公正的体制环境，坚持按劳分配为主体、多种分配方式并存，坚持初次分配和再分配调节并重，继续完善劳动、资本、技术、管理等要素按贡献参与分配的初次分配机制，加快健全以税收、社会保障、转移支付为主要手段的再分配调节机制，以增加城乡居民收入、缩小收入分配差距、规范收入分配秩序为重点，努力实现居民收入增长和经济发展同步，劳动报酬增长和劳动生产率提高同步，逐步形成合理有序的收入分配格局，促进经济持续健康发展和社会和谐稳定。

2. 主要目标。

——城乡居民收入实现倍增。到2020年实现城乡居民人均实际收入比2010年翻一番，力争中低收入者收入增长更快一些，人民生活水平全面提高。

——收入分配差距逐步缩小。城乡、区域和居民之间收入差距较大的问题得到有效缓解，扶贫对象大幅减少，中等收入群体持续扩大，“橄榄型”分配结构逐步形成。

——收入分配秩序明显改善。合法收入得到有力保护，过高收入得到合理调节，隐性收入得到有效规范，非法收入予以坚决取缔。

——收入分配格局趋于合理。居民收入在国民收入分配中的比重、劳动报酬在初次分配中的比重逐步提高，社会保障和就业等民生支出占财政支出比重明显提升。

三、继续完善初次分配机制

完善劳动、资本、技术、管理等要素按贡献参与分配的初次分配机制。实施就业优先战略和更加积极的就业政策，扩大就业创业规模，创造平等就业环境，提升劳动者获取收入能力，实现更高质量的就业。深化工资制度改革，完善企业、机关、事业单位工资决定和增长机制。推动各种所有制经济依法平等使用生产要素、公平参与市场竞争、同等受到法律保护，形成主要由市场决定生产要素价格的机制。

……

8. 健全技术要素参与分配机制。建立健全以实际贡献为评价标准的科技创新人才薪酬制度，鼓励企事业单位对紧缺急需的高层次、高技能人才实行协议工资、项目工资等。加强知识产权保护，完善有利于科技成果转移转化的分配政策，探索建立科技成果入股、岗位分红权激励等多种分配办法，保障技术成果在分配中的应得份额。完善高层次、高技能人才特殊津贴制度。允许和鼓励品牌、创意等参与收入分配。

9. 多渠道增加居民财产性收入。加快发展多层次资本市场，落实上市公司分红制度，强化监管措施，保护投资者特别是中小投资者合法权益。推进利率市场化改革，适度扩大存贷款利率浮动范围，保护存款人权益。严格规范银行收费行为。丰富债券基金、货币基金等基金产品。支持有条件的企业实施员工持股计划。拓宽居民租金、股息、红利等增收渠道。

这之后，中央又专门下发了文件，要将此纳入各级政府的日常考核当中。这标志着中国率先进入市场经济社会的成熟阶段。

而按生产要素投入比例分的企业利润剩余价值的具体核算方法是本系列书第一分册《第四代西方经济学新体系——高级经济学》（周天华，周京著．周天勇主审．天津大学出版社2009版）首次提出。

在整个社会经济分配中，除了企业分配问题以外，还有政府执政管理中公务人员分配问题，二者共同构成整个市场经济社会的分配内容。

政府的分配就是建立在对整个国家或社会的执政贡献上，即通过对比以前的业绩带来的新增的国民经济新增价值的一定比例来确定的分配。比如一个城市，年新增剩余价值为100亿元，通过人民代表大会，决定10%分成率，则拿出10亿元作为政府官员业绩分配，而在官员之间的分配上，从高级到低级比例不同。因为级别不同，承担的责任不同，对于利润效用价值贡献不同，如市长取10亿元中的10%，则为1亿元，而最低职员从中取1%，则为100万元。这样，通过高额待遇，吸引人才加盟政府，而通过事前考试、事中监督以及事后的业绩考核，形成用人以及分配上的科学合理及激励机制，从而从根本上保障市场经济社会经济制度的优越性发挥。作为市场经济社会来说，企业只能拥有对社会资源的利用权，而政府掌握整个社会资源的控制权，政府的执政不到位，企业也难以干好。如果政府腐败，到处揽权，不顾及人民死活，社会是难以承受的。这样，从正面激励政府的执政业绩上的高收入，就是调整整个社会资源最积极有效的办法，从而形成整个社会资源的“少投入、多产出”，带来整个社会的经济更好更快地发展。

案例 5-2

企业商品价值统一形成及分配过程

商品的价值来，是一切商品“全部共同抽象的本质”的体现，如同数学中的数或形，化学、生物中100多种元素一样。

这样，通过对一切商品全面统一实时价值的剖析，可以得到一切企业商品生产经营的统一价值剩余价值形成过程，即不分哪个行业、规模大小、国别如何，所有企业的商品生产经营的价值、剩余价值创造形成过程都是一样的，因此，才形成“全球经济一网通——企业总价值、剩余价值每日实时评估显示预测系统”等系列软件，用于一切企业的商品生产经营过程管理当中，并且使用这个软件所进行的商品生产经营，就是体现企业商品价值及剩余价值的创造过程。

下面我们就来介绍一下企业完全统一的价值创造形成过程。

形象地说，企业是投资者以各种不同生产要素作为资本投入而形成的，并且是具有独立法人资格的经济实体，经过企业商品生产经营，形成商品（包括有形产品、无形服务、有形产品加无形服务、证券、货币等），再将商品销售到市场上进行销售，还原为货币资金。通过商品销售过程价格讨价还价、国家税收上缴以后，剩余的利润剩余价值在投资者的产权人之间进行分配，包括按资分配或按生产要素投入比例分配，通常都是以股份制企业形式存在的。当然也有一人或家庭企业，这时可以理解为一股的企业。

例如，某个汽车制造企业，经过项目论证过程，需要土地投入2000万元，资本投入10000万元，劳动投入1000万元，科技投入2000万元、企业家年薪500万元。合共2000+10000+1000+2000+500=15500万元，各种生产要素投入以股份计算，则土地所占的股份为2000/15500=13%，资本所占股份为10000/15500=65%，劳动所占股份为1000/15500=6.5%，科技所占股份为2000/15500=13%，企业家所占股份为500/15500=3.2%，合共的股份为13%+65%+6.5%+13%+3.2%=100%。当经过企业商品生产经营把资本金转化为固定资产和流动资金以及人、财、物、产、供、销等部门日常运营资金时，生产出来汽车，拿到市场上进行销售，带来项目期内每年销售收入的利润剩余价值或亏损或保值。通过价值会计核算，以年为单位计算，一年中共销售100万辆车，每辆车销售价格20万元，则共2000万元销售额，这是经过市场上讨价还价后的销售结果，在销售过程中给买方的价格中让利，比如按50%价格让利，则实际上，销售总价值为4000万元，而作为企业与购买者手中分享到的剩余价值只有2000万元，再按50%的税率，将1000万元的一半上缴给国家，最后剩下的500万元，在投资者当中，按各种生产要素投入比例分成。即土地股分享的利润为500×13%=65万元，资本股分享的利润为500×65%=325万元，劳动股分享的利润为500×6.5%=32.5万元，科技股分享的利润为500×13%=65万元，企业家股分享的利润为500×3.2%=16万元，合共为500万元。然后，再在各生产要素内部进行股份分配，如土地是由两家单位提供的，这时，就要将65万元在两家之间进行按比例分配，劳动股为32.5万元，可以根据企业人数平均分配，如拥有100人，则每人平均分到3250元，当然也可以按岗位级别制定职工岗位之间的劳动股利润分成标准。

以上是按生产要素投入比例分配计算的分配结果，如果按资分配的分配结果，则显然只是按资本一种生产要素分配，即只有资本股全部分享500万元的利润剩余价值，这个资本一般是社会的股票购买者，而其他生产要素不参与利润分配。股东拥有对企业的决策权、监督权，而劳动者等其他生产要素受制于资本股的股东。

当然，如果企业经营亏损了，则至多以企业的资产偿还债务，超过的部分，则由债权人承担。

这就是企业生产要素投入的“做蛋糕”以及通过按资或按生产要素投入比例分配的“切蛋糕”的过程。如果把各种生产要素统一用资本股表示，则也是资本投入与产出的“做蛋糕”与“切蛋糕”过程，不管企业有多大，生产经营的商品品种有多少，不管在哪个国家或企业，归根到底都是通过企业及商品的中介做资本的价值，前提是做市场，在满足市场的商品效用需求增加的基础上形成剩余价值。这就是一切商品全面统一实时价值及价值规律下的企业商品生产经营及分配过程。

最后，投资者将生产要素投入企业，通过企业管理系统运作，形成商品，再将商品销售出去，交叉形成剩余价值，再将其在社会市场、国家税收以及企业内部要素之间分成，如同主人养鸡下蛋挣钱一样，主人花钱买米，对母鸡进行投资，母鸡通过身体系统的运作，产出鸡蛋，再把鸡蛋卖出去，获得超过当初买米的投资，形成剩余价值。而当中如果母鸡如果不健康、产蛋少，或市场销售过剩，则主人的投资回报就少，甚至在供大于求的情况下，还会出现亏损经营，带来资本金价值贬值。

总之，企业是商品价值创造的“母鸡”，而剩余价值则是这只“母鸡”所下的“蛋”。

第六章　现金管理

第一节　现金管理的意义

大家知道，做企业无非是固定资产与流动现金共同作用的结果，在项目投资决策时，确定了企业的规模，如土地、厂房、设备等，所以，企业的固定资产具有稳定性，并且在会计上要按时间计提折旧。而企业日常生产经营活动，都是使用流动资金进行运营的，即通过流动资金购买原料、招聘员工以及进行各项生产经营活动，所以，企业的流动现金成为企业生存的血脉，现实中很多企业因缺少流动资金而维持不下去，如同一个人血脉流通不了带来生命垂危一样，而作为社会的金融危机，则是企业流动资金断流的头号杀手，而如果企业过量储存现金，也会因现金占用或筹资费用过高，增加企业财务成本。而在通货膨胀、通货紧缩的社会里，过量储存现金，还会因现金的价值贬值带来企业的现金价值贬值，财富丢失，这样，就要找到合适的流动现金存有量，一方面满足日常商品生产经营需要，另一方面也不能剩余过多，即前面介绍过的最佳流动现金需要量的问题。

第二节　现金价值管理

一、通货膨胀、通货紧缩对现金价值影响的应对

作为现金，总是要受到国家通货膨胀率或通货紧缩率带来的价值贬值

或增值影响。这样，作为企业，保存现金或运用现金，需要进行保值、增值计算。

当出现通货膨胀时，不能大量地保存现金，以防上通货膨胀价值贬值，这时，要购买其他实物商品，带来保值性。通货膨胀发生时，主动向外借债，到期还款，而不同时间内同样数量的现金对应的价值不一样，通货膨胀前因商品的价格相对普遍较低，所以，能够购买到的商品数量多，因此价值大，而通货膨胀后，相同数量的钱因通货膨胀导致整个社会的商品价格普遍上涨，所以，能够购买到商品的数量少，导致同样数量的货币价值变小，这样，就可以利用通货膨胀的价值差获得借入资金的价值增值。

这样，要想使企业手中的现金能够保值、增值，就要在通货膨胀时借入现金，而在通货紧缩时借出现金。

当然，在一个没有通货膨胀、通货紧缩的金融社会中，存放在企业手中的现金的价值是稳定的，这时，只要求考虑投资利润率或贷款的利息率，就能够实现资金的剩余价值率。

由于银行存款利息的存在，可以把现金随时存入银行，以增加价值，这时，要了解社会的通货膨胀率或通货紧缩率，只有社会的通货膨胀率小于银行存款利息时，才能获得利息去掉通货膨胀率的利润率收益，也就是要通过计算利息率—通货膨胀率的实际收益率，才能知道存款获得了多少收益率的价值增值回报。

由此可见，在一个通货膨胀、通货紧缩的社会中，企业持有现金带来很多的不确定性风险，而利用通货膨胀率或通货紧缩率投机，也同样会有风险的。

二、现金机会成本与机会收益下的剩余价值实现

作为一定数量的现金资源是有限的，并且大多只能用于一种用途上，这样，因特定使用在某种用途上而放弃其他用途上的最大收益称为使用这种资金的机会成本。而保存现金就不能用于其他投资，因不能用于其他投资而带来的投资收益率的损失称为保存现金的“机会成本”。而通过现金

投资带来的收益称为“机会收益”。资金的机会成本与机会收益体现的是资金资源的最有效利用。

通过加强资金周转率，可以减少流动现金的使用量，比如同样的10元钱，每次周转挣1元钱利润，而一年周转1000次，则利润为1000元，而如果每次利润为100元，共周转了2次，则共获利润只有200元，这样，可以通过资金的高速周转减少流动资金的使用数量。

根据历史资料可以较为准确测算目标现金周转次数。

现金周转模型的计算公式为：

最佳现金持有量=预计现金年总需求量/现金周转次数

其中：

现金周转次数=360/现金循环天数；

现金循环天数=营运资本周转期=存货周转期+应收账款周转期-应付账款周转期

计算应收账款周转率

应收账款周转率=日历天数/应收账款周转期

计算应收账款平均余额

应收账款平均余额=赊销收入净额/应收账款周转率

计算维持赊销业务所需要的资金

维持赊销业务所需要的资金=应收账款平均余额×变动成本率

第三节 现金安全管理

现金的管理上的安全性直接关系到企业商品生产经营的安全性。现代社会是电子货币时代，而电子货币因其技术上的新形成带来的漏洞较多，所以，经常出现网络不安全问题。这样，作为企业的财务管理人员，就要加强这方面的风险意识，真正按规范要求管理现金。在日常的现金管理过程中，要按财务管理规定，不要保留大量的现金在保险柜里，而要随用随支，这样，就能多方面防范现金的被盗或被抢现象发生。而在企业商品生产经营业务活动过程中，防止上当受骗、建立信用体系也是资金安全管理的重要体现。

总之，作为企业管理当局，特别是财务管理当局，要制定一整套的现金管理制度，并且遵守国家的法律规定，确保现金管理万无一失。

第七章　财务分析

第一节　企业财务分析作用与方法

企业的财务分析是以财务报表为依据对企业的财务整体状况所进行的分析、综合，是企业财务管理中重要的内容之一。通过财务分析，评价企业财务状况，为企业管理和决策提供相关服务。而财务分析的实质应是建立在商品全面实时价值分析基础上的。

一、企业财务分析的作用

通过企业财务分析，可以为企业相关利益主体提供财务信息，为经济决策服务，并通过财务分析改善经营管理。企业财务分析报告的使用者就是企业的相关利益主体，如企业的所有者、债权人及政府等。下面以股份制企业为例介绍财务分析报告的使用者。

企业的股东

股东是企业的所有者，也是企业的投资者。股东并不直接参与企业的经营管理，因而主要通过企业提供的财务报告获得有关信息，据以分析企业的经营成果、资本结构、资本的保值增值、利润分配和现金流转等情况，据以测算其投资报酬率能达到多少及可能性有多大，从而做出是放弃投资还是转让股权等投资决策。

企业的债权人

企业的债权人如直接贷款人、信贷银行、企业债券持有者等，虽然不是企业的所有者，但是有权向企业追索本金及利息，也可以通过财务报告分析来了解企业的财务信息，如企业举债经营的情况、资产抵押情况、资本结构、现金流量等，并以此做出是继续贷款还是收回贷款的决定。

企业的经营者

企业的管理者，是为企业提供管理服务的集团。财务状况是直接的经营成果，所以，通过对财务报表的资料进行财务分析，可以发现问题，做出管理上的改善；或通过财务状况分析预测做出未来生产经营的决策；或通过财务分析确定管理者的经营成果及企业家报酬等。

政府的有关部门

通过企业的财务分析，可以为政府制定宏观管理政策、法律提供相应的参考，包括税收政策在内。

二、企业财务分析的方法

目前的企业财务分析的方法主要有“比较分析法”、“比率分析法”、“因素分析法”与“趋势分析法”等，下面我们就来介绍一下这些方法，并在此基础上，我们进而给出财务成果的全面实时价值分析。

（一）比较分析法

这种方法是将两个或者两个以上经济指标进行对比，找出存在的差异。这是财务分析最基本的方法，是其他方法的基础。具体操作方法如下：

1. “实际指标”与“计划指标”对比

将这两个指标进行对比，得出的差异就说明了计划或定额的完成情况。如某企业 2008 年计划实现利润 1000 万元，2008 年实际实现利润为 800 万元，其差额为计划指标减去实际实现指标为 1000 - 800 = 200 万元，没有达到预期的指标。

2. 本期实际指标与上期、上年同期或历史最高水平的实际指标进行对比

通过对比后所得到的差额反映出在不同时期的增减变化，可以预见财务发展趋势。

3. 本单位实际指标与国内或国外同行业先进单位的同类指标的对比

本单位的实际指标与国内外同行业先进单位的同类指标的对比，其差异性反映出与国内外先进单位的差别。

需要说明的是，使用这种对比方法的指标应该是可比的，本企业与所对比的企业是同胚的集合，或者说是有同样规模与结构的企业的对比才有对比意义。

（二）比率分析法

比率分析法是通过计算经济指标的比率，求出有关指标的相关关系，用以评价企业财务状况与经济效益的分析方法。

对比分析法是求绝对差异数，比率分析法是求相对数。

比率指标主要有三种：

1. 构成比率

这是用来计算某项经济指标的各个组成部分占总体比重的比率，反映出部分与整体的关系。例如，流动资产占总资产的比重、坏账占应收账款的比重、经营用固定资产占全部固定资产的比重等。通过比率分析，可以考察某个部分在总体中的形成与安排是否合理。

2. 效率分析

效率分析是用来计算某经济活动的费用与所得的比率，反映企业的投入与产出的关系。例如，成本费用与利润的比率、资金占用与利润的比率等。

3. 相关关系

是用来计算具有相关关系的指标的比率，用于反映有关经济活动的联系。如流动资金与流动负债的比率、负债总额与资产总额的比率等。

运用这一方法的前提是指标间必须有相关关系。

注意，运用比率分析法时，仅求出其比值是不够的，还要应用“对比分析法”找出一个标准与其比较，以便对企业的财务状况和经营成果进行评价。

通常使用的对比标准有：预定目标、历史标准、行业标准和公认标准等。

（三）因素分析法

这是用一定的数学方法来计算分析几个相互联系的因素对某项经济指标的影响程度的一种分析方法。常用的方法是按一定的替代程序，利用各个因素实际与标准数的差异，确定一个因素单独变化对整个经济指标的影响程度，这种因素分析法也被称为“连环替代法”。

（四）趋势分析法

趋势分析法是将两期或连续几期财务报告中相同的指标进行比较，求出其增减变动的方向和幅度的分析方法。采用这种方法可以显示企业生产经营状况的变动趋势，并预测企业的发展前景。这种方法用于分析重要财务指标的变动趋势及财务报表中各项目金额的比较。

1. 重要财务指标

重要财务指标是指投资人、债权人及经营管理者较为关注的指标，如利润总额、资金利润率、每股收益、净资产利润率、资产负债率、销售收入和销售成本等。

用趋势分析法观察其绝对额或比率的增减变动情况及变化幅度，考察企业有关业务的发展趋势，预测其发展前景，可以计算动态比率指标，如销售收入增长率。因采用的基数不同，所计算的动态比率指标有两种：定基动态比率与环比动态比率。前者是以某一时期的数额为固定基数而计算出来的动态比率，后者是以前一分析期的数额为基数而计算出来的动态比率。

2. 报表各项目金额比较

报表各项目金额比较是将两期或连续数期的财务报表各项目的金额并列起来，比较各相同指标的增减变动金额与变动幅度，用以说明企业财务状况和经营成果的发展变化。

企业财务分析所依据的资料主要包括《资产负债表》、《利润表》、《现金流量表》、《利润分配表》、《主营业务收支明细表》、《财务状况说明书》等。

企业财务分析的内容主要包括企业偿债能力分析、企业权益结构分析、资产营运能力分析、企业盈利水平分析等。

第二节 企业盈利能力分析

企业的盈利能力是企业投资者如股东或债权人等最为关心的问题，因此，企业盈利能力的分析是企业财务经济效益分析中的重要内容之一。

反映一般企业盈利能力的财务指标主要包括：销售利润率、成本费用利用率、资产总额利润率、资本金利润率与所有者权益利润率等；而反映股份制企业盈利能力的指标则主要包括每股收益、市盈率、股票增值率等。

一、一般企业的盈利能力分析

1. 销售利润率

销售利润率是指企业的利润总额与主营业务收入净额的比率。计算公式为：

$$销售利润率=\frac{利润总额}{主营业务收入净额}\times 100\%$$

企业的销售利润率高，说明企业的财务经济效益状况良好。反之，说明企业的财务经营效率较低。

表 7-1 利润表

2008 年 12 月 31 日　　单位：万元

项目	上年数	本年数
一、主营业务收入	1500	1800
减：		
主营业务成本	900	1100
主营业务税金及附加	150	170
二、主营业务利润	450	530
加：		
其他业务利润	80	90
减：		
营业费用	120	100
管理费用	60	70
财务费用	30	40

续表

项目	上年数	本年数
三、营业利润	320	410
加： 投资收益 营业外收入 减： 营业外支出	 20 12 5	 60 31 1
四、利润总额	347	500
减： 所得税（25%）	 87	 125
五、净利润	260	375

例：某企业的利润表如表 7-1 所示，试计算该企业 2007 年及 2008 年的销售利润率，并进行对比。

解：

根据销售利润率公式

$$2007\text{ 年销售利润率}=\frac{347}{1500}\times 100\%=23\%$$

$$2008\text{ 年销售利润率}=\frac{500}{1800}\times 100\%=28\%$$

由此可见，该企业 2008 年的销售利润率比 2007 年的销售利润率增加了 5%，所以，该企业的经营效益有了提升。

为了综合考虑企业的经济效益，销售利润率可以用“净利润”为分子来计算，这时的计算结果称为“销售净利润率”。如：

$$2008\text{ 年销售净利润率}=\frac{375}{1800}\times 100\%=21\%$$

此外，销售利润率还可以用“主营业务利润”做分子来计算，称为“毛利率”这样可以排除一些与主营业务无直接关系的指标的影响。如：

$$2008\text{ 年销售毛利润率}=\frac{530}{1800}\times 100\%=29\%$$

2. 成本费用利用率

成本费用利用率是指企业利润总额与成本费用总额的比率。该指标反映了企业生产经营过程中所发生的耗费与收益之间的关系的指标。成本费用利用率的计算公式如下：

$$成本费用利用率=\frac{利润总额}{成本费用总额}\times100\%$$

如果该比率较高，则说明该企业耗费所取得的收益较高。企业在增收节支增产节约方面有了成效。根据表 7-1 中的数据，可以得出该企业 2007 年和 2008 年两年的成本费用利用率为：

$$2007\text{ 年成本费用利润率}=\frac{347}{900+（120+60+30）}\times100\%=31\%$$

$$2008\text{ 年成本费用利润率}=\frac{500}{1100+（100+70+40）}\times100\%=35\%$$

对比之下，2008 年的成本费用利润率较高，说明该企业在 2008 年的费用利用率高于 2007 年。企业在增收节支方面取得了明显的成效。

3. 总资产利润率

总资产利润率，又称为资金利用率，是企业利润总额与资产平均总值的比率。它反映一个企业全部资产的获利能力。总资产利润率的计算公式如下：

$$总资产利润率=\frac{利润总额}{资产平均总额}\times100\%$$

其中，资产平均总额=（期初所有者权益+期末所有者权益）/2

该比率越高，说明企业的资金利用效益越好，企业获利能力越强。

例：设某企业《资产负债表》中 2008 年期初的资产为 3000 万元，期末的资产为 3200 万元，利润总额如表 7-1 所示。试求其该企业的总资产利润率。

解：

$$2008\text{ 年总资产利润率}=\frac{500}{（3000+3200）\div2}\times100\%=16\%$$

在进行综合分析时，一般使用净资产利润率，净资产利润率也称为净资产收益率。

$$净资产利润率=\frac{净利润}{资产平均总额}\times 100\%$$

4. 资本金利润率

资本金利润率是指企业的利润总额与资本金总额的比率，反映了投资者投入资本的获利能力。

$$资本金利润率=\frac{利润总额润}{资本金总额}\times 100\%$$

该比率越高，说明企业的资本金利用率越大。

资本金数额来自《资产负债表》中的“实收资本”。

5. 所有者权益利润率

仅用资本金利润率来反映投资者的收益还不能说明问题，因为资本金仅为实收资本，用来实现利润垫支的资金还包括“公积金”和“未分配利润”，因此还要计算所有者权益利润率。

$$所有者权益利润率=\frac{利润总额}{平均所有者权益}\times 100\%$$

所有者权益是企业的投资者对企业净资产的所有权，故所有者权益=净资产。该比率越高，说明投资者的投资收益越好。

如果把所有者权益利润率公式中的分子取“净利润”，所计算出来的所有者权益利润率如果小于平均投资报酬率，则说明投资者的收益不理想。

二、股份制企业的盈利能力分析

作为股份制企业，实质是集资性质的企业，即由股东集体投资，作为企业的“实收资本”，再转化为企业的资产，包括固定资产和流动资产，通过企业家的经营运作，生产出适合市场需要并且需求大于供应的商品，以获得整个企业的投入大于产出的利润，在此基础上，根据股东大会决议，进行股利的分配与保留的决定，这样，就要计算每股收益、市盈率及每股增值等。

1. 每股收益

每股收益是指普通股每股净收益。可按下式计算：

$$普通股每股收益=\frac{净利润-优先股股利}{流通在外的普通股股数}$$

根据表7-1所示，该公司2008年净利润为375万元，假设公司为股份制企业，并且在外普通股股数为600万元股，优先股股息为19万元。则该企业2008年每股收益为：

$$每股收益=\frac{3\ 750\ 000-190\ 000}{6\ 000\ 000}=0.59（元）$$

2. 每股股利

每股净收益并不一定全部发放到股东手中，一般只是发放一部分净收益，留一部分作为企业再投资或资金周转使用。这样，每股股利是指公司发放的现金股利与流通在外的普通股股数的比率。该比率反映了每一普通股能获取多少现金收入。

$$每股股利=\frac{净利润-公积金-未分配利润-优先股股利}{股份数}$$

根据《资产负债表》及《利润表》中相关数据和本公式，可以计算出一个股份公司的每股股利。

设某公司2008年的净利润为3 750 000元，公积金为187 500元，根据公司股东大会决议，未分配利润为1 000 000元，优先股股利为300 000元，总股份数为6 000 000，则该企业2008年所发放的每股股利为：

$$每股股利=\frac{3\ 750\ 000-187\ 500-1\ 000\ 000-300\ 000}{6\ 000\ 000}=0.38（元）$$

第三节　企业偿债能力分析

偿债能力是指企业偿还其债务的能力。通过偿债能力的分析，能揭示出一个企业财务风险的大小。偿债能力分析分为短期偿债和长期偿债两种情况，现在分别介绍一下。

一、短期偿债能力分析

对于短期债权人来说，他们关心的是企业是否有足够现金和其他能在短期内变现的资产，以支付即将到期的债务。企业若无法满足债权人的要求，则会引起破产或造成生产经营的混乱。

短期偿债分析体现在企业流动资产与流动负债的对比关系中，反映流动资产对偿付流动负债的保障程度。因此，短期偿债能力分析就要揭示企业流动资产与流动负债的适应程度，查明企业资产变现能力的强弱。可以通过下面的一些指标来分析。

流动比率

$$\text{流动比率}=\frac{\text{流动资产}}{\text{流动负债}}$$

一般来说，流动比率较高，企业短期偿债能力也较强。但流动比率过高，说明企业有较多的资金滞留在流动资产上，从而影响了资金的获利能力。因此，流动比率应保持在一定的幅度范围之内。根据国际惯例，流动比率=流动资产/流动负债=2/1 为宜，即两份资产对应一份负债。当然，可能根据不同情况，确定不同的数，但通常应控制在大于 1 小于 2 的范围内。这样，既能保证有一定的流动偿债能力，又能保证日常其他资金的需要。

需要说明的是，流动比率没有考虑到流动资产的构成，所以，流动比率高，并不一定说明企业的偿债能力强。因此，还要把流动比率与速动比率结合起来使用。

速动比率

速动比率是速动资产与流动负债的比率，可以衡量企业流动资产中可以立即用于偿付流动负债的能力。

速动资产是指流动资产中变现能力较强的项目，主要包括现金、短期投资、应收票据、应收账款等。其计算公式如下：

$$\text{速动比率}=\frac{\text{速动资产}}{\text{流动负债}}$$

$$=\frac{\text{流动资产}-\text{存货}}{\text{流动负债}}$$

在企业的流动资产中，存货的变现周期较长，而且可能发生损耗和出现销售上的滞销现象，而把存货从流动资产中扣除，就会使流动资产的流动性增强。究竟速动比率多大为好？国际上通常认为 1 为好。即一份速动资产对应着一份流动负债。当然也不是绝对的。例如，对于大量采用现金销售的商店来说，因应收账款较少，所以，速动比率可以小于 1。而对于一些应收账款较多的企业，则速动比率就要求很高才行，或者说大于 1 的一个很大的数才可以。

需要说明的是，对企业短期偿债能力的分析，应将速动比率与流动比率结合起来分析。当速动比率较高，流动比率较低时，企业短期内的偿债能力仍然较强。反之，当速动比率较低，流动比率较高时，关键要看存货的变现能力，如果存货的变现能力较强，其短期偿债能力也并不一定弱。只有两比率都较弱时，才体现出企业短期偿债能力较弱。

为了充分揭示企业流动资产各项目持有状况对短期偿债能力的影响，还必须进一步分析企业流动资产的营运效率，主要包括应收账款周转率和存货周转率。

应收账款周转率

应收账款周转率反映企业应收账款的变现速度和管理效率，它是利用赊销收入净额与应收账款平均余额进行对比所确定的指标，有周转次数和周转天数两种表示方法。其计算公式为：

$$应收账款周转次数=\frac{赊销收入净额}{应收账款平均余额}$$

$$应收账款周转率=\frac{360\text{ 天}}{应收账款平均余额}$$

$$应收账款周转天数=\frac{360\text{ 天}}{应收账款周转次数}$$

$$=\frac{应收账款平均余额\times 360\text{ 天}}{赊销收入净额}$$

式中，赊销收入净额=销售收入净额-现销收入。

平均应收账款余额=（期初应收账款余额+期末应收账款余额）/2

例：假设某企业销售收入为 600 000 元，其中 70% 是赊销，年初应收账款为54 000元，年末应收账款余额为60 000元，则应收账款周转次数为：

解：

根据应收账款周转次数公式有

$$应收账款周转次数=\frac{600\ 000\times70\%}{(54\ 000+60\ 000)/2}$$

$$=7（次）$$

应收账款周转天数=360/7=51天

由此可见，该企业应收账款周转次数为7次，每周转一次需要51天。应收账款的周转次数越多，则周转天数越少，说明应收账款回收越快，利润效益越好，企业短期偿债能力就越有保障。应收账款周转率可以反映企业收回赊销账款的能力。

存货周转率

存货周转率是衡量存货变现能力强弱和存货是否过量的财务指标。存货周转率是由销售成本与平均存货进行对比所确定的指标。分为存货周转次数和存货周转天数两种表示方法，可按下式计算：

$$存货周转次数=\frac{销货成本}{存货平均余额}$$

$$存货周转天数=\frac{360天}{存货周转次数}$$

$$=\frac{存货平均余额\times360天}{销货成本}$$

式中，存货平均余额=（期初存货余额+期末存货余额）/2

例：某企业销货成本为50 000元，期初存货余额为42 300元，期末存货余额为49 000元，试计算其存货周转率。

解：

$$存货周转次数=\frac{50\ 000}{(42\ 300+49\ 000)/2}=1次$$

$$存货周转天数=\frac{(42\ 300+49\ 000)/2\times360}{50\ 000}=329天$$

由此可见，该企业存货周转次数较少，而周转一次需要的天数较多。

存货是否变现以及变现速度直接影响到企业的短期偿债能力，本例中，企业存货变现能力差，相应的偿债能力也较弱。企业的资金更多是以物的方式存在，难以随时偿还债务。

现金比率

现金比率是指企业现金类资产与流动负债的比率，现金比率反映企业直接偿付债务的能力。

现金类资产即广义的现金，它包括货币及现金的等价物。什么是现金等价物？它是指企业持有的期限短、流动性强、易于转换为已知金额现金、价值变动风险很小的短期投资。

$$现金比率=\frac{货币资金+现金等价物}{流动负债}$$

现金比率反映了企业的现金直接支付能力，作为债权人总是偏爱较高现金比率的企业。

二、长期偿债能力分析

长期偿债能力分析是指企业偿还期超过一年的一个经营周期债务的能力，它反映了企业偿付长期负债本金与利息的能力。

现在我们仅从债权人角度来考察企业长期偿债能力的判断问题。

反映企业长期偿债能力的指标主要有资产负债率、负债与所有者权益比率（产权比率）、利息保障倍数及长期负债与营运资金的比率等。下面分别介绍如下：

资产负债率

资产负债率又称为负债比率，是指企业的负债总额与资产总额的比率。它表明企业的资产总额中有多少是债权人提供的，并通过这个比率能看出企业的资产对债权人的权益保障程度。

$$资产负债率=\frac{负债总额}{资产总额}$$

该比率越小，其说明企业的资产所占的比例越大，长期偿债的能力越强。

现实社会中，企业很少全部用自己的资金进行生产经营，多是通过一定的借款来扩大生产规模，在进行了财务分析通过借债的成本、费用等小于投资收益时，根据杠杆原理，企业通过借债能够获得超额的投资回报。企业总是愿意保持一定的资产负债率，这也是由企业的本质所决定的。企业就是以资本投入来实现投资资本增值的，即以钱挣钱。企业在本质上是资金的运作，只要有资本增值或利润，企业就会向外借钱进行生产。

然而，资产负债率只有保持在一定的范围之内，债权人的还债安全性才能得到保障，否则，根据杠杆原理，在企业的市场前景不好或销售亏损时，借债不但不能带来资本投资增值，反而会背上沉重的利息包袱，出现雪上加霜的情形，一旦破产清算，所剩财产不够偿还债务时，债权人的本金就难以得到偿还。所以，企业向外借款，总是愿意把钱借给资产负债率较低的企业或单位，以保障本金的偿还及利息的回报。

负债与所有者权益比率（产权比率）

负债与所有者权益比率，也称产权比率，是指负债总额与所有者权益的比率。

$$负债与所有者权益比率=\frac{负债总额}{所有者权益总额}$$

从公式中不难看出，在分子中负债总额确定的情况下，一个企业的所有者权益越大，其负债与所有者权益比率（产权比率）就越小。企业的偿债能力越强。债权人的权益保障程度越高。

利息保障倍数

$$利润保障倍数=\frac{利润总额+利息费用}{利息费用}$$

利息保障倍数是指企业生产经营所获得的税前利润及利息费用之和与利息费用的比率。它可以衡量企业偿付利息的能力。企业生产经营所获得的息税前利润对于利息费用的倍数越多，表明企业支付利息的能力越强。

债权人通过对利息保障倍数的分析，可以衡量出获得利息及收回本金的安全程度，便于做出贷款决策。

长期负债与营运资金的比率

计算公式如下：

$$长期负债与营运资金的比率=\frac{长期负债}{营运资金}$$

$$=\frac{长期负债}{流动资金-流动负债}$$

长期负债会随着时间的推移不断转化为流动负债，因此，流动资产除了满足偿还流动负债的要求，还必须有能力偿还到期的长期负债。

最后要说明的是，企业长期偿债能力与获利能力是一种互动关系，表现在如果企业的获利能力不强，会使现金流入量减少，这样就会难以偿债，影响到继续借款，也会使企业经营更加艰难。所以，偿债能力归根结底还是靠盈利能力支撑的。也就是说，企业不论是借债还是吸股，都要靠经营成果来说话。只有经营好的企业，其偿债安全性才能得到保障。

第四节　企业营运能力分析

营运能力体现的是企业资金周转的能力，一般来讲，资金周转越快，企业的生产经营质量越高。

企业的营运能力分析，包括流动资产周转分析、固定资产周转分析和总资产周转分析三种情况。

一、流动资产周转分析

反映流动资产周转的指标有：应收账款周转率、存货周转率与流动资产周转率。分别介绍如下：

应收账款周转率

是反映应收账款周转速度的指标，是一定时期赊销净收入与应收账款平均余额的比率。应收账款周转率可用年周转次数来表示，但通常采用周转天数表示。

$$应收账款周转次数=\frac{赊销净收入}{应收账款平均余额}$$

式中，

赊销净收入=主营业务收入-现销收入-销售退回-销售折扣-销售折让

应收账款平均余额=（期初应收账款+期末应收账款）/2

应收账款周转次数越多，说明应收账款回收速度越快，财务工作效率越高，有利于加速资金周转。

$$应收账款周转天数=\frac{360}{年应收账款周转次数}$$

$$=\frac{应收账款平均余额}{赊销收入净额}\times360$$

应收账款周转天数，表示企业实现销售开始至应收账款收回为止所需天数。周转天数越少，表示应收账款占用时间越短，资金管理的效率就越高。

存货周转率

存货周转率是指主营业务成本与存货平均余额的比率，它反映了企业销售能力和流动资产流动性的强弱。

对于工业企业而言，存货包括原材料、在产品、产成品等，涉及企业产、供、销的各个环节，所以存货周转率是衡量一个企业生产经营各个环节中存货运营速度和效率的一个综合指标。

$$存货周转率=\frac{主营业务成本}{存货平均余额}$$

流动资产周转率

流动资产周转率是指流动资产周转额与流动资产平均余额的比率，是反映企业流动资产周转速度的一个指标。

流动资产周转率也用周转次数与周转天数来表示。

$$流动资产周转次数=\frac{流动资产周转额}{流动资产平均余额}$$

$$流动资产周转天数=\frac{360}{年周转次数}$$

企业的流动资产周转次数越多，说明企业的流动资金周转越快，资金利用效率就越高。流动资产周转一次所需要的天数越少，说明企业流动资产在生产经营过程中占用的时间越短，资金利用率越高，并有利于减少利息损失，增加获利机会。

流动资金周转额可按主营业务收入计算，也可按主营业务成本核算。按主营业务收入计算周转额而计算出的流动资产周转率，不仅反映企业生产经营过程中投入流动资产的周转速度，而且反映生产经营过程中新创价值的情况。所以，一般以主营业务收入来计算流动资金周转额。

二、固定资产周转分析

用固定资产周转率来反映固定资产周转情况。

$$固定资产周转率=\frac{主营业务收入净额}{固定资产平均净值}$$

固定资产周转率越高，说明企业固定资产投资得当，结构合理。反之，固定资产周转率低，说明企业的固定资产利用效率不高，企业营运能力欠佳。

企业经营实质也就是主要通过固定资产使用并配之相应的流动资金生产出商品，通过商品市场销售来获得收入大于支出的投资资本金的增值。从这一点上来说，固定资产周转率是反映企业生产经营运营能力的重要指标。

三、总资产周转分析

总资产周转分析的主要指标是总资产周转率。

$$总资产周转率=\frac{主营业务收入净额}{资产平均总值}$$

从公式中可以看出，总资产周转率高，说明企业利用全部资产进行营运的效率高；反之，说明资产利用效率差。

第五节 企业综合财务分析

上述内容分别从不同侧面和角度介绍了财务分析的方法，但是，对于一个企业财务活动的综合性来讲，仅有这些还是不够的，有时候，某单项指标好，不一定等于整体的财务效益好；同样，某一个单项指标不够好，也不等于说整个财务状况不好。也就是说，一个企业整体财务状况总是各项单项指标综合作用的结果。所以，财务分析的重点还在于综合分析，通过综合分析的结果，得出财务状况的好与坏。

下面介绍几种财务综合分析的方法：

一、杜邦系数

在财务分析的综合分析中，最著名的方法是杜邦分析法，也称为杜邦分析系统，是美国杜邦公司经理们创造出来的。

杜邦分析系统如图 7-1 所示。

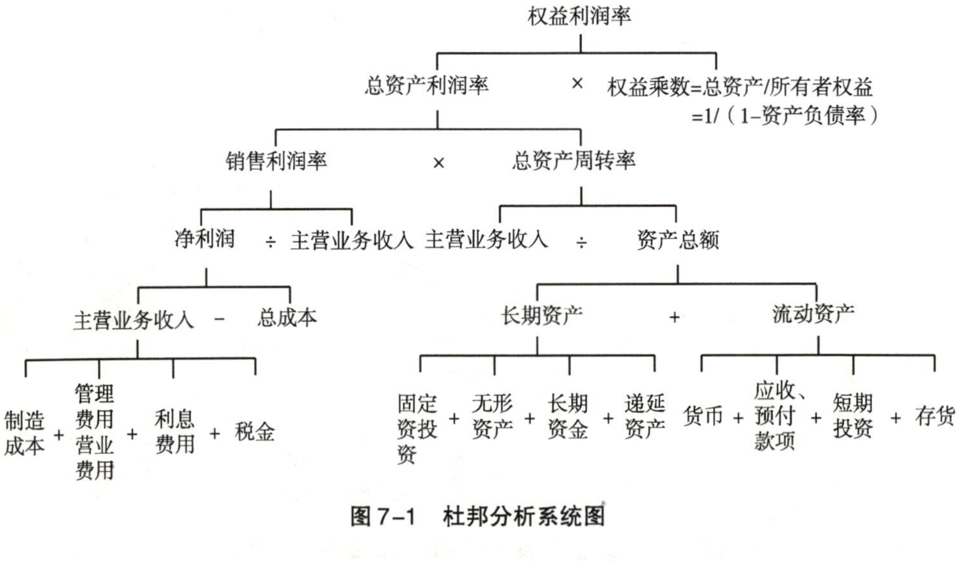

图 7-1 杜邦分析系统图

根据图 7-1 的杜邦系统图，可以了解到以下几个方面的财务信息。

1. 权益利润率是杜邦系统的核心

权益利润率是一个综合性极强、最有代表性的财务比率。这是因为财务管理的目标任务就是使所有者权益最大化，而反映这一目标的财务指标就是权益利润率。该比率不仅反映了投资者投资的总体效益，而且反映了投资人财务增长的速率。

权益利润率主要取决于总资产利润率和权益乘数。

2. 反映企业的销售和企业的筹资情况

总资产利润率是销售利润率和总资产周转率的乘积，该比率可以反映企业销售和资产管理情况。

销售利润率反映了企业净利润与销售收入的关系，由于利润与成本费用相关，因此该比率还反映了销售收入与成本费用的关系。

总资产周转率是反映企业运用全部的资产以形成销售收入能力的指标，总资产周转率除了取决于资产构成是否合理以外，还取决于各项资产的使用效率。

3. 反映企业各项成本费用的情况

杜邦分析系统图可以分析成本费用结构是否合理，有利于加强对成本费用的控制。该图将企业各项成本费用系统地进行了反映，可以看出各成本费用对利润的影响程度，其中对利息费用尤为重视，主要是分析财务杠杆的作用。

4. 反映流动资产与长期资产的结构

通常，行业不同，其流动资产与长期资产的比例也是不同的，但对于同一个行业来说，其流动资产与长期资产的比例大体上是相当的，流动比例内部的各项资产也有一个比例，通过杜邦分析系统图，就可以分析出企业资产结构是否合理。

二、沃尔比重评分法

在进行财务分析时，往往在计算出财务比率以后，还难以判断它是偏高还是偏低。与本企业的历史数据或计划指标进行对比，也只有看出自身的变化和计划完成情况，难以评价其在市场竞争中的优劣地位。为此，沃尔在20世纪初提出了信用能力指数的概念，把流动比率、产权比率、固定资产比率、存货周转率、应收账款周转率、固定资产周转率、自有资产周转率等指标用线性关系结合起来，并分别给出各自的分数比重，然后通过与一个标准的比率进行对比，确定各项指标的得分后计算累计得分即总分，从中得出企业的财务信用情况。

我国财政部于1995年颁布的企业经济效益评价10项指标体系，使用沃尔比重评分法，具体方法如下：

以企业所在行业的平均先进水平作为标准比率，找出同行业经济效益好的几家企业，求出它们的10项比率指标的平均值，作为标准比率。

以标准值的重要性相权数为100分，其中销售利润率为15分，总资产报酬率为15分，资本收益率为15分，资本保值增值率为10分，资产负债率为5分，流动比率或速动比率为为5分，应收账款周转率为5分，存货周转率为5分，社会贡献率为10分，社会积累率为15分。

根据企业财务报表，分项计算上述10项指标的实际值，然后加权平均计算10项指标的综合实际分数。计算公式分别如下：

$$\text{综合实际分数} = \sum(\text{权数} \times \text{关系比率})$$

其中，关系比率是指实际值与标准值的比率，具体计算方法分为三种情况：

（1）凡是实际值大于标准值，则为理想的，例如销售利润率，其计算公式为：

$$\text{关系比率} = 1 + \frac{\text{实际值} - \text{标准值}}{\text{标准值}}$$

（2）凡是实际值小于标准值，则为理想的，如存货周转率，其计算公式如下：

$$\text{关系比率} = 1 + \frac{\text{标准值} - \text{实际值}}{\text{标准值}}$$

（3）凡是实际值脱离标准值，则均为不理想的，如资产负债率等，其计算公式为：

$$\text{关系比率} = 1 - \frac{|\text{实际值} - \text{标准值}|}{\text{标准值}}$$

三、趋势分析法

顾名思义，趋势分析法就是通过分析财务状况变化发展趋势来进行财务判断的方法。

具体从以下三个方面的发展趋势进行对比判断。

1. 比较财务指标与财务比率

可以从企业过去连续的财务报告中选出重要的财务指标，进行计算加工后，直接观察其指标或比率的变动趋势。

例：设某公司 2006 年的利润总额为 200 万元，销售利润率为 19%，编制出 2006 至 2008 年间的利润变动趋势表，如表 7-2 所示。

表 7-2　某企业 2006～2008 年的利润变动趋势表

项目（年）	2006	2007	2008
利润总额（万元）	200	250	263
销售利润率（%）	19	17	16

根据表 7-2 可以看出，该企业利润总额呈上升趋势，说明经营成果较佳。但是，从销售利润率上看，却呈下降的趋势，说明企业在成本、费用等管理上还存在着一定的问题。

2. 比较会计报表的金额

将连续期同一种会计报表的金额并列起来，比较各项目相同增减变动的金额及幅度。如把资产负债表和利润表等连续几年的指标进行对比，看金额是增加了还是减少了，并做出分析，包括增长量及增长率等，分别编制出比较资产负债表及比较利润表等。

3. 比较会计报表的构成

这种方法就是以会计报表中的某一总体指标作为百分之百，计算出各组成部分指标占总体指标的百分比，然后比较几个连续期该项指标的增减及变化趋势。最常见的是主营业务收入百分比法，即以主营业务收入为 100%，计算出各项主营业务成本、利润各占营业收入的百分比，来分析这些百分比的增减及变动情况。

从表7-3可以看出，主营业务成本比重上升是导致产品销售利润比重降低的主要原因。

表7-3 比较利润表

项目（年）	2007	2008
一、主营业务收入（%）	100	100
主营业务成本（%）	59	61
主营业务费用（%）	7	6
主营业务税金（%）	12	12
二、产品销售利润（%）	22	21

第六节 财务成果的价值分析

前面几章，我们使用传统财务管理理论的货币价格分析来进行财务管理研究。然而，只有在货币与商品价值相等的社会中，才能使用货币表示商品的价值，即货币本身投入加效用的价值与其他任何商品投入加效用的价值完全相等，上述理论才得以真正成立。而在会有通货膨胀率或通货紧缩率的纸币的商品价格社会里，纸币价格充其量只是价值的“影子”，所以，在财务成果的度量上，就不能简单使用纸币下货币表示的价格作为度量单位，而要使用其商品本身的价值单位来度量，从而去掉货币价格带来的偏离商品实际价值的不当。财务管理及一切经济管理类的各门学科，都应将货币价格的度量结果换算为价值单位来进行度量。具体来说，即对财务报表数据及财务分析数据，都将货币单位换算为价值单位即可。

利润表的价值分析：

把利润表上净利润的货币单位换算为价值单位，就是价值结果。如经计算某企业某年末的净利润为2000万元=20万Tianhua。这个结果的好处是去掉了通货膨胀或通货紧缩的货币时间价值影响的结果，能够把不同年份的财务收益结果相对比，不但如此，还能够与其他一切使用价值单位计算的国家的财务成果统一进行对比。

而作为整个企业财务的全面实时价值管理，就要在全面系统掌握企业全面实时价值管理整套理论基础上，通过“全球经济一网通系统——企业总价值、剩余价值每日实时评估显示预测系统”的计算机自动化操作来完成，即作为企业的财务人员通过每天实时观测到的系统显示的企业总价值、剩余价值及实时变化情况进行计划、组织、领导、沟通、协调、控制、激励、考核、分配等，为整个企业实现全面价值的价值规律下的经营管理保驾护航。而由于该软件下的企业总价值、剩余价值是以黄金克数表示约总价值、剩余价值，这样，根据这一系统实时显示出来的企业总价值黄金重量，可与其他所有商品的价值重量进行对比，包括企业之间的实时总价值对比，形成“全球企业总价值实时排名系统”。对剩余价值的黄金重量对比，能看出企业价值增值速度和能力。

全书总结

本书以股份制企业为模型，阐述了全面价值下的财务管理理论及方法，对传统的各种片面价值观下的财务管理内容做了全面化的完善与发展，即在融资、投资、分配等各方面上进行了全面价值管理。对于涉及财务管理的核心难点问题，如收益净现值 NPV 问题，由传统的内部复利净现值 NPV 进一步发展为内外部综合考虑、单利与复利净现值 NPV，以及总收益现值 TPV 等概念，并首次给出了《1 元单利终值表》以及《1 元单利现值表》等，进一步发展了实时财务管理的计算机操作方法，直观实时地看到企业总价值、剩余价值变化规律，克服传统的前评估预测未来收益及折现率的虚拟结果以及后评估评估结果的无用性等，并对股票、债券等价值评估计算公式进行了全面化的完善，由只计算收益净现值 NPV 价值确定的价值结果，完善发展为包括生产要素成本投入在内加上收益总现值 TPV 的全面化总价值以及实时价值的计算机操作方法。

一、商品的全面实时价值

商品的全面实时价值，是全面价值财务管理的理论奠基，也是本书区别于所有传统的财务管理书籍的重要分水岭。财务管理就是对现金所进行的管理，而现金由于纸币社会带有通货膨胀或通货紧缩率，因此是有水分或贴金的价值，只通过纸币价格不能确定商品的价值。而商品的价值内容又是全面化、实时化的，所以，只有对这些内容研究清楚以后，才能进行全面实时价值基础上的财务管理以及实际操作。

这一章重点介绍了商品全面价值的内涵及外延、实时价值以及价值度量单位的问题。

1. 价值的内涵与外延

内涵：

各种商品，尽管外形不同、品种各异，但却都存在着完全相同的本质，即一切商品全部共同抽象的本质，被称为商品的“价值”。

一切商品共同抽象的本质，就是生产要素投入加效用。因此有：

一切商品的全面统一价值=生产要素投入+效用

剩余价值=总价值-生产要素投入

外延：商品价值的外部影响因素是供求关系，当商品的市场供应小于需求时，商品的效用价值增加，价格大于平均的公允价值；当供应大于需求时，则商品的效用价值减少，出现价格低于公允价值，只有在商品的供求相等时，价格才能与公允价值相等。

所有不同商品，在价值的内涵及外延上都是一样的。

此前传统的经济学财务管理理论都是建立在“劳动要素”或“效用的”所有商品的“某一个方面”的价值为理论基础上的理论体系，因此其理论结果充其量只是商品的部分价值体现，如果当成全部价值来计算，就会严重误导社会经济。而目前财务管理中的股票、债券等价值计算公式就是这么做的，即把只按内部复利净现值 NPV 计算出来的部分效用价值当成全部价值来认定，丢掉了收益中税收部分及生产要素投入部分价值。带来应用上误导是显然的了。

2. 关于一切商品全面价值及剩余价值的评估计算结果，是对商品的总投入与总效用产出加或减的结果，是前期预测出来的结果，除了虚拟就是无用。所以，需要实时计算商品的全面总价值或剩余价值，才是实际的价值。这样就给出了包括消费品及投资商品在内的所有商品的实时价值评估计算问题。

3. 价值的度量单位

从当前世界的实际情况出发，本书给出了商品价值的黄金—价值单位，即使用 1 克黄金的重量作为一个价值单位以及一世界元，即：

1 克黄金=1Tianhua 价值=1 世界元

二、筹资

就是通过民间、政府及证券市场以借贷、证券买卖形式筹集资金。在筹资过程中，不同筹资方法的筹资成本不同。在多种融资方式中，不同方法的组合也会带来不同的总筹资成本。因此，在筹资中，要通过公式计算综合资金成本，将比较综合资金成本最小化的方案作为筹资决策，是财务管理对企业商品生产经营少投入、多产出并最大限度创造商品剩余价值的具体贡献。此外还给出了最佳筹资量计算等。

三、投资

由于投资是项目进行之前做出的决策，而项目的进行是在决策之后，这样，就要对项目未来各年的收益进行核算。这时，需要区分不同情况，一种是实物货币年代，商品的价格就是价值，不需要进行资金时间价值的等值换算，只需要将项目未来的各年净现金流量 NCF 或称总利润直接加总即可。而在纸币社会中，社会始终呈现通货膨胀或通货紧缩交替进行的现象，纸币因通货膨胀带来价值贬值，因通货紧缩带来价值增值，前者称为货币价值“注水”（民间称为“吃钱”），后者称为货币价值“贴金”（这种情况较少些），这时，就要对各年收入的净现金流量 NCF 按一定的折现率折现到期初加总得到收益净现值 NPV。作为投资者在项目期初时分享的剩余价值，由于各种净现金流量是净的现金流量，即税后的净利润，是把一定的税率扣除后的结果，而税也是从利润中走出的，所以，税也是项目产出的价值增值的一部分，所以，需要再加上。而把各年的税按同样的折现率折现到期初，形成税现值 TPV 的概念，这样，投资项目在期初总的剩余价值，就是净现值 NPV 加上税现值的结果，而如果税率为 50%，就等于投资项目的剩余价值是投资者与国家对半分享的结果。

而对于折现率来说，包括资金本身的时间价值的折现率，即通货膨胀率或通货紧缩率，因政府货币政策下纸币发行的次数分为单利通货膨胀率或复利通货膨胀率，这时要根据单利或复利的不同折现率分别计算总现值 TPV 或净现值 NPV，而不能一律取复利折现率来计算收益净现值 NPV 作为项目的总价值。而取其他折现率时，如取证券投资收益率，是指以某种证券的收益率为参考获得的期初的剩余价值现金数，如取股票收益率为折现率，计算出来的收益总现值 TPV 或收益净现值 NPV 是相对于股票投资收益率之外期初（投产日或使用日）额外剩余的价值，是考虑了项目机会成本意义下的期初总剩余价值。如果取债券利息作为收益率，得到的结果则是对债券投资利息之外期初剩余的总的剩余价值；而取行业基准收益率（也称行业最低收益率），则表明该投资项目对比这个行业的最低收益率而额外收益的期初总剩余价值。总之，通胀率紧缩率折现率以外的收益净现值 NPV 或收益总现值 TPV 都只是相对于某一种投资的期初的投资者的或全部的剩余价值。

另外，折现率还决定了投资项目的总现值 TPV 或净现值 NPV 的大小，分为单利和复利两种情况。如果是复利折现率，因其复利终值比单利终值增长得快，所以，同样的各年总现金利润或净现金利润（NCF）取复利折现率折现到期初的结果数量小，而取单利折现率折现到期初折现的结果大，这是根据单利与复利折现系数不同而区分的，单利折现系数 $1/(1+in)$，i 与 n 之间是乘积关系，而对于复利折现系数 $1/(1+i)^n$ 则体现的是 i 与 n 之间的乘方关系。所以，在计算投资项目总剩余价值 TPV 或投资者净剩余价值 NPV 时，必须严格区分单利或复利进行折现加总。不但如此，作为投资项目外部的收益也是项目重要收益部分，甚至还有外部收益大于项目直接收益的情况，这样对于项目带动的社会其他行业的收益，也同样要计算总收益现值 TPV 或投资者的净现值 NPV，即只有将项目的内部收益总现值 TPV 和外部收益总现值 TPV 加到一起，才是项目总的收益现值 TPV，即总剩余价值。这样，就不能不区分单利或复利折现率以及内部与外部收益及总收益，一律只取“内部复利净现值 NPV”作为项目的总价值，与实际情况会大相径庭。而使用带有通货膨胀率或通货紧缩率的货币价格作为价值结果加以认定，则只能是包含价值“注水”或“贴金”的价值结果，这样，势必是虚拟的价值结果。

而在项目价值评估时间上，前评估是预测未来收益，因而带有算命先生性质，而后评估则已事过境迁，没有用了。

因此，最好的方法就是对各种投资项目进行每日实时价值评估，可以使用“全于球经济一网通系统——企业总价值、剩余价值每日实时评估系统”进行操作。这个系统显示的是每日实时变化的企业总价值、剩余价值，是通过商品的价值增值或贬值综合体现出来的，其总价值变化曲线的变化规律，就是企业商品的价值规律。

四、利润分配

利润分配是对商品剩余价值的瓜分。

目前市场经济社会是资本主义的市场经济社会，是按“资本”一种要素分配剩余价值的社会，这样，就剥夺了其他要素分配剩余价值的权利。因为剩余价值是多种生产要素共同综合作用的结果，所以，需要共同参与分配剩余价值才符合市场经济社会的分配原则。

正是由于按资分配的分配原则带来了劳动者受剥削的命运，带来生存难，甚至发生社会“革命”，而要素分配则还其市场经济社会的商品买卖的原则，实现公平合理，各种要素按对商品形成的贡献比率，分享利润剩余价值，就是各种生产要素与企业等价交换的分配结果，带来一个和谐的生产社会，激发其他要素，特别是劳动者生产要素的积极性，并且把整个市场经济社会的经济制度全部的优越性都发挥出来。由于市场经济社会制度是建立在“经济人”的动物本能基础上，所以，只要人的这种动物本能不改变，这种市场经济社会的制度就难以改变，社会经济就会突飞猛进地向前发展，创造超过资本主义市场经济社会的经济奇迹。而这样的市场经济社会，因其是一个完善化的市场经济社会，称为“标准市场经济社会”。

而作为按要素分配的基本雏形，就是各种生产要素以股份形式分享股利，这样，形成土地股、资本股、劳动股、科技股及企业家股等，调动土地、资本、劳动、科技及企业家参与企业商品生产经营积极性。

五、现金管理

作为企业财务剩余价值的实现是通过现金买卖来实现的商品买卖成交后的价格中的利润决定的，所以企业现金管理就显得特别重要，企业的现金流动如同人体系统中的“血脉”一样，构成企业财务管理日常行为。

六、财务分析

财务分析，是对企业财务全面综合分析，从中找到总效益最大化，而不是一两个指标的收益最大化，这些指标反映财务内在价值规律，最后要将其换算为价值单位。

参考书目

1. ［美］威廉·N. 戈兹曼.K. 哥特·罗文霍斯特. 价值起源（修订版）［M］. 王宇，王文玉等，译. 北京联合出版传媒（集团）股份有限公司，万卷出版公司，2010.

2. 斯蒂芬 A. 罗斯等. 公司理财［M］. 吴世农，沈艺峰等，译. 北京：机械工业出版社，2005.

3. ［美］斯科特（Scott，D. F.）等著. 现代财务管理基础［M］. 金马，译. 北京：清华大学出版社，2004.

附录一

1 元单利终值表

	1%	2%	3%	4%	5%	6%	7%	8%	9%	10%	11%	12%
1	1.0100	1.0200	1.0300	1.0400	1.0500	1.0600	1.0700	1.0800	1.0900	1.100	1.1100	1.1200
2	1.0200	1.0400	1.0600	1.0800	1.1000	1.1200	1.1400	1.1600	1.1800	1.2000	1，2200	1.2400
3	1.0300	1.0600	1.0900	1.1200	1.1500	1.1800	1.2100	1.2400	1.2700	1.2900	1.3300	1.3600
4	1.0400	1.0800	1.1200	1.1600	1.2000	1.2400	1.2800	1.3200	1.3600	1.4000	1.4400	1.4800
5	1.0500	1.1000	1.1500	1.2000	1.2500	1.3000	1.3500	1.4000	1.4500	1.5000	1.5500	1.6000
6	1.0600	1.1200	1.1800	1.2400	1.3000	1.3600	1.4200	1.4800	1.5400	1.6000	1.6600	1.7200
7	1.0700	1.1400	1.2100	1.2800	1.3500	1.4200	1.4900	1.5600	1.6300	1.7000	1.7700	1.8400
8	1.0800	1.1600	1.2400	1.3200	1.4000	1.4800	1.5600	1.6400	1.7200	1.8000	1.8800	1.9600
9	1.0900	1.1800	1.2700	1.3600	1.4500	1.5400	1.6300	1.7200	1.8100	1.9000	1.9900	2.0800
10	1.1000	1.2000	1.3000	1.4000	1.5000	1.6000	1.7000	1.8000	1.9000	2.0000	2.1000	2.2000
11	1.1100	1.2200	1.3300	1.4400	1.5500	1.6600	1.7700	1.8800	1.9900	2.1000	2.2100	2.3200
12	1.1200	1.2400	1.3600	1.4800	1.6000	1.7200	1.8400	1.9600	2.0800	2.2000	2.3200	2.4400
13	1.1300	1.2600	1.3900	1.5200	1.6500	1.7800	1.9100	2.0400	2.1700	2.3000	2.4300	2.5600
14	1.1400	1.2800	1.4200	1.5600	1.6000	1.8400	1.9800	2.1200	2.2600	2.4000	2.5400	2.6800
15	1.1500	1.3000	1.4500	1.6000	1.7500	1.9000	2.0500	2.200	2.3500	2.5000	2.6500	2.8000
16	1.1600	1.3200	1.4800	1.6400	1.8000	1.9600	2.1200	2.2800	2.4400	2.6000	2.7600	2.9200
17	1.1700	1.3400	1.5100	1.6800	1.8500	2.0200	2.1900	2.3600	2.5300	2.7000	2.8700	3.0400
18	1.1800	1.3600	1.5400	1.7200	1.9000	2.0800	2.2600	2.4400	2.6200	2.8000	2.9800	3.1600
19	1.1900	1.3800	1.5700	1.7600	1.9500	2.1400	2.3300	2.5200	2.7100	2.9000	3.0900	3.2800
20	1.2000	1.4000	1.6000	1.8000	2.0000	2.2000	2.4000	2.6000	2.8000	3.0000	3.2000	3.4000
21	1.2100	1.4200	1.6300	1.8400	2.0500	2.2600	2.4700	2.6800	2.8900	3.1000	3.3100	3.5200
22	1.2200	1.4400	1.6600	1.8800	2.1000	2.3200	2.5400	2.7600	2.9800	3.2000	3.4200	3.6400
23	1.2300	1.4600	1.6900	1.9200	2.1500	2.3800	2.6100	2.8400	3.0700	3.3000	3.5300	3.8800
24	1.2400	1.4800	1.7200	1.9600	2.2000	2.4400	2.6800	2.9200	3.1600	3.4000	3.6400	3.8800
25	1.2500	1.5000	1.7500	2.0000	2.2500	2.5000	2.7500	3.0000	3.2500	3.5000	3.7500	4.0000
26	1.2600	1.5200	1.7800	2.0400	2.3000	2.5600	2.8200	3.0800	3.3400	3.6000	3.8600	4.1200

1 元单利现值表

	1%	2%	3%	4%	5%	6%	7%	8%	9%	10%	11%	12%
1	0. 9900	0. 9804	0. 9709	0. 9615	0. 9524	0. 9434	0. 9346	0. 9259	0. 9174	0. 9091	0. 9009	0. 8929
2	0. 9804	0. 9615	0. 9434	0. 9259	0. 9091	0. 8929	0. 8772	0. 8621	0. 8475	0. 8333	0. 8197	0. 8065
3	0. 9709	0. 9434	0. 9174	0. 8929	0. 8696	0. 8475	0. 8265	0. 8065	0. 7874	0. 7752	0. 7519	0. 7353
4	0. 9615	0. 9259	0. 8929	0. 8621	0. 8333	0. 8065	0. 7813	0. 7576	0. 7353	0. 7143	0. 6944	0. 6757
5	0. 9524	0. 9091	0. 8696	0. 8333	0. 8000	0. 7692	0. 7407	0. 7143	0. 6897	0. 6667	0. 6452	0. 6250
6	0. 9434	0. 8929	0. 8475	0. 8065	0. 7692	0. 7353	0. 7043	0. 6757	0. 6494	0. 6250	0. 6024	0. 5814
7	0. 9346	0. 8772	0. 8265	0. 7813	0. 7407	0. 7042	0. 6711	0. 6410	0. 6135	0. 5882	0. 5650	0. 5435
8	0. 9259	0. 8621	0. 8065	0. 7576	0. 7143	0. 6757	0. 6410	0. 6098	0. 5814	0. 5556	0. 5319	0. 5102
9	0. 9174	0. 8475	0. 7874	0. 7353	0. 6897	0. 6494	0. 6135	0. 5814	0. 5525	0. 5263	0. 5025	0. 4808
10	0. 9091	0. 8333	0. 7692	0. 7143	0. 6667	0. 6250	0. 5882	0. 5556	0. 5263	0. 5000	0. 4762	0. 4545
11	0. 9009	0. 8197	0. 7519	0. 6944	0. 6452	0. 6024	0. 5650	0. 5319	0. 5025	0. 4762	0. 4525	0. 4310
12	0. 8929	0. 8065	0. 7353	0. 6757	0. 6250	0. 5814	0. 5435	0. 5102	0. 4808	0. 4545	0. 4310	0. 4098
13	0. 8850	0. 7937	0. 7194	0. 6579	0. 6061	0. 5618	0. 5236	0. 4902	0. 4608	0. 4348	0. 4115	0. 3906
14	0. 8772	0. 7813	0. 7042	0. 6410	0. 6250	0. 5435	0. 5051	0. 4717	0. 4425	0. 4167	0. 3937	0. 3731
15	0. 8696	0. 7692	0. 6897	0. 6250	0. 5714	0. 5263	0. 4878	0. 4545	0. 4255	0. 4000	0. 3774	0. 3571
16	0. 8621	0. 7576	0. 6757	0. 6098	0. 5556	0. 5102	0. 4717	0. 4386	0. 4098	0. 3846	0. 3623	0. 3425
17	0. 8547	0. 7463	0. 6623	0. 5952	0. 5405	0. 4950	0. 4566	0. 4237	0. 3953	0. 3704	0. 3484	0. 3290
18	0. 8475	0. 7353	0. 6494	0. 5814	0. 5263	0. 4808	0. 4425	0. 4098	0. 3817	0. 3571	0. 3356	0. 3165
19	0. 8403	0. 7246	0. 6369	0. 5682	0. 5128	0. 4673	0. 4292	0. 3968	0. 3690	0. 3448	0. 3236	0. 3049
20	0. 8333	0. 7143	0. 6250	0. 5556	0. 5000	0. 4545	0. 4167	0. 3846	0. 3571	0. 3333	0. 3125	0. 2941
21	0. 8265	0. 7042	0. 6135	0. 5435	0. 4878	0. 4425	0. 4049	0. 3731	0. 3460	0. 3226	0. 3021	0. 2841
22	0. 8197	0. 6944	0. 6024	0. 5319	0. 4762	0. 4310	0. 3937	0. 3623	0. 3356	0. 3125	0. 2924	0. 2747
23	0. 8130	0. 6849	0. 5917	0. 5208	0. 4651	0. 4202	0. 3831	0. 3521	0. 3257	0. 3030	0. 2833	0. 2577
24	0. 8065	0. 6757	0. 5814	0. 5102	0. 4545	0. 4098	0. 3731	0. 3425	0. 3165	0. 2941	0. 2747	0. 2577
25	0. 8000	0. 6667	0. 5714	0. 5000	0. 4444	0. 4000	0. 3636	0. 3333	0. 3077	0. 2857	0. 2667	0. 2500
26	0. 7937	0. 6579	0. 5618	0. 4902	0. 4348	0. 3906	0. 3546	0. 3247	0. 2994	0. 2778	0. 2591	0. 2427

1 元复利终值表

	1%	2%	3%	4%	5%	6%	7%	8%	9%	10%	11%	12%
1	1.010	1.020	1.030	1.040	1.050	1.060	1.070	1.080	1.090	1.100	1.110	1.250
2	1.020	1.040	1.061	1.082	1.103	1.124	1.145	1.166	1.188	1.210	1.232	1.563
3	1.030	1.061	1.093	1.125	1.158	1.191	1.225	1.260	1.295	1.331	1.368	1.953
4	1.041	1.082	1.126	1.170	1.216	1.262	1.311	1.360	1.412	1.464	1.518	2.441
5	1.051	1.104	1.159	1.217	1.276	1.338	1.403	1.469	1.539	1.611	1.685	3.052
6	1.062	1.126	1.194	1.265	1.340	1.419	1.501	1.587	1.677	1.772	1.870	3.815
7	1.072	1.149	1.230	1.316	1.407	1.504	1.606	1.714	1.828	1.949	2.076	4.768
8	1.083	1.172	1.267	1.369	1.477	1.594	1.718	1.851	1.993	2.144	2.305	5.960
9	1.094	1.195	1.305	1.423	1.551	1.689	1.838	1.999	2.172	2.358	2.558	7.451
10	1.105	1.219	1.344	1.480	1.629	1.791	1.967	2.159	2.367	2.594	2.839	9.313
11	1.116	1.243	1.384	1.539	1.710	1.898	2.105	2.332	2.580	2.853	3.152	11.642
12	1.127	1.268	1.426	1.601	1.796	2.012	2.252	2.518	2.813	3.138	3.498	14.552
13	1.138	1.294	1.469	1.665	1.886	2.133	2.410	2.720	3.066	3.452	3.883	18.190
14	1.149	1.319	1.513	1.732	1.980	2.261	2.579	2.937	3.342	3.797	4.310	22.737
15	1.161	1.346	1.558	1.801	2.079	2.397	2.759	3.172	3.642	4.177	4.785	28.422
16	1.173	1.373	1.605	1.873	2.183	2.540	2.952	3.426	3.970	4.595	5.311	35.527
17	1.184	1.400	1.653	1.948	2.292	2.693	3.159	3.700	4.328	5.054	5.895	44.409
18	1.196	1.428	1.702	2.026	2.407	2.854	3.380	3.996	4.717	5.560	6.544	55.511
19	1.208	1.457	1.754	2.107	2.527	3.026	3.617	4.316	5.142	6.116	7.263	69.389
20	1.220	1.486	1.806	2.191	2.653	3.207	3.870	4.661	5.604	6.727	8.062	86.736
21	1.232	1.516	1.860	2.279	2.786	3.400	4.141	5.034	6.109	7.400	8.949	108.420
22	1.245	1.546	1.916	2.370	2.925	3.604	4.430	5.437	6.659	8.140	9.934	135.525
23	1.257	1.577	1.974	2.465	3.072	3.820	4.741	5.871	7.258	8.954	11.026	169.407
24	1.270	1.608	2.033	2.563	3.225	4.049	5.072	6.341	7.911	9.850	12.239	211.758
25	1.282	1.641	2.094	2.666	3.386	4.292	5.427	6.848	8.623	10.835	13.585	264.698
26	1.295	1.673	2.157	2.772	3.556	4.549	5.807	7.396	9.399	11.918	15.080	330.872

1 元复利现值表

期数	1%	2%	3%	4%	5%	6%	7%	8%	9%	10%	11%	12%
1	0. 9901	0. 9804	0. 9709	0. 9615	0. 9524	0. 9434	0. 9346	0. 9259	0. 9174	0. 9091	0. 9009	0. 8929
2	0. 9803	0. 9612	0. 9426	0. 9246	0. 9070	0. 8900	0. 8734	0. 8573	0. 8417	0. 8264	0. 8116	0. 7972
3	0. 9706	0. 9423	0. 9151	0. 8890	0. 8638	0. 8396	0. 8163	0. 7938	0. 7722	0. 7513	0. 7312	0. 7118
4	0. 9610	0. 9238	0. 8885	0. 8548	0. 8227	0. 7921	0. 7629	0. 7350	0. 7084	0. 6830	0. 6587	0. 6355
5	0. 9515	0. 9057	0. 8626	0. 8219	0. 7835	0. 7473	0. 7130	0. 6806	0. 6499	0. 6209	0. 5935	0. 5674
6	0. 9420	0. 8880	0. 8375	0. 7903	0. 7462	0. 7050	0. 6663	0. 6302	0. 5963	0. 5645	0. 5346	0. 5066
7	0. 9327	0. 8706	0. 8131	0. 7599	0. 7107	0. 6651	0. 6227	0. 5835	0. 5470	0. 5132	0. 4817	0. 4523
8	0. 9235	0. 8535	0. 7894	0. 7307	0. 6768	0. 6274	0. 5820	0. 5403	0. 5019	0. 4665	0. 4339	0. 4039
9	0. 9143	0. 8368	0. 7664	0. 7026	0. 6446	0. 5919	0. 5439	0. 5002	0. 4604	0. 4241	0. 3909	0. 3606
10	0. 9053	0. 8203	0. 7441	0. 6756	0. 6139	0. 5584	0. 5083	0. 4632	0. 4224	0. 3855	0. 3522	0. 3220
11	0. 8963	0. 8043	0. 7224	0. 6496	0. 5847	0. 5268	0. 4751	0. 4289	0. 3875	0. 3505	0. 3173	0. 2875
12	0. 8874	0. 7885	0. 7014	0. 6246	0. 5568	0. 4970	0. 4440	0. 3971	0. 3555	0. 3186	0. 2858	0. 2567
13	0. 8787	0. 7730	0. 6810	0. 6006	0. 5303	0. 4688	0. 4150	0. 3677	0. 3262	0. 2897	0. 2575	0. 2292
14	0. 8700	0. 7579	0. 6611	0. 5775	0. 5051	0. 4423	0. 3878	0. 3405	0. 2992	0. 2633	0. 2320	0. 2046
15	0. 8613	0. 7430	0. 6419	0. 5553	0. 4810	0. 4173	0. 3624	0. 3152	0. 2745	0. 2394	0. 2090	0. 1827
16	0. 8528	0. 7284	0. 6232	0. 5339	0. 4581	0. 3936	0. 3387	0. 2919	0. 2519	0. 2176	0. 1883	0. 1631
17	0. 8444	0. 7142	0. 6050	0. 5134	0. 4363	0. 3714	0. 3166	0. 2703	0. 2311	0. 1978	0. 1696	0. 1456
18	0. 8360	0. 7002	0. 5874	0. 4936	0. 4155	0. 3503	0. 2959	0. 2502	0. 2120	0. 1799	0. 1528	0. 1300
19	0. 8277	0. 6864	0. 5703	0. 4746	0. 3957	0. 3305	0. 2765	0. 2317	0. 1945	0. 1635	0. 1377	0. 1161
20	0. 8195	0. 6730	0. 5537	0. 4564	0. 3769	0. 3118	0. 2584	0. 2145	0. 1784	0. 1486	0. 1240	0. 1037
21	0. 8114	0. 6598	0. 5375	0. 4388	0. 3589	0. 2942	0. 2415	0. 1987	0. 1637	0. 1351	0. 1117	0. 0926
22	0. 8034	0. 6468	0. 5219	0. 4220	0. 3418	0. 2775	0. 2257	0. 1839	0. 1502	0. 1228	0. 1007	0. 0826
23	0. 7954	0. 6342	0. 5067	0. 4057	0. 3256	0. 2618	0. 2109	0. 1703	0. 1378	0. 1117	0. 0907	0. 0738
24	0. 7876	0. 6217	0. 4919	0. 3901	0. 3101	0. 2470	0. 1971	0. 1577	0. 1264	0. 1015	0. 0817	0. 0659
25	0. 7798	0. 6095	0. 4776	0. 3751	0. 2953	0. 2330	0. 1842	0. 1460	0. 1160	0. 0923	0. 0736	0. 0588
26	0. 7720	0. 5976	0. 4637	0. 3607	0. 2812	0. 2198	0. 1722	0. 1352	0. 1064	0. 0839	0. 0663	0. 0525

附录二

“价值经济管理学新体系”系列专著62分册出版说明

市场经济社会大概经历了三四百年的时间，在这三四百年时间里，始终存在大量无法解决的社会经济问题，如：

1. 国民经济GDP核算体系的“片面性”把整个国民经济引导到“周期性”发展当中，甚至在宏观经济学理论中还将其固化，认为经济周期是经济发展的“规律”。经济学家明知道GDP存在片面性，却一直找不到全面性的国民经济总价值核算体系，而不得不将片面性的GDP指标当成世界各国综合实力的指标。

2. 通货膨胀、通货紧缩等于给纸币进行了“注水”或“贴金”，通过日常商品买卖，带来商品价格判断价值上的失误。由于不知道整个社会全部财富的实时总价值，不知道具体应当发行多少纸币，才能使纸币价格与商品实际价值实时相等，多发行纸币，带来通货膨胀；少发行纸币，则带来通货紧缩；治理通货膨胀过头，带来通货紧缩；治理通货紧缩过头，带来新的通货膨胀……形成市场经济社会三四百年以来的社会金融“皮肤病”,带来整个经济运营上的“高血压”、“低血压”。

3. 两次大的世界性金融危机，带来两次世界性的经济危机，之后又带来了两次世界大战，多少人头落地，鲜血流成河，多少家庭流离失所。2007年年末暴发的第三次世界金融危机，到了今天仍然没有摆脱出来，成为当前世界经济的焦点问题。

4. 失业问题直接影响每个家庭的生活以及个人的生活幸福，甚至影响社会稳定，成为世界各国长期发愁的大事。

5. 对于一国的全部财富，如投资项目、企业、资产、房产、土地、矿业权、工程、股票、债券、基金、知识经济时代的各种工业产权、版权等各种价值还无法进行全面实时正确的价值评估计算及度量。这样，带来整个国民经济运行判断上的失误是显然的。

6. 在世界经济一体化的今天，国际贸易原理之谜还没有解决，汇率战成为国际贸易致命杀手，而建立在纸币基础上的“世界元”，也会随各国货币的通货膨胀或通货紧缩而形成水涨船高或水落船低的虚拟价格价值。这样，国际贸易就会受到阻碍。

7. 房地产泡沫经济，带来世界经济畸形。

8. 按资本一种生产要素分配的资本主义市场经济社会使得资本家和工人成为两大对立阶级，经常暴发社会罢工，甚至带来社会革命，严重影响了市场经济社会制度的优越性的发挥。

……

而目前正在使用的传统经济管理理论对市场经济社会长期存在的上述及其他各种病态现象却一直束手无策，只能任其发展。

那么，怎么样进一步完善与发展传统经济管理学理论，使之能够从根本上消除市场经济社会长期存在的上述各种病态现象及有效解决市场经济社会运行过程中出现的各种实际问题，使经济管理学科专业上升到“科学”，带来“实用化”，就是历史赋予当代的使命。

“价值经济管理学新体系”系列专著62分册，就是在这样的历史背景下，通过完善与发展传统经济管理学理论“核心”的商品价值论，完善与发展了传统经济管理学理论体系，最终能够有效解决这些实际问题而形成的。

一、“价值经济管理学新体系”理论形成过程

公元2007年7月，作者受聘赴云南省和广西壮族自治区审查23个矿业权价值评估报告，当中发现单独使用“收益净现值NPV法”、“成本法”或“市场法”的不当，可以将一个最大的矿业价值评估成最小的价值，也可以把一个最小的矿业评估成价值最大，这太荒谬了。2007年11月14日笔者在国际矿业大会的“国际矿业权价值评估报告会”上，首次提出单独

使用“收益净现值 NPV 法”、“成本法”及“市场法”等“三种方法”之一作为矿业权全部价值认定的质疑，当时引起了台上 4 位专家及台下的 200 多名专家的全场震惊。矿业权等各种资产是国家全部财富的主要“家底”，却不知道它的价值是多少，这对整个国民经济带来的损失将无法估量。

通过进一步的研究，笔者惊讶地发现，不但矿业权价值评估带有“片面性”，其他各种资产，如投资项目、企业、房产、土地、工程、各种证券、各种知识产权、文化创意价值评估等都带有片面性或是处于理论空白状态，甚至社会市场上对于随意的一个消费品，也不知道它的价值。商品“价值”仍是世界之谜。

而要彻底弄清楚矿业权及其他所有资产的全面价值，首先必须弄清楚一切商品的全面统一实时抽象的价值，再根据一切商品全面统一的价值内容评估出来的结果才是全面的价值，这样就需要追溯到对经济学的“商品价值论”的研究上。

笔者惊讶发现所谓矿业权等各种资产的“成本法”、“收益法”及“市场法”，只不过是分别来自经济学理论中关于商品价值的“要素价值论”、“效用价值论”及“供求价值论”等得出的结果，而每种价值论下的价值内涵都只是商品价值的“一部分”，却被当成“全部”价值来使用，如同“盲人摸象”一样，把“局部”当“整体”，这样建立起来的矿业权及各种资产的价值评估结果也只能是矿业权及各种资产的“一部分”价值而已，如果当成总价值加以认定，势必会对矿业权及其他资产的价值使用造成误导。

而要从根本上解决目前世界上各种资产价值评估方法不统一以及带来的评估结果片面性问题，就要建立经济学理论上一切商品全面统一价值评估计算模型，以此作为各种资产以及一切商品全面统一价值评估计算公式，所评估出来的结果才是各种资产以及一切商品真正的“价值”所在。

首先必须明确商品的“价值”概念。以往都是以劳动、生产要素、效用或供求关系“某一个方面”作为商品的“价值”来定义，而现实社会中，全部商品的买卖都是以全部成本加全部利润的全部价格作为价值认定的，这样，就形成了全部成本加全部利润的全部价格构成商品全面价值的全面价值论概念。但是，这个全部成本加全部利润的全部价格只有在实物货币时才是固定的，而在纸币社会中，商品的价格带有通货膨胀率或通货紧缩率，单独使用纸币价格难以确定它的价值。

这样，就需要重新寻找商品“价值”的定义。现实社会中所有商品都依靠土地、资本、劳动、科技及企业家生产要素投入而形成，依靠商品的效用而存在，这样，商品的“生产要素投入”加上“效用”就是构成“一切商品”全部共同抽象的本质的价值所在。把生产要素“投入”用货币表示就是商品的“成本”，把商品的效用用货币表示，就是商品的“利润”，这样，一切商品全部共同抽象的本质的生产要素投入价值加上效用价值的全面价值体现在货币上就是全部成本加全部利润的全面价格的价值，再去掉纸币通货膨胀率或加上通货紧缩率即可。就是现实世界各国通行的商品买卖的价格价值。当作为经济学理论核心的商品价值论得以完善，就会带来全面化的经济学理论体系，与现实社会的经济相吻合，带来“实用性”，使用这样的全面价值观对于一切商品进行全面统一实时的价值评估，这样，所有商品全部价值就可以统一实时对比。

2008 年 1 月 8 日全国首届经济学家新春团拜会上，笔者介绍了“世界一切商品全面统一价值评估计算模型”，20 分钟的介绍也意外地得到了三四百名与会专家的热烈鼓掌支持，这坚定了我专项从事商品价值研究的信心和勇气，深感责任重大，于是笔者进行了大量的市场调查，翻译了大量中外文资料，认真查看了各种威权学术专著、文献等，终于形成了这一新体系，全面完善了传统经管专业理论内容。

经济管理学理论体系的建立是一个世纪性工程，涉及内容之广、写作工作量之浩大是可以想象的，为此，写作成为笔者生活的一切。

经过几年的写作，自 2009 年开始出版第一分册《第四代西方经济学新体系——高级经济学》（周天华，周京著．周天勇主审．天津大学出版社，2009 版），2012 年国内出版第 26 分册《知识产权全面实时价值评估》

（周天华著．知识产权出版社，2012版），中间在《价值工程》杂志上发表了大量论文，并计划自2013年开始在香港国际价值出版社出版18个分册，进一步计划在世界各国以电子书或纸版书出版发行。

该系列专著采用了与数学、化学、生物等各门自然科学完全相同的理论研究方法以及实验室实验方法，所以，也同数学、化学、生物等自然科学一样具有“科学性”，自然带来“实用性”。开辟世界“价值管理”新时代。

二、“价值经济管理学”新体系内容简介

世界新一代的“价值经济管理学新体系”系列专著62分册，共分为“价值经济学”、“价值管理学”以及“价值评估学”三个子系列，并且可以使用“全球经济一网通系统”系列软件的简单操作进行应用。

（一）价值经济学简介

价值经济学新体系，是建立在商品全面实时价值判断基础上的理论体系，是建立在现实社会经济中所有商品买卖全部成本加全部利润的全部价格的价值单位基础上的商品全面实时价值分析判断基础上的理论体系，同时也是对传统的“劳动价值论”、“要素价值论”、“效用价值论”、“供求价值论”等理论体系的完善、梳理、总结、概括得出的“全面化”理论体系。与传统经济管理类学科专业理论之间是一种包含、完善、发展关系，可以用于经济管理类各门学科专业的教学以及企业、政府价值管理当中。

价值经济学新体系对于传统理论的完善与发展作用体现在以下几个方面。

1. 找到了GDP的具体完善化指标体系——国民经济总价值实时核算体系

GDP作为国民经济指路明灯带来的社会经济片面性发展以及社会经济的“周期性”，为世界各国业界人士所公认，而问题的关键是怎样具体找到可以替代GDP的国民经济总量考量上的完善化指标。为此，本系列书根据全面价值论，给出了国民经济总价值实时核算体系，并且使用计算机技术进行自动化运算，这是对整个国民经济全部财富的商品以及资源所做的

全面实时价值统计，并且根据过去、现在的总价值变化规律推测未来的经济发展走向，对整个国民经济运行情况进行实时把握并建立未来的发展规划，奠定整个健康态经济社会的基础。

国民经济总价值实时核算体系能够对一国的国民经济总价值、剩余价值实时统计显示，可以通过互联网系统建立世界各国国民经济总价值、剩余价值实时排名，形成客观上公平合理的国际新排名，消除世界长期以来GDP片面性带来的世界经济排名上的误导。不但如此，根据这一系统的实时总价值、剩余价值显示，除以人口数，还可以得到各国的人均总价值、剩余价值排名，能够建立世界范围内人口生活水平的富裕程度的实时排名，而方便国际市场营销战略的建立，为国际经济活动提供最基础的资料。

2. 治理通货膨胀、通货紧缩的纸币社会金融“皮肤病”

通货膨胀时，纸币价值贬值，带来企业原料价格上升，商品价格上升，带来销售难；通货紧缩时，社会商品购买力差，企业销售也难。不论哪种情况都会给企业商品生产经营及消费者社会生活带来影响。商品流通是通过货币流通实现的，货币在流通过程中通货膨胀价值贬值或通货紧缩价值增值。

国民经济总价值实时核算体系可以实时调整纸币的发行量，使名义纸币量与社会现存的全部财富以及资源的价值量完全相等，将纸币的价值表示功能回归到实物货币社会当中，使通货膨胀、通货紧缩能够得以根治或可以任意调节，不再如洪水猛兽一样泛滥成灾。

而更有戏剧性特点的是，作为纸币社会，最早出现在中国四川省成都市，当时称为“交子”。经过上千年时间，纸币制度流传整个世界，带来通货膨胀、通货紧缩社会金融“皮肤病”并且也成为诱发金融危机的首要因素，带来整个世界经济发展过程中的惊涛骇浪、凶险万丈。而在历经上千年后的今天，根本消除由纸币带来的通货膨胀、通货紧缩以及金融危机的灾难也同样是出于中国，这难道真是历史的巧合，还是上帝的安排？

另外，在通货膨胀率或通货紧缩率计算方面，传统理论是将“部分”

消费品市场抽样调查价格变化结果的 CPI 指数作为通货膨胀率或通货紧缩率进行计算，而国民经济总价值实时核算体系完善发展为符合通货膨胀或通货紧缩定义的社会全部商品价格平均上涨或下降的真正的通货膨胀率或通货紧缩率，这样才能找到国民经济真正“价值”所在。

3. 从根本上治理金融危机及高通货膨胀下的金融危机

如果说，通货膨胀或通货紧缩还只是涉及货币的“价值”问题，即便情况严重，社会经济还能够勉强维持，如同“高血压”并不一定能“死人”一样。而金融危机的结果如同人体“断血”一样，会导致整个国家及世界经济的“死亡”。

为了有效应对 2008 年以来的美国金融危机、通货膨胀及失业问题，美国总统成立了“白宫经济复苏顾问委员会”，经过三年多运作，没有成效，2011 年 1 月 20 日，美国总统奥巴马解除了这一组织，并同时解任了这一委员会主席沃尔克，成立了新的“就业与竞争委员会”，使用企业家作为主席。沃尔克被免职是因为他是一个“学术型”的经济学家，总是根据传统经济学理论对经济现象做出判断，对于别人提出的实际问题，总是用“这一观点是根据什么经济学原理”对待别人的质疑。正是因为处处依据这些经济学原理而无法解决现实问题。这并不能说明经济学家无能，而是整个传统经济学理论本身出了问题。而在近期的美国大学公开课上美国哈佛大学、斯坦福大学、耶鲁大学以及总统身边经济顾问都对金融危机的治理报以悲观情绪。同样是因为没有跳出传统经济学理论狭隘的“局部”理论的“圈子”带来的无奈。

本系列书给出了治理金融危机的具体计算公式，并对高通货膨胀下金融危机的根本治理给出了具体方法。

4. 消除传统的失业治理误导

失业问题，关系千家万户的生存与生活的幸福以及社会的稳定，菲利普斯曲线指出，失业与通货膨胀是反向关系，而根据这一理论，通货膨胀与失业不能同时出现，而事实上，当代世界正是通货膨胀与失业并存的。如果按此理论治理下去，岂不是越治越坏？

本系列书首次给出了全面价值论分析下的失业治理问题。

5. 各种资产及投资类商品的全面统一实时价值评估与度量

作为投资类商品的各种资产是一国国民经济财富的基本“家底”，支撑一国经济的发展。然而，进入市场经济社会的三四百年以来，资产价值评估仍然是一个大难题，资产评估业界人士都知道现行的“三种方法”之一的评估方法不当，但却找不到正确的方法。这样，就会影响整个国民经济财富价值判断，从而导致整个国民经济处于茫然之下。

本系列书建立了一切商品全面统一实时价值评估计算及度量下的投资类商品及资产的全面统一实时价值评估及度量问题，并且使用黄金价值单位，把一切资产的价值换算为一定重量的黄金直接进行价值大小对比，使商品及资产的价值不再是只能意会不能言传，而是可计算、可度量、可直接直观对比，从而夯实整个国民经济运营的基础。而通过一切消费品、投资商品全面统一价值评估计算公式计算出来的结果，投资商品的价值也能与消费品价值放在一起，进行比较，并且换算为“价值单位”以后，可直接通过黄金重量对比，直观看得到价值差别。

6. 国际贸易原理得到完善

在世界经济一体化的今天，作为国际贸易的基本原理之谜与现代世界经济不相符，而作为国际贸易原理“之谜”产生的原因来说，还是受传统的各种片面商品价值论的影响。本系列书首次将传统的国际贸易原理，从“劳动价值论”下的“绝对优势原理”、“相对优势原理”以及“要素价值论下”的“要素禀赋原理”及带来的“里昂惕夫之谜”等，进一步完善发展为全面价值论下的“价值优势原理”，使国际贸易原理之谜画上句号。

7. 建立按生产要素投入比例分配商品利润剩余价值的标准市场经济社会

三四百年以来，整个市场经济社会出现了黑白分明的两极现象。一方面取得了超过封建社会几千年经济总量的经济奇迹，另一方面，资本主义市场经济社会国家经济运行过程中出现了各种病态现象，甚至暴发了两次世界大战，以至于第三次世界经济危机仍在持续中。

怎样消除资本主义市场经济社会的弊端，发挥其资源自动优化配置带来的经济奇迹的优越性？就要彻底消灭资本主义的市场经济社会，而建立一个能够充分发挥市场经济社会优越性的社会，即按生产要素贡献比例分配商品利润剩余价值的社会，即体现市场经济社会生产要素作为投资商品与企业之间的等价交换的经济社会，这个社会就是全面体现市场经济社会商品等价交换的本质的社会，称为“标准市场经济社会”，也是最能充分体现市场经济社会优越性的社会。

怎样具体实施按生产要素分配剩余价值，本系列书第一分册《第四代西方经济学新体系——高级经济学》（周天华，周京著．周天勇主审．天津大学出版社，2009 年版）首次给出了会计核算方法。

总之，使用全面价值论的价值经济学新体系，对于传统理论以及社会现实经济问题的解决，能够起到水到渠成的效果，是从一切商品全面价值就是成本加利润的全部价格的实际中来，再到实际中去的解决方法。

在社会经济现象的判断方面，企业家往往比经济学家来得准，源自于企业家是按商品的全部成本加全部利润的全部价格的价值进行思考，而作为经济学家却总是依据商品的劳动成本、全部成本或全部利润的某一个方面得出结论，这样，在经济学家与企业家或政府解决社会经济实际问题时，就出现了“断裂带”。而价值经济管理学新体系，就起到了填补这个“断裂带”的作用，正确指导企业、政府、家庭及个人所有经济活动。

价值经济学理论体系与传统的经济学理论之间具体存在怎样的完善与发展关系呢？

传统的西方经济学学科专业分类

理论经济学（一级学科）	政治经济学	（二级学科）
	西方经济学（微观、宏观）	（二级学科）
	经济史	（二级学科）
	经济思想史	（二级学科）
	世界经济学	（二级学科）
	……	

应用经济学（一级学科）

国民经济学	（二级学科）
国际贸易	（二级学科）
国防经济	（二级学科）
企业经济学	（二级学科）
产业经济学	（二级学科）
金融学	（二级学科）
金融工程	（二级学科）
保险学	（二级学科）
财政学	（二级学科）
税务学	（二级学科）
……	

"一元价值论"为核心

"货币单位"计量经济成果

"二维平面距离空间"上的"实证分析"

价值经济学学科专业分类（初步）

价值理论经济学（一级学科）

高等经济学	（二级学科）
高等政治经济学	（二级学科）
世界价值经济学	（二级学科）
国民经济价值学	（二级学科）
……	

价值应用经济学（一级学科）

高等金融学	（二级学科）
高等国际经济学	（二级学科）
国民经济价值统计学	（二级学科）
产业价值经济学	（二级学科）
金融价值工程	（二级学科）
保险价值原理	（二级学科）
财政价值原理	（二级学科）
税务价值原理	（二级学科）
价值会计原理	（二级学科）
会展价值经济学	（二级学科）
……	

"全面价值论"为核心

"价值单位"计量经济成果

"无距离空间"上的数学"实证分析"

（二）价值管理学简介

传统的经济学理论虽然建立在商品某一个方面的价值论基础上，但还是以商品的价值为理论核心，而传统的管理学理论，连片面价值论的理论核心都没有，而是零散化的理论体系，而其理论下的计算机管理系统软件 ERP 的使用结果就可想而知了，充其量只能体现信息传递功能的所谓"现代化"。"计划没有变化快"，"管理无定论"完全是一种自我解脱。

市场经济社会的一切社会活动都是建立在经济活动基础上的，因此，对于社会、企业及家庭、大学等各种组织单位的管理，本质上都是对经济进行的管理，而对经济管理的本质是实现商品的剩余价值最大化，并且要严格遵守商品的全面实时价值的价值规律，这样，作为管理学理论体系，就要建立在商品的全面价值的价值规律基础上，才是经济的管理，才能带来管理的经济效益。因此，在价值经济学理论基础上形成了价值管理学理论新体系。

价值管理学，是建立在价值经济学理论基础之上的，对一切社会经济组织全部财富商品的"少投入、多产出"，最大限度创造商品剩余价值的管理，因此是具有实效性的管理，或者说是能够带来商品剩余价值的管理，是围绕商品全面价值及剩余价值形成过程所进行的管理。这种管理本身就是按商品全面价值的剩余价值规律进行的管理。

以价值管理学为核心，形成各专门价值管理理论分支，如企业价值管理学、政府价值管理学等。

价值管理学学科专业分类（初步）

- 价值管理学（一级学科）
  - 企业价值管理学（二级学科）
    - 企业人事全面实时价值管理
    - 企业财务全面实时价值管理
    - 企业物质设备全面实时价值管理
    - 企业生产全面实时价值管理
    - 企业供应全面实时价值管理
    - 企业物流全面实时价值管理
    - 企业营销全面实时价值管理
    - 企业投资决策全面实时价值
    - ……
  - 政府价值管理学（二级学科）
  - 消费价值管理学（二级学科）
  - 创业价值管理学（二级学科）
  - ……

当然，只有价值管理理论的全面系统化还是不够的，要使管理理论能够有效作用于社会经济及管理实践，还必须将价值管理学的理论与计算机技术有机结合，才能实现。

（三）价值评估学简介

价值评估学，就是使用商品的全面实时价值内涵及外延对一切商品进行全面统一实时的价值评估计算的整理理论与方法，通过“世界一切商品全面统一实时价值评估计算及度量公式”对各种投资商品、消费品等进行全面统一实时价值评估，因此所评估出来的结果可以与其他所有商品统一进行价值对比，并且是计算机自动核算的过程实时价值评估结果，消除传统手工静态评估方法下的前评估预测指标形成的“虚拟性”、后评估结果的“无用性”以及评估内容的“片面性”，含有通货膨胀率或通货紧缩率价格表示的误导性等不当。

价值评估学包括的一级学科及二级学科为：

“价值评估学”学科专业分类（初步）

一级学科	二级学科	
价值评估学（一级学科）	资产全面实时价值评估	（二级学科）
	投资项目全面实时价值评估	（二级学科）
	企业全面实时价值评估	（二级学科）
	证券全面实时价值评估	（二级学科）
	工程全面实时价值评估	（二级学科）
	房地产全面实时价值评估	（二级学科）
	矿业权全面实时价值评估	（二级学科）
	土地全面实时价值评估	（二级学科）
	知识产权全面实时价值评估	（二级学科）
	……	

（四）“全球经济一网通系统”系列软件简介

传统的经济及管理学理论存在“片面化”及“零散化”缺陷，缺少计算机技术支持，是造成现实社会各种金融及经济病态现象始终无法解决的主要原因。要从根本上解决现实社会中各种病态金融及经济现象，必须建立全面价值的“价值经济管理学新体系”以及计算机软件及网络技术的支持，而以本系列书全面价值观理论体系为指导形成的“全球经济一网通系统”系列软件，就是顺应当前社会经济实践以及各种管理上的需要应运而生的，等于给社会、企业、大学、家庭等各种组织管理安装了“方向盘”、“导航仪”或“遥控器”。

之所以称为“全球经济一网通系统”，是因为这套软件适合市场经济社会一切组织管理上的应用，是对传统的零散管理理论下的具有信息传递功能的 ERP 管理软件的革命性更新换代的新系统。而以此系统建立起来的大学 VM 价值管理实验室，一方面，同其他自然科学一样，可以用于教学理论实验，另一方面，也可以直接进行资产交易市场上的实战，带来经济效益，把学习与创业有机地结合在一起。

该套系统的主要功能如下：

1. 政府宏观经济调控应用功能

（1）国民经济总价值、剩余价值每日实时统计、核算显示及预测功能；

（2）通货膨胀、通货紧缩、金融危机及高通货膨胀下的金融危机的根本治理功能；

（3）各国国民经济综合实力实时排名功能；

（4）国民经济产业结构自动调整功能；

（5）世界各国国民经济效率每日实时排名功能。

2. 企业商品生产经营应用功能

（1）企业每日总价值、剩余价值的实时统计计算显示与预测功能；

（2）企业内部各部门每日总价值、剩余价值的实时统计、计算显示与预测功能；

（3）世界企业综合实力（1000 强）实时排名功能；

（4）世界企业效率（1000 强）实时排名功能；

（5）世界资产网上交易市场功能；

（6）商品价格及市场预测系统功能。

3. 家庭应用功能

（1）家庭财产的总价值及剩余价值的实时统计显示及预测功能；

（2）日常某种消费品价格变化指数实时显示功能；

（3）行业商品价格变化指数实时显示功能；

（4）地区商品价格指数实时显示功能；

（5）全国通货膨胀率或通货紧缩率实时显示功能；

（6）商品价格保值、增值（或贬值）计算功能；

（7）货币价值保值、增值（或贬值）计算功能；

4. 大学 VM 价值管理实验室功能

（1）企业全面实时价值的价值规律经营管理模拟实操功能；

（2）政府全面实时价值的价值规律的经营管理模拟实操功能；

（3）世界资产网上交易市场经营实战功能；

（4）系列书教学其他各种实验功能。

这样，我们就从传统的部分价值论为基础的经济学部分理论，进一步发展为以全面价值论为核心的全面化理论体系，再以价值经济学理论为基础，形成价值管理学理论新体系，合起来形成“价值经济管理学新体系”，再以“价值经济管理学新体系”理论为基础，与计算机技术有机结合，形成“全球经济一网通”系列软件，整个世界新一代的经济管理学理论新体系大厦，经过三次“升华”发展后建立起来了。而且建筑在现实社会所有商品买卖的成本加利润的全部价格的全面实时价值判断基础上，就是对现实社会所有经济现象及活动的全面系统化总结与概括的结果。

三、“价值经济管理学新体系”系列专著62分册出版发行及注册情况

第一分册《第四代西方经济学新体系——高级经济学》（周天华、周京著．周天勇主审．天津大学出版社，2009年版）及第二十六分册《知识产权全面实时价值评估》（周天华著．知识产权出版社，2012版）已在中国出版发行。

其他分册从2013年开始将陆续出版并在全世界进行发行，共18个分册。具体是：

1.《第四代西方经济学新体系——高级经济学》（周天华著．国际价值出版社，2013版）

2.《高级西方经济学》（周天华著．国际价值出版社，2013版）

3.《高等经济学》（周天华著．国际价值出版社，2013版）

4.《项目投资决策全面价值分析评估原理》（周天华著．国际价值出版社，2013版）

5.《财务全面实时价值管理》（周天华著．国际价值出版社，2013版）

6.《国际贸易全面价值原理》（周天华著．国际价值出版社，2013版）

7.《高等金融学》（周天华著．国际价值出版社，2013版）

8.《国民经济全面实时价值管理》（周天华著．国际价值出版社，2013版）

9.《资产全面实时价值评估》（周天华著．国际价值出版社，2013版）

10.《投资项目全面实时价值评估》（周天华著．国际价值出版社，2013版）

11.《工程全面实时价值评估原理》（周天华著．国际价值出版社，2013版）

12.《证券全面实时价值评估原理》（周天华著．国际价值出版社，2013版）

13.《知识产权全面实时价值评估原理》（周天华著．国际价值出版社，2013版）

14.《价值管理学》（周天华著．国际价值出版社，2013版）

15.《企业全面实时价值管理》（周天华著．国际价值出版社，2013版）

16.《政府全面实时价值管理》（周天华著．国际价值出版社，2013版）

17.《创业价值管理》（周天华著．国际价值出版社，2013版）

18.《价值语录》（周天华著．国际价值出版社，2013版）

"价值经济管理学新体系"系列专著的18分册及"全球经济一网通系统"系列软件已在中华人民共和国国家版权中心及北京市版权中心备案注册。

备案情况：

1.《一切商品全面统一价值评估计算公式》　中国国家版权局　作品登记证号　2007-A-09350

2.《第四代西方经济学新体系-高级经济学》 中国国家版权局 作品登记证号 2009-A-016230

3.《高级西方经济学》 中国北京市版权局 作品登记证号 2013-A-00027193

4.《高等经济学》 中国北京市版权局 作品登记证号 2013-A-00027199

5.《高等金融学》 中国北京市版权局 作品登记证号 2013-A-00027198

6.《高等财务管理》 中国北京市版权局 作品登记证号 01-2010-A-008003

7.《高等国际经济学》 中国北京市版权局 作品登记证号 2013-A-00027194

8.《价值管理学原理》 中国北京市版权局 作品登记证号 01-2011-A-192231

9.《企业价值管理学》 中国北京市版权局 作品登记证号 01-2011-A-192230

10.《政府价值管理学》 中国北京市版权局 作品登记证号 01-2011-A-192229

11.《证券投资价值原理》 中国北京市版权局 作品登记证号 01-2010-A-007993

12.《国民经济价值统计原理》 中国北京市版权局 作品登记证号 01-2010-A-008002

13.《全面价值项目决策原理》 中国北京市版权局 作品登记证号 01-2010-A-007997

14.《资产全面价值评估原理》 中国北京市版权局 作品登记证号 01-2010-A-007999

15.《投资项目全面实时价值评估》 中国北京市版权局 作品登记证号 2013-A-00027195

16.《工程全面实时价值评估》 中国北京市版权局 作品登记证号 2013-A-00027196

17.《知识产权全面实时价值评估》 中国北京市版权局 作品登记证号 2013-A-00027197

四、"价值经济管理学新体系"理论成果社会影响及应用初步情况

1. 参加学术会议情况

2007 年 11 月 14 日下午，笔者参加国际矿业大会矿业权价值评估报告会，首次提出单独使用"收益净现值 NPV 法"作为矿业权全部价值加以认定的质疑，震惊会场，接受媒体采访。

2008 年 1 月 8 日，参加中国经济学家新春团拜会。会上做了"世界一切商品统一价值评估计算公式"的介绍发言，得到与会三四百名经济学家长达十几分钟的热烈鼓掌支持，接受媒体采访。

2011 年参加第三届国际版权交易会，做了《文化创意产业项目全面实时价值评估》的主旨发言，首次破解世界文化创意产业项目价值评估难问题，奠定世界知识经济时代的文化创意产业大发展的基础，促进未来知识经济时代的社会经济的更快发展，新浪网发表了报告全文。

2013 年 5 月 24 日在中国高等教育学会高等财经分会（厦门）"第二届金融学科专业建设发展研讨班"上，会上做了《金融学科建设与发展之我见》的学术报告，自此，建立在"世界一切商品的全面统一实时价值评估计算"基础上的全面系统化金融学科专业理论体系正式问世。

2. 著作出版发行社会反响及应用情况

在 2009 年 12 月北京举办的全国图书订货会上，《第四代西方经济学新体系——高级经济学》（周天华，周京著．周天勇主审．天津大学出版社，2009 年版）成为热销书，有 3000 多家图书馆珍藏了此书，在北京大学图书馆、北京大学教材中心、北京大学经济学院突出统量摆放。

2012 年 10 月出版的第二十六分册《知识产权全面实时价值评估》（周

天华著．知识产权出版社，2012 年版)，在中国国家知识产权局及香港凤凰网主页展现过。

3. 教学应用情况

笔者多年来在国内外讲授《西方经济学》（微观、宏观)、《高等经济学》、《市场营销》、《财务管理》、《项目评估》、《资产评估》、《企业管理》、《国际贸易》、《国际金融》、《国民经济统计概论》、《证券投资与管理》、《政府政策与经济学》、《会展经济学》、《知识产权全面实时价值评估》等多门课程，以“全面价值论”为统率，使用“世界一切商品全面统一实时价值评估计算与度量公式”方法对传统理论加以完善、改造与发展，收到疏通传统理论神经脉络、破解传统理论各种之“谜”的药到病除的效果，而使传统理论更加简单、实用化，增强了学生们的考研信心以及创业勇气，考试成绩普遍提高。

在为工商管理专业建设方面，浙江越秀外国语学院国际商学院世界首次开设工商管理专业“企业价值管理方向”，并配备相应的《企业价值管理》、《企业人事全面实时价值管理》、《企业财务全面实时价值管理》、《企业物质全面实时价值管理》、《企业生产全面实时价值管理》、《企业供应全面实时价值管理》、《企业营销全面实时价值管理》、《企业金融全面实时价值管理》、《企业全面实时价值会计核算》等课程，是培养当代工商管理专业实用人才、创建世界一流工商管理专业必经之路。建设了世界上第一个“VM 价值管理实验室”，这是对传统 ERP 软件下的实验室的革命性更新换代。

4. 获奖情况

2008 年获得亚太投资年会提名授予“世界华人十大科技发明奖”。

五、出版“价值经济管理学新体系”系列专著的意义

市场经济社会一切都是“商品”，一切商品都有完全相同的统一的实时的变动中的“价值”，商品的全面实时价值的理论可以应用到经济管理所有学科专业建设当中，可以普遍应用于市场经济社会所有经济活动当中，离开全面价值论的经济管理学科专业难以上升为“科学”，而

离开商品的全面实时价值管理的企业管理、政府管理、家庭管理以及其他组织管理。必然是盲目的企业、社会管理。

经济管理学科专业的新体系建设是一个世纪的宏伟庞大工程，即使用笔者一生的时间去研究它，也难免在理论内容以及阐述上存在这样或那样的缺点、不足或瑕疵，甚至错误，也诚请读者见谅，并提出宝贵意见。

最后对美国印第安那波利斯大学国际学院博士生导师吕立行教授、浙江越秀外国语学院以及国际商学院的领导、专家、教授、同事等对本系列书出版过程中提出的宝贵意见及给予的各方面大力支持，表示衷心感谢。

附录三

“VM价值管理实验室”简介

一、概念

VM价值管理实验室（Value Management Laboratory），是使用“VM价值管理系列软件”支持下的世界“新一代”的经济管理实验室。即使用商品的全面价值观，对于管理对象每天的商品进出情况或税收增减情况等，通过计算机网络系统的实时数据传递、计算机汇总、运算及实时显示，形成一条随商品进出而动态变化的总价值、剩余价值曲线，也就是商品的总价值、剩余价值的价值规律曲线，管理者只需根据这条曲线的波动变化情况，进行计划、组织、领导、沟通、控制、协调、考核及激励等管理，就实现了按商品的全面实时价值的价值规律下的企业、政府及家庭等组织管理，如同行驶中的汽车有了“方向盘”、“导航仪”及“测速仪”一样，实现企业、政府等既定管理目标，从根本上减少企业、政府等管理风险，从而培养真正懂经营、会管理、能实战的企业家、创业家实用人才，并提升大学的办学品牌。

二、作用

我国每年有六七百万大学毕业生找工作难，带来学生、家庭及社会极大的痛苦与压力。相形之下，作为企业招聘难，在茫茫人海的毕业生招聘会上，能够报上名的寥寥无几，而能够上岗工作的就更是少之又少，而培养一个大学生，从一出生到大学毕业，二十几年时间，学生本人、家庭、国家投入巨大，而毕业后找不到工作，又无法自主创业，大学生人生价值无法体现，社会经济发展难，为此，国内外大学都在积极寻找培养实用人才的方法，包括建设经济管理实验室。而毕业就创业，成为这一代甚至几代大学生命运所在。

另外，从整个社会角度来看，中国的市场经济社会初期需要一大批真正懂经营、会管理的企业家、创业家来支撑，否则，市场经济社会的经济效率也难以体现出来。

由于目前世界各国经济管理学理论还没有上升到“科学”，只有约定俗成的理论，与经济客观现实相差很大，所以，现有经济管理学科专业难以培养实用人才，缺少实验及实战教学。而目前所谓的计算机管理实验室，只是根据零散的管理理论编写出来的企业信息传递功能的系统，所以，也无法带来企业综合智能化的价值管理，无法体现企业商品全面实时价值规律的企业经营本质管理。

这样，就需要找到一切企业全面统一实时价值的价值规律下管理的整套理论，并且在此基础上，形成企业全面实时价值的价值规律下的计算机自动化管理。当在校学习期间学习了关于企业商品的全面实时价值规律的管理技能时，并且配合价值管理实验室模拟实习、实战之后，走到社会上，就能够以世界最先进的管理理念以及管理手段实现企业管理，带来创业上的成功。

而在价值管理实验室项目建设上，基本不需要动用原有硬件，只需要在原来的 ERP 软件实验室硬件设备基础上，直接增加“VM 价值管理”系列软件即可。

为此，浙江越秀外国语学院国际商学院已经开始建立世界第一个“VM 价值管理实验室”。此外，还有四川师范大学等国内外多所学校也在同步进行或准备之中。

三、“VM 价值管理实验室”系列软件功能简介

整个 VM 价值管理实验室软件包括“三大系列”、若干“子系列”组成，即企业价值管理系列、政府价值管理系列、价值评估系列，每个系列下分成若干子系列。

1. “企业价值管理”系列软件简介

企业价值管理系列软件，是全面反映整个企业商品生产经营全过程、全方位的总价值、剩余价值及价值规律的企业实战模拟系统，即在企业的

人、财、物、产、供、销等各部门、各环节商品投入、产出的全面实时价值评估计算、显示及预测基础上，形成企业的总价值、剩余价值每日实时评估显示预测系统。主要包括：

（1）企业总价值、剩余价值管理系统软件

这是在企业人、财、物、产、供、销等部门每天实时总价值、剩余价值汇总联网基础上形成的，反映企业过去、现在及未来的全面实时总价值、剩余价值及变化规律，根据这条曲线所进行的计划、组织、领导、沟通、协调、控制、激励、考核、分配等管理，就是按商品的全面实时价值的价值规律所进行的管理，并且是基于“过程”管理而实现的企业管理经济效益。

（2）企业销售价值管理软件

反映企业销售部门每天的总投入、总产出的总价值、剩余价值情况的软件。通过这个软件的使用，一方面能够为企业提供每天销售上的实时总价值、剩余价值，另一方面也作为销售管理来使用，即根据这条曲线的动态变化情况进行计划、组织、领导、沟通、协调、控制、激励、考核、分配等，通过随时改进的过程管理实现销售上的“少投入、多产出”，形成整个企业的销售上的剩余价值。

（3）企业会计价值核算管理软件

该软件是以企业实际现金收付以及价值单位为核算结果的软件，消除了传统的会计核算上的“权责发生制”下的利润核算结果与企业实际持有现金脱离的情况。由于是“价值”核算结果，可以消除纸币价格核算下的通货膨胀率或通货紧缩率下的利润脱离实际价值误导；由于是“过程”管理，可以消除事后会计核算结果的无用性，为企业管理当局提供全面正确的会计核算结果。

企业会计价值计算机核算，构成现代企业管理的核心高端技术所在。这个软件下的企业会计核算的结果是全面实时动态价值核算结果，能够及时为企业提供科学的管理决策及管理改进，带来会计核算上的剩余价值。

（4）企业财务价值管理软件

是根据企业会计价值核算结果所进行的财务价值分析软件。综合反映企业在融资、投资、分配等全过程的价值分析与管理，为企业管理当局提供有实用价值的财务分析参考。根据这个软件显示的动态变化的曲线所进行的计划、控制等财务管理，实现商品的全面实时价值的价值规律基础上的财务管理。

（5）企业资产价值管理软件

全面综合实时反映企业各项资产，如厂房、设备、仪器等实时总价值、剩余价值及实时变化情况，根据资产的使用年限，分天每小时甚至分成秒计算折旧价值，构成企业总资产实时总价值的实时显示系统。

通过企业资产价值管理软件联网支持，可以建立一国乃至全世界的资产网上交易市场，是对世界各国资产网上全面实时价值评估基础上的交易市场，学生学习期间可以通过参与这个市场上的交易，进行商业“实战”，类似于做股票一样带来实际的创业经济效益。

（6）企业生产价值管理软件

全面综合反映企业商品生产经营过程中的价值及剩余价值形成过程，通过动态跟踪企业生产经营过程中的总价值、剩余价值及变化情况，实现生产过程中的“少投入、多产出”，作为生产管理当局，只需要根据生产经营状况的总价值、剩余价值曲线进行计划、组织、领导、控制、协调、激励、考核及分配即可。如果配备工作现场监控系统以及互联网，企业生产经营管理当局可以在世界上任何一个可以上网的地方随时看到企业的实时生产经营工作现场以及总价值、剩余价值变化情况，实现遥控管理，而从根本上解决大企业、特别是跨国企业管理难的问题。

（7）企业供应价值管理软件

反映企业在生产原料等供应上的管理过程，实现供应上的“少投入、多产出”。

通过以上企业价值管理系列软件建立起来的企业计算机自动化价值管理，可以实现企业内部生产经营各部门、各单位的及时沟通、协调与配合，形成高效率的企业生产经营运营系统，可以为上下游企业提供生产工序上的接续准备，形成企业商品生产经营过程中的内外沟通、协调机制。而通过这个软件所建立起来的企业基本经济信息，可以作为政府税收的基本依据（目前中国国家统计局宣布基本实现企业税收计算机联网管理），另外，由于企业总价值、剩余价值软件显示的结果，是一个企业全面综合总价值的经营结果，所以，可以作为世界500强企业的排名系统直接加以使用。消除目前国际上按“销售收入”进行的世界500强企业排名上的误导。

2.“政府价值管理”系列软件简介

“政府价值管理”系列软件是实现一个国家与社会全部财富实时综合价值管理的系统。通过这个系统，能够根本治理世界市场经济社会历史以来，特别是近三四百年以来一直无法消除的各种宏观经济病态现象，如GDP片面性、通货膨胀、通货紧缩、金融危机、高通货膨胀下的金融危机、失业、国民经济周期性……建立一个世界永久性的健康态的经济社会。

可以肯定地说，离开商品的“全面价值论”、世界新一代的、“价值经济管理学新体系”以及政府宏观价值管理系列软件，市场经济社会的各种金融及经济病态现象是永远无法得到根本治理的。

政府价值管理软件系列包括：

（1）国民经济总价值实时核算体系管理软件

它是世界各国经济学家们梦寐以求的国民经济全面化的核算体系，能够对一个国家的总价值、剩余价值进行每日实时统计、核算、显示及预测。因此，它显示了整个国家的国民经济总价值、剩余价值及变化规律，因此按这个软件显示的整个国家的动态变化中的国民经济总价值、剩余价值进行国民经济计划、组织、领导、沟通、协调、控制、考核及激励管理，就是按商品的全面实时价值的价值规律所进行的国民经济管理，因此能够建设一个健康态的国民经济社会，造福世界70亿人口的国家和人民。

正因为它是国民经济全部财富（包括未开发资源）的总价值、剩余价值的全面实时统计显示及预测结果，所以，包括了GDP价值，并且消除了GDP的片面性指“路明灯”带来的国民经济短视现象，以及与资源短缺共同结合形成的国民经济经济“周期性”。

而以这个系统结果确定出来的结果，可以作为政府执政当局执政业绩考核以及政府公务员分配的奖罚标准，从正面激励政府人员励精图治，实现在为社会创造剩余价值的基础上实现的政府公务员的收益最大化。

通过这个系统显示出来的结果，由于是一个国家的全部财富综合总价值实时考量结果，所以，可以作为世界各国综合经济实力排名对比的唯一公平合理的标准，在此基础上，除以人口数，形成人均总价值指标，直接衡量世界各国的居民生活水平，其经济实用性价值非常大。消除 GDP“部分消费品”年新增价值作为综合国力总价值排名带来的不当。正国为 GDP 特定含义下的国际排名，才把中国与美国及日本排在相邻地位。带来海上不太平。

而通过这个系统，带来的国民经济核算上的“少投入、多产出”的巨大经济效益是显然的，因为它是整个国民经济全盘实时的总价值、剩余价值统计结果，通过动态变化曲线的变化趋势分析，可以直接做出下一个国民经济五年计划，并且国家政府管理当局可以根据这条国民经济总价值、剩余价值实时动态变化曲线进行国民经济计划、组织、领导、沟通、协调、控制及激励管理，就是真正实现了按商品的全面实时价值的价值规律所进行的国民经济宏观管理，就能建立整个国家乃至整个世界永久性的健康态社会经济。

而目前的国民经济统计方法落后，“投入大、产出少”，统计出来的 GDP 结果经常受到媒体以及社会的质疑。例如，中国国家统计局每五年进行一次国民经济普查，需要动用全国上下各种资源，费时费力，投入资金达“百亿元”，而得到的结果却是五年前的结果，这个“秋后算账”的统计结果，根本没有用，而以此作为下一个国民经济五年计划来使用，其带来的误导也是显然的，带来的整个国民经济的损失是难以想象的。

（2）国民经济金融价值管理软件

它是根据国民经济总价值核算体系管理软件实现的对通货膨胀、通货紧缩、金融危机、高通货膨胀下的金融危机的根本治理。

治理通货膨胀、通货紧缩，本质上是实现名义纸币与社会财富的实际价值的实时对等，即将纸币回归到实物货币年代的价值表示功能上，在缺少国民经济总价值实时核算体系下，纸币的发行永远不可能与社会财富总价值实时对等，这样，通货膨胀、通货紧缩就是永远不能得到根本治理的。而金融危机只是社会流动现金短缺带来的结果，一经发现，对于整个社会的庞大系统来说，治理起来也就难了，所以，通过这个软件，能够建立起金融危机预警功能，这样就能防患于未然了。

（3）国民经济增长实时核算管理软件

作为一国的国民经济增长具体怎样考量，是一个经济成果的直接确认的问题，传统的宏观经济学理论没有给出科学的价值核算方法，而缺少国民经济增长总价值的具体考量管理系统，国民经济就会一直处于茫然当中，也无法正确对政府执政当局做出全面正确科学的业绩评价。

3. “价值评估”系列软件简介

价值评估系列软件是针对目前世界各国对各种资产价值评估难而设计出来的。它是根据“世界一切商品全面统一实时价值评估计算公式”以及“价值单位”得到的对一切资产的全面实时价值评估软件。具体包括：

（1）投资项目全面实时价值评估软件

对一个投资项目所进行的全面实时价值评估，能够把握投资项目的运营关键环节，实现商品的全面统一实时价值的价值规律下的项目决策。

（2）企业全面实时价值评估软件

是将一个企业整体作为投资商品所进行的实时总价值评估软件。

（3）房地产全面实时价值评估软件

是对房地产进行全面实时价值评估的软件，具有现实实用性价值。

（4）矿业权全面实时价值评估软件

对矿业权全面实时价值评估的软件。

（5）土地全面实时价值评估软件

对土地进行的全面实时价值评估，在目前中国大规模的新农村城镇化建设过程中，使用意义与价值巨大。

（6）知识产权全面实时价值评估软件

对知识产权进行全面实时价值评估的软件，打破世界知识经济时代知识产权价值评估难瓶颈，推动世界知识产权开发与利用等。

（7）金融全面实时价值评估软件

对股票、债券、基金、期货、外汇等进行全面实时价值评估，从而盘活金融资产。

最后，上述各种价值评估软件，因为是使用一切商品全面统一实时价值评估计算公式实时评估出来的结果，所以，可以与这些资产以外的其他商品放在一起进行统一的价值对比，而采用黄金价值单位，规定1克黄金为一个价值单位，通过将货币换算为一定重量克数的黄金，就可以把所有资产的价值评估结果统一换算为一定重量的黄金，再与其他商品如消费品的黄金价值单位结果进行对比，一目了然。如经过评估，一处房产的价值是200万克黄金，而一个小汽车是1万克黄金，则这个小汽车是房产价值的1/200。不管看得见的物质商品，还是看不见的服务商品，都可以统一进行这种价值评估对比。

附录四

“价值经济管理学新体系”简介

“价值经济管理学新体系”是通过完善传统的经济管理学理论“核心“的“商品价值论”，完善整个传统的经济管理学理论内容而形成的，初步计划通过62分册的系列专著来完成，构成世界“新一代”的经济管理学新体系，并且通过配套的“全球经济一网通系统”系列软件来加以应用。

此外，该系列书也是出于治理当代世界各国市场经济社会中普遍存在的各种病态现象需要应运而生的。通过该理论下形成的“全球经济一网通系统”系列软件操作，能够根本治理传统理论及方法下所无法解决的各种社会经济病态问题，从而建立一个全球范围的永久性的健康态社会经济，惠及世界70亿人口的生活福祉。

一、原理上

本系列书以现实社会经济实际为基本模型，参照了数学、化学、生物等各门自然科学的研究方法，即通过找到“一切”“商品”的“全部共同抽象的本质”的“全面价值论”作为理论核心形成的全面而系统化的理论体系，并且通过找到“世界一切商品全面统一价值计算公式”对商品的“价值”进行具体的计算，把商品的价值应用到各种实际经济活动当中。

而这一切商品的“全部共同抽象的本质”的“全面价值”，通过实物货币来表示，就是现实社会中的所有商品买卖中的全部成本加全部利润的全部价格对应的全面价值。而把一切不同商品的全部统一的价值数统一换算为一定量的克数的黄金来表示，形成商品独立的“黄金价值单位”，能够对一切不同形式的各种商品进行价值统一对比，这样，一切商品的全面统一的价值不但可以全面统一具体计算，而且还能够直观地看得到、摸得着、用得上，走出人们对于商品的价值处于的“只在此山中，云深不知处”的“雾里看花”的境地。

由于市场经济社会就是商品经济社会，商品构成市场经济社会肌体的基本“细胞”，而一切商品的全面统一实时价值，就是一切商品的全部共同抽象的本质的体现，所以，商品的全面实时价值构成整个市场经济社会一切商品的“细胞核”，对于市场经济社会所有经济活动起到最基础的作用，也构成市场经济社会所有经济管理专业学科专业共同的理论核心所在，如同化学、生物、医学等各门学科中的“细胞核”理论对于整个学科专业的奠基作用一样。

由于经济管理活动是人类社会生存与发展的基本基础，构成社会的政治、文化、宗教、哲学等的基础，所以作为世界“新一代”的“价值经济管理学新体系”在构建科学的经济管理学科专业的同时，也构成整个世界“新一代”的各门社会科学的共同理论基础。

二、应用上

与以往传统的建立在商品的“某一部分”的价值为“核心”的“零散”的经济管理各门学科专业理论不同的是，本系列书是以现实社会所有商品买卖的全部成本加全部利润（考虑市场供求）的全部价格（去掉全部商品统计结果的通货膨胀率或加上通货紧缩率）的全部价值的实时的价值规律的全面而系统化的总结与概括的结果。因此，它是现实社会所有的商品价值规律的客观反映，因此可广泛用于市场经济社会经济活动当中以及理论研究、科研及教学当中，带来“实用性”，同时也是培养经管专业实用人才以及研究型人才的必经之路。

把这一商品全面价值的价值规律下的全面系统化概括总结形成的理论体系与当代计算机技术有机结合形成的“全球经济一网通系统”系列软件，能够实时显示一个家庭、一个企业或一个国家的全部财富的总价值剩余价值及变化规律，发现问题及时解决，实现过程管理，带来管理上的“少投入、多产出”的剩余价值，实现整个社会资源的最有效配置。使国家、企业及家庭的管理如同行驶中的汽车有了“方向盘”、“导航仪”及“测速器”，有效解决大国、大企业、大家庭管理难的问题。

从社会经济的微观层面上看，能够正确指导企业自觉按商品全面价值的价值规律进行生产经营的过程管理，带来管理上的剩余价值。消除现行的每年末的12月31日的会计核算结果的滞后性以及纸币价格表示偏离实际价值的无用性等，特别是有效解决世界500强等大企业管理难的问题。

从宏观经济管理层面上讲，能够从根本上治理目前社会上各种病态现象，如国民经济统计核算的GDP体系的片面性、通货膨胀、通货紧缩、金融危机以及高通货膨胀下的金融危机带来的社会金融“皮肤病”以及经济运行上的“生死存亡”、失业带来的千家万户的生活痛苦、各种资产价值评估之谜、国际贸易原理之谜……带来整个国民经济的“少投入、多产出”以及社会经济的稳定、健康发展。

此外，还可以建立各国综合经济实力的实时排名系统，消除将现行的GDP的年社会新增福利指标当成整个国家的综合经济实力的排名上的不当。

这样，通过完善与发展传统理论，使传统理论成为新体系下的一个“特例”，同时也是对现实社会全部社会经济活动全面价值的价值规律的全面系统化总结与概括的结果，所以，就架设起传统理论与现实社会经济实际之间的一座桥梁，使整个经济管理学科专业变得“实用”，并且上升到“科学”的地位上来。

相应的，以这套理论以及“全球经济一网通系统”系列软件作为教学教材以及实验室实验的大学教育，就能够把培养“实用人才”或“研究型人才”目标口号落到实处。

三、出版情况

整个系列专著分为“价值经济学”、“价值管理学”、“商品价值评估学”三个子系列。在2013年出版的第二批的18个分册当中，填补了很多世界理论空白，如第二、三分册《高级西方经济学》、《高等经济学》等建立了商品全面实时价值及价值规律分析计算基础上的整套价值经济学理论，《国民经济价值核算原理》、《高等金融学》、《高等国际经济学》等进一步发展了传统的国民经济统计学、金融学、国际经济学理论，《投资项目全面实时价值评估》、《投资项目全面实时价值评估》《资产全面实时价值评估》、《工程全面实时价值评估》《房地产全面实时价值评估》、《矿业权全面实时价值评估》、《汽车全面实时价值评估》、《证券全面实时价值评估》等填补了世界商品全面实时价值评估理论的空白。特别是作为第26分册的《知识产权全面实时价值评估》（周天华著．知识产权出版社2012版）则首次解决了世界知识经济时代知识产权价值评估难的瓶颈。

本系列书自2009年开始在世界范围内出版发行。

最后，关于这18个分册的知识产权，已经在中国国家版权中心以及北京市版权中心正式备案注册。根据《伯尼尔公约》规定，在世界150个伯尼尔公约国内均受到同等的"公民待遇"。但作者诚意寻求来自各国的公开合作，包括大学教材使用、大学VM价值管理实验室建设、共同创办国际价值管理大学、企业价值管理项目服务、政府宏观经济调控项目服务，包括国民经济总价值核算体系建设、通货膨胀、通货紧缩、金融危机以及高通货膨胀下的金融危机、失业、资产价值统一评估计算与度量等。

该系列书通过国际价值中心网站，以中文简体、中文繁体、英文、法文、德文、日文、俄文等近百种语言以电子书的形式同读者见面，并配有字幕翻译下的各国语言的视频讲座。

提示：（美国服务器）视频讲座，网址 http：//WWW. valuezhou. com，（建设中），欢迎收看。

联系方式：

手机：151 6700 8963　邮箱：zhouth1@163. com